形体训练与形象塑造

（第3版）

主编 陈宝珠

副主编 陈丽梅 童建民 洪丽敏 杨菁

清华大学出版社

北京

内 容 简 介

形体训练和形象塑造是现今体育教学的一种新形式,它以人体科学理论为基础,通过各种身体练习,帮助学生增进健康、增强体质、塑造体型、训练仪态,从而培养出具有良好的形体和高尚的道德修养的复合型人才。

本书提供了形体训练与形象塑造的科学理念和有效方法,教会学生一整套可以终身受益的健身活动,始终强调树立"健康第一"的观念。本书配套在线开放课程,读者可登录浙江省高等学校在线开放课程共享平台学习。本书适合高职高专旅游类专业学生作为教材使用,也可作为一般社会读者提高修养、学习健身知识的参考读物。

本书封面贴有清华大学出版社防伪标签,无标签者不得销售。
版权所有,侵权必究。举报: 010-62782989, beiqinquan@tup.tsinghua.edu.cn。

图书在版编目(CIP)数据

形体训练与形象塑造/陈宝珠主编.—3版.—北京:清华大学出版社,2020.12(2023.9重印)
高职高专旅游类专业精品教材
ISBN 978-7-302-54427-2

Ⅰ.①形… Ⅱ.①陈… Ⅲ.①形体-健身运动-高等职业教育-教材 ②个人-形象-设计-高等职业教育-教材 Ⅳ.①G831.3

中国版本图书馆 CIP 数据核字(2019)第 264033 号

责任编辑:吴梦佳
封面设计:傅瑞学
责任校对:刘 静
责任印制:曹婉颖

出版发行:清华大学出版社
网　　址:http://www.tup.com.cn, http://www.wqbook.com
地　　址:北京清华大学学研大厦 A 座　　邮　编:100084
社 总 机:010-83470000　　邮　购:010-62786544
投稿与读者服务:010-62776969, c-service@tup.tsinghua.edu.cn
质量反馈:010-62772015, zhiliang@tup.tsinghua.edu.cn
印 装 者:小森印刷霸州有限公司
经　　销:全国新华书店
开　　本:185mm×260mm　　印　张:17　　插　页:1　　字　数:392 千字
版　　次:2008 年 9 月第 1 版　　2020 年 12 月第 3 版　　印　次:2023 年 9 月第 5 次印刷
定　　价:49.00 元

产品编号:086524-01

前 言

当今时代,社会对人才综合素质的要求越来越高。尤其是对有较高文化层次的特殊群体——大学生,除了要求具备过硬的专业知识和专门技能外,还必须具有健康的体魄、旺盛的精力、健美的形体和优雅的气质。大学教育的任务是在实现学生全面发展的基础上,为社会培养各类高级专门人才。职业教育作为高等教育的重要组成部分,在实施科教兴国和人才强国的战略中具有特殊而重要的地位。怎样增强学生体质、使他们保持健美的形体,实现全面发展,给高校体育教育提出了严峻的挑战。形体训练和形象塑造是现今体育教学的一种新形式,它以人体科学理论为基础,通过各种身体练习,增进健康、增强体质、塑造体型、训练仪态,培养出具有良好的形体和高尚的道德修养的毕业生,同时教会学生受益终身的健身方法,从而达到全面育人的目的。

针对高职高专旅游类专业学生形体训练和形象塑造的特点,本书力求将基础性、实践性和发展性协调统一,强调形体训练和形象塑造对学生身心健康的影响,注重学生的个性发展和能力培养,帮助学生了解、掌握良好形体、礼仪、个人形象塑造的基础知识和基本技能,明确良好形体、形象在服务行业和服务工作中的重要作用,养成良好的锻炼习惯,树立"形体和形象相互塑造"的新观念,全面提高学生的综合素质。

本书在体系安排上更"贴近生活,贴近社会,贴近实践"。基础知识部分,力求通俗易懂,可读性强;实践部分,力求易学易练,实用性强。本书具有以下特色。

(1) 时代性。形体训练与形象塑造迎合了现代人的生理、心理及对整体美的需求,本书突出终身受益的指导思想,强调树立"健康第一"的观念。

(2) 可读性。以科学研究的事实为依据,尽量避免一般的理论描述和空洞的说教,图文并茂,内容丰富,解释和分析言之有理,论之有据。

(3) 创新性。本书吸收了许多先进的体育理论与方法,使学生对形体美与健康的关系有了更深层次的认识。

(4) 通用性。本书既适用于旅游职业教学,又适用于旅游及相关行业的岗位培训。

亲爱的同学们,你想拥有令人羡慕的形体、高雅脱俗的气质吗?那就来参加形体训练吧,它不仅可以使你强壮而健美,还能促进智力发展,会使你更加聪明!

本书由浙江旅游职业学院陈宝珠担任主编,陈丽梅、童建民、洪丽敏、杨菁担任副主编,具体分工如下:陈宝珠编写第1章,第2章的第1节、第4节,第6章的第1节、第3节;陈丽梅编写第2章的第2节、第3节,第3章,第7章的第2节,第8章;童建民编写第 5 章；洪丽敏编写第 6 章的第 2 节、第 4 节、第 5 节，第 7 章的第 1 节；杨菁编写第 4 章。本书的平面模特是王玉霏、张大治、苏文君，摄影是沈功斌。

在本书的编写过程中，编者参考了有关的教材和资料，得到了浙江旅游职业学院信息中心王雯、张永波等老师的大力支持和帮助，在此一并向著作者和支持者表示感谢。

由于编者水平有限，不足和疏漏在所难免，恳请广大师生和专家对本书提出宝贵意见，使之日臻完善。

编 者

2020 年 10 月

目 录

第 1 章　形体训练概论 ·· 1
　1.1　形体与体型 ·· 1
　1.2　形体训练的特点与作用 ·· 2
　1.3　人体形体美的标准 ·· 4
　　　1.3.1　形体美的标准 ·· 4
　　　1.3.2　形体测量与衡量指数 ··· 6
　1.4　注意事项及锻炼方法 ··· 7
　　　1.4.1　注意事项 ·· 7
　　　1.4.2　形体锻炼方法 ·· 8

第 2 章　形体与舞蹈 ·· 10
　2.1　呼吸方法 ··· 10
　　　2.1.1　胸式呼吸 ··· 10
　　　2.2.2　腹式呼吸 ··· 11
　2.2　基本姿态训练 ··· 11
　　　2.2.1　头部基本姿态 ··· 11
　　　2.2.2　上肢基本姿态 ··· 16
　　　2.2.3　下肢基本姿态 ··· 27
　　　2.2.4　把杆组合练习 ··· 53
　2.3　基本形态控制训练 ··· 56
　　　2.3.1　形体姿态操 ·· 56
　　　2.3.2　形体韵律操 ·· 63
　2.4　体育舞蹈训练 ··· 68
　　　2.4.1　体育舞蹈的起源与发展 ··· 69
　　　2.4.2　体育舞蹈的特点、作用和礼仪 ·· 70
　　　2.4.3　体育舞蹈的技术 ·· 72

第 3 章　形体与健美操 … 96

3.1　健美操基础知识 … 96
- 3.1.1　健美操的产生与发展 … 96
- 3.1.2　健美操项目特征、分类 … 97
- 3.1.3　健美操基本动作 … 99
- 3.1.4　健美操组合 … 100

3.2　肌肉形体塑造 … 105
- 3.2.1　胸部肌肉训练 … 105
- 3.2.2　背部肌肉训练 … 106
- 3.2.3　腹部肌肉训练 … 109
- 3.2.4　臂部肌肉训练 … 110
- 3.2.5　腿部肌肉训练 … 112

3.3　轻器械训练 … 113
- 3.3.1　拉拉带训练 … 114
- 3.3.2　踏板操 … 117

第 4 章　形体瑜伽 … 121

4.1　瑜伽基础知识 … 121
- 4.1.1　瑜伽简介 … 121
- 4.1.2　瑜伽修持方法 … 123

4.2　瑜伽基本功法 … 125
- 4.2.1　瑜伽的呼吸与调息 … 125
- 4.2.2　瑜伽的基本体位 … 126
- 4.2.3　瑜伽冥想 … 132
- 4.2.4　双人瑜伽纠型训练 … 132

4.3　瑜伽形体套路(组合) … 136
- 4.3.1　姿态瑜伽套路 … 136
- 4.3.2　力量瑜伽套路 … 141
- 4.3.3　热力瑜伽套路 … 146

第 5 章　健康减肥塑身法 … 152

5.1　认识肥胖 … 152
- 5.1.1　肥胖的诊断 … 152
- 5.1.2　影响正常体重的因素 … 153
- 5.1.3　肥胖类型及诱因剖析 … 154

5.2　减肥的误区 … 156

5.2.1　减肥为的是美观，而不是健康 ……………………………………… 157
　　5.2.2　减肥速度越快，减肥效果越好 ……………………………………… 157
　　5.2.3　减肥跟着广告走 ……………………………………………………… 157
　　5.2.4　减肥先要减早餐 ……………………………………………………… 158
　　5.2.5　减肥就要用减肥药或减肥食品 ……………………………………… 158
　　5.2.6　体型越苗条越好 ……………………………………………………… 159
　　5.2.7　吃得越少越好 ………………………………………………………… 159
　　5.2.8　少吃主食就能减肥 …………………………………………………… 160
　　5.2.9　少喝水也能减肥 ……………………………………………………… 160
　　5.2.10　减肥必须拒绝脂肪 …………………………………………………… 161
　　5.2.11　吸脂减肥无须控制饮食 ……………………………………………… 161
　　5.2.12　长期素食有助减肥 …………………………………………………… 162
　5.3　形体减肥瘦身法 …………………………………………………………… 162
　　5.3.1　局部减肥运动处方 …………………………………………………… 162
　　5.3.2　时尚前卫的减肥处方 ………………………………………………… 172
　5.4　健美形体的科学饮食 ……………………………………………………… 180
　　5.4.1　减脂饮食处方 ………………………………………………………… 180
　　5.4.2　平衡膳食要满足哪些要求 …………………………………………… 182
　　5.4.3　平衡膳食包括哪几类食物 …………………………………………… 182
　　5.4.4　为什么要强调食物多样化和膳食中的营养按比例平衡搭配 ……… 185

第6章　形象塑造 ………………………………………………………………… 189

　6.1　表情 ………………………………………………………………………… 189
　　6.1.1　眼神 …………………………………………………………………… 190
　　6.1.2　笑容 …………………………………………………………………… 190
　　6.1.3　表情自我训练方法 …………………………………………………… 191
　6.2　色彩与形象美 ……………………………………………………………… 193
　　6.2.1　色彩的基础知识 ……………………………………………………… 193
　　6.2.2　个人色彩诊断技巧 …………………………………………………… 195
　6.3　化妆与形象美 ……………………………………………………………… 201
　　6.3.1　认识你的皮肤 ………………………………………………………… 201
　　6.3.2　影响皮肤的几个因素 ………………………………………………… 202
　　6.3.3　化妆基础知识 ………………………………………………………… 203
　　6.3.4　基础化妆的基本步骤 ………………………………………………… 206
　　6.3.5　化妆的原则 …………………………………………………………… 209
　6.4　服饰与形象美 ……………………………………………………………… 209
　　6.4.1　服饰得体的基本要求 ………………………………………………… 210

  6.4.2 正式场合的着装礼仪 ·· 214
  6.4.3 制服穿着的注意事项 ·· 216
  6.4.4 饰品佩戴的基本要求 ·· 217
 6.5 发型与形象美 ··· 219
  6.5.1 头发的保养与美化 ·· 219
  6.5.2 发型设计的基本要求 ·· 219
  6.5.3 发型的选择技巧 ··· 220
  6.5.4 发型对特殊脸型的修饰 ··· 221
  6.5.5 特殊发质的护理 ··· 223

第 7 章 旅游服务形体语言 224

 7.1 旅游服务形体语言概述 ··· 224
  7.1.1 各岗位站姿 ·· 224
  7.1.2 各岗位坐姿 ·· 226
  7.1.3 走姿 ··· 228
  7.1.4 蹲姿 ··· 230
  7.1.5 手势 ··· 230
  7.1.6 握手 ··· 232
  7.1.7 鞠躬礼 ·· 233
  7.1.8 递接名片 ··· 234
  7.1.9 奉茶礼仪 ··· 235
  7.1.10 介绍礼仪 ·· 236
  7.1.11 迎送礼仪 ·· 238
 7.2 旅游服务中不良身体姿态矫正方法 ··································· 239
  7.2.1 弯腰驼背的矫正 ··· 239
  7.2.2 O 型腿与 X 型腿的矫正 ·· 241
  7.2.3 "八字脚"的矫正 ·· 244
  7.2.4 斜肩的矫正 ·· 245
  7.2.5 溜肩的矫正 ·· 246
  7.2.6 扁平足的矫正 ··· 246
  7.2.7 扁平臀的矫正 ··· 247
  7.2.8 站姿的控制练习 ··· 247
  7.2.9 坐姿的控制练习 ··· 248
  7.2.10 步态控制练习 ·· 248

第 8 章 体能训练 250

 8.1 前庭耐力训练 ··· 250

	8.1.1 什么是前庭耐力	250
	8.1.2 前庭器官的构造	250
	8.1.3 前庭耐力训练方法	251
	8.1.4 前庭耐力训练应该遵循的原则	252
8.2	有氧耐力训练	253
	8.2.1 有氧耐力训练方法	253
	8.2.2 有氧耐力的测试与评价	258

参考文献 ··· 262

第1章 形体训练概论

学习目标

形体训练是实现"终身体育"教育的有效途径之一。通过系统地学习与掌握形体运动的基本知识、基本技术和科学的锻炼方法,有利于自身独立自觉地从事形体锻炼,满足精神娱乐的追求。本章简要介绍形体训练的概念、形体训练的特点、形体美的标准、形体训练的注意事项及锻炼方法。

人类爱美、追求美、创造美,按照美的规律与要求推动大千世界万事万物的变化和发展,首先表现为对其自身美的认识、评价、鉴赏与塑造。实践证明,体育是塑造与实现人类自身完美的卓有成效的直接手段,因而当体育作用于全社会每一个人时,就会把塑造自身完美作为一个重要追求目标。人的身体可以分为三个层面:肉体存在、身体符号、整体的人。相应地,人对身体的审美关系也应该有三个层面:人体的美和审美、身体符号的美和审美、整体人的美和审美。人体的美和审美主要关系到人的肉体欲望及其表现——性和暴力,但是仍然应该升华为自由的形象显现;身体符号的美和审美主要关系到人在自身之上的符号生产及其表现——身体的妆饰和服饰;整体人的美和审美则关系到人的整体的生产——自由全面发展的人及其形象显现。在后现代主义语境下,身体美学在消费社会的现实中被彰显出来,是美学的内在必然性使然,也是日常生活审美化的外在要求。

当今时代不仅要求人的身体一代比一代更健康,还要求人的身体一代比一代更完美。无论你从事何种工作,体型和仪态表现都具有十分重要的意义。旅游管理在不断总结经验的基础上,对从业人员提出了新的要求,强调从业人员的形体和形象美。一方面,形体美不仅能使宾客产生良好的第一印象,而且有助于自身操作技能的发挥。另一方面,形体美直接影响单位的形象。因此,对于旅游从业人员来说,形体训练就显得更为重要。

1.1 形体与体型

形体是指人在先天遗传变异和后天获得的基础上所表现出的身体形态上的相对稳定的特征,包括人的表情、姿态和体型在内的人的外在形象的总和。从一定意义上说,先天遗传起着决定性的作用，形体与后天生活条件及科学训练也有密切关系，通过后天科学的形体训练，可以使优点得到发挥，不足得到改善，从而使形体变得更美。

体型是形体健美的基础特征，是指人体的外形特征与体格类型，即人类身体结构的类型。体型的类型主要由人体的脂肪蓄积、肌肉发育程度、遗传的影响和环境、性别差异等决定。

形体训练是以人体科学理论为基础，通过各种身体练习以增进健康、增强体质、塑造体型、训练仪态、陶冶情操，提高职业技能。它是一个有目的、有计划、有组织的教育过程。车尔尼雪夫斯基说："生命是美丽的，对人来说，美丽不可能与人体的健康分开。"而形体训练不仅能使人获得健康美，还能使人获得体型美、姿态美、动作美和气质美，因此，形体训练越来越受到人们的重视。

形体美一般要经历四个阶段才能逐步达到预期目标和效应。第一阶段为"了解规律，认识自我"，即理论知识学习；第二阶段为"遵循规律，调整自我"，即确立良好的形态美的概念，并进行自我练习；第三阶段为"运用规律，形成自我"，即将确立的良好形态运用到实际工作和生活中并养成习惯；第四阶段为"掌握规律，展示自我"，即能自然自如地展示具有自我个性特色的良好形态。

1.2 形体训练的特点与作用

形体与其他项目比较，具有不同的特点。只有了解了这些特点，才能更好地发挥形体训练的作用，有目的、有计划、有针对性地进行训练，从而满足身心需求，促进人的全面发展。

1. 内容和方法多种多样，适用于不同水平的练习者

从形体训练的方法上看，形体训练是在人体解剖学、运动心理学、运动训练学、运动生理学、美学等科学理论指导下进行的，可根据不同的年龄和不同的性别、不同的体型和体质、不同的训练目的和各自的水平，选择不同的训练方法。

从形体训练的内容上看，形体训练的动作有用于身体局部练习的单个动作，也有用于形体练习的健身系列、成套动作以及整体形象塑造和礼仪训练。

从形体训练的项目上看，有健身强体的练习；有健美体型的练习；有训练正确的站、坐、行走姿势的专门练习；有塑造形象的着装、发式、化妆及言谈、举止、礼仪等练习；有适合胖人减肥的练习；有适合瘦人丰腴健美的练习。

从形体训练的形式上看，有局部练习，也有全身性的练习；有单人练习，也有双人练习、集体练习；有徒手练习，也有器械练习；有站姿练习，也有坐姿练习；有节奏缓慢的练习，也有节奏快动感强的练习。

2. 具有一定的艺术性

形体训练的内容涉及体操、舞蹈、音乐等，是一门综合性艺术，丰富多彩的练习内容及形体美的表达形式、舒展优美的姿态和矫健匀称的体型、集体练习中巧妙变换的队形展示了其强烈的艺术表现力和感染力。

音乐是形体训练的灵魂，不同风格的乐曲，可以创造出不同风格、不同形式的形体练习动作，经常练习能提高学生的音乐素养，培养良好的气质和修养。形体训练具有其他艺术形式难以达到的综合美的艺术表现力，它在提高人的素质方面有着其他教育学科不可替代的作用。

3. 组织形式灵活

形体训练可以集体进行，也可以个人单独进行；可以在统一的规定时间进行，也可以在分散时间进行。

4. 实用性强、价值高

1）通过形体训练提高体能素质，为学生的终身发展奠定基础

健康、长寿、智慧是人类的美好愿望。每一个人要获得健康，必须有一定的体适能。健康的体适能是健康的保证。因此，我们必须做一些特别的运动训练来增进自己的体适能，保持基本的健康状况。

"生命在于运动"，但是如何从运动的角度来促进健康，一直是我们需要有所突破的课题。形体训练是以身体练习为基本手段，匀称和谐地发展形体，增强体质，促进人体形态更加健美的一种体育运动。它通过基本动作练习和强度不同的成套动作练习，对身体各关节、韧带、各主要肌群和内脏器官施加合理的运动负荷，可有效改善心血管功能、肢体柔韧性、大脑协调性、肌肉力量及耐力等，并可以有效地控制体重、降低体脂。例如，采用压、拉肩、下腰、体前、侧、后屈，压、踢、控腿等练习来改变柔韧性；采用舞蹈及成套动作练习来提升协调性；采用健美操中的仰卧起坐、快速高踢腿、跳步等来增加力量和弹跳力，提高动作的速度和力度；采用跑跳操等练习来提高耐力素质，从而增强体能，提高人体的防御能力。形体训练使学生的生命力更旺盛、精力更充沛，学习和生活更有节奏，从而保持高效率的工作和学习。

2）通过形体训练塑造时代需要的完美的外在素质，促进人的和谐发展

人体形体是世界上一种永远新鲜、永远洋溢着生命力的最动人的美。歌德曾经说过："不断升华的、自然的最后创造物就是美丽的人。"人的美丽的直观表现首先在于形体美。人类遗传学告诉我们，影响体型的因素是遗传和环境（营养、劳动、生活条件、体育锻炼）。遗传因素虽然决定了人的基本体型，但后天塑造却是完全可能的。特别是在青春发育期，人体对环境因素的敏感性较强，是塑造体型的最佳时期。形体训练动作形式多样，锻炼部位广泛。通过各种臂的摆动、绕环、波浪组合、姿态组合、腰腿的柔韧性组合、舞蹈组合、体育舞蹈练习，可以塑造正确的身体姿态，并能发展身体的柔韧性和协调性。

健康的形体美，仅有健康美和静态美是不够的。从形体训练追求的层次上看，动态美和整体协调美更能显示出人的气质与魅力。动作美是形体美的一种表现形式，姿态美是通过动作表现出来，而动作美在完成动作时应显示出姿态美。在形体训练动态美练习中，强调步态、姿势、表情等形体语言，强调动作的节奏感和优美感。通过科学的形体训练，可以改善不良体型，达到肌肉匀称、比例协调、举止和谐、姿势优美、气质高雅的效果。可以说形体训练是一种特殊的人体雕塑艺术。

3）通过形体训练塑造良好个人形象，提高职业素质

形象是当今社会的核心概念之一，人们对形象的依赖已经成为一种生存状态。个人

形象主要是指容貌、魅力、风度、气质、妆容、服饰等直观的包括天生的外表感觉的东西,这是一种值得开发、利用的资源。

个人的人性特征特质通过形象表达,容易形成令人难忘的第一印象。第一印象在个人求职、社交活动中会起到非常关键的作用。大学生是未来职场的主要力量,社会对他们提出的要求会更高。掌握职业礼仪的规范与标准,获得今后职业所需的悦目的仪表和得体的举止,具备应变各种工作和生活环境的能力,才能在激烈的职业竞争中脱颖而出。

1.3 人体形体美的标准

著名国画大师刘海粟曾说过:"人体美乃美中之至美。"确实世间美好的东西太多,但创造万物的人体是最美的。爱美之心,人皆有之,社会需要美,人类更需要美。人体美是人们追求的目标之一,不朽的传世之作"维纳斯""大卫""掷铁饼者"等留给人们极深的印象,其根本原因是这些作品展现了人体美。人体美是健、力、美三者的有机结合,它包含了肌肉、骨骼的发育情况,机体的完善程度和人体的外形美以及人的精神气质。

1.3.1 形体美的标准

1. 肌肉发达、健壮有力

在人类学家、艺术家和运动学家的眼里,骨骼发育正常、身体各部分之间比例适宜匀称、肌肉发达和健壮的体魄是人体美的重要因素。正常的脊柱弯曲度形成一个端庄的上体姿势,加上一个前后较扁、前壁短后壁长的圆锥形的胸廓,大小适中而扁平的骨盆以及长短比例适中的上下肢骨,就构成一副匀称而协调的身材雏形。但这还不能显示出形体的优美,还需要有发达、健壮的肌肉。肌肉是运动器官,它们在神经系统的支配下,在循环系统和其他系统的密切配合下,起着保护、支持和运动的作用。全身肌肉约500块,其重量约占体重的40%。健美的形体、健壮的体魄与发达的肌肉密切相关。发达的颈肌及胸锁乳突肌,能使人的颈部挺直,强壮有力;发达的胸大肌(含胸小肌)使人的胸部变得坚实、健美;发达的肱二头肌和肱三头肌,使人的上肢线条鲜明、粗壮有力;发达的三角肌,能使肩膀变得宽阔起来,再加上发达的背阔肌,就会使人体呈美丽的V字形。骶棘肌是脊柱两侧的最长肌肉,发达的骶棘肌能固定脊柱,使人的上体挺直;发达的腹肌有利于缩小人的腰围;发达的臀肌和有力的下肢肌(股四头肌、股二头肌、小腿三头肌)能固定人的下肢,支持全身,构成健美的曲线。总之,发达而有弹性的肌肉是力量的源泉,是美的象征。

2. 体型匀称、线条鲜明

体型有不同的分类方式,我们以脂肪所占的比例,以肌肉的发达程度,参照肩宽和臀围的比例作为划分体型的条件,可将体型分为胖型、肌型(或运动型)和瘦型三类。

胖型:其特点是上(肩宽、胸围)下(腰围、臀围)一般粗,躯干像个"圆水桶",腰围很大。腰两侧下垂,腹部松软,脂肪很厚,肚脐很深,胸部的脂肪多而下坠,颈部短而粗,体重往往超过标准体重30%～50%。

肌型(运动型)：其特点是肩宽、背阔、腰细、臀小且上翘，上体呈V字形，腹壁肌肉垒块明显、四肢匀称、肌肉发达、无双下巴，颈部强壮有力，体重与标准体重的差距在±5%之间。

瘦型：其特点与胖型相反。上下都细、肩窄、平胸、腰细、四肢细长、脂肪极少、肌肉消瘦、胸腹部可见肋骨，背部可见肩胛骨，体重小于标准体重25%～35%。

女性和男性在体型分类上大体相同，但由于女性有其自身的特点，强调身体比例匀称、线条流畅，整个体型呈曲线形。如女性的骨盆通常比男性要宽，所以，躯干一般呈上小、下大的正三角形。女性的脂肪普遍比男性多5%左右，而肌肉发达程度及肌力只能达到同级男性的75%～80%。因此，女性肌型(运动型)体型的特点是躯干呈三角形(少数为倒三角形)、四肢匀称、肌肉圆滑、胸部丰满、腰细臀圆、颈长腹平。从侧面观运动型的女性的胸、腰、臀富于曲线美。

胖型的女性躯干多为上下一般粗(或上小下大)的水桶型，胸厚、腰粗、臀部大而宽、腹壁脂肪厚，即使仰卧在床上，腹部隆起高度仍超过胸高，颈部普遍短粗，四肢多为上粗下细。

瘦型的女性和胖型的女性相反，胸部扁平、四肢干瘦、不丰满、无线条。

3. 精神饱满、坚韧不拔

精神饱满的外在表现是皮肤美、容貌美、姿态美、动作美，其内在表现则是朝气蓬勃、勇敢顽强、坚韧不拔。

1) 皮肤美

皮肤是健康状况的镜子，是人体美的重要表征。"红光满面"——气色好的人，才有精神。

2) 容貌美

容貌美常常是人们见面时的第一感觉。它是指由面部骨架(脸形)、眼睛、眉毛、耳朵、鼻梁和口唇共同构成的一种美丽、丰富而生动的面部形象。根据人们对女性美的审美实践，眼大眸明、眼皮双褶、口唇红润、牙齿皓白整齐、鼻子竖直、颈脖颀长、耳廓分明等都是女性容貌美的特征。而男性的容貌美，有别于女性的秀美、妩媚。在现代女性眼中，以方圆脸形、五官端正、浓眉大眼、明亮有神、前额宽广、鼻梁端正、嘴型大小适度的男性为美。

3) 姿态美、动作美

优美的姿态和洒脱的动作，既符合人体解剖学和生理学规律，又给人以美的印象。中华民族有深厚的文化底蕴，很重视自己的一举一动，要求坐有坐相、走有走相、站有站相、卧有卧相、吃有吃相。总之，衣食住行均应有规矩，讲究文明礼貌。

4) 朝气蓬勃、勇敢顽强、坚韧不拔

古希腊人很崇尚力量和勇敢无畏的精神，把这种精神称为"奥林匹克精神"。我国优秀的体育运动员，他们的形体普遍是健美的，他们的身手是矫健的，他们的成绩是惊人的，他们在赛场上的拼搏精神更是人们崇敬的。正如中国女垒姑娘们说的那样："掉皮、掉肉、不掉队，顽强拼搏争胜利。"她们为了祖国的荣誉拼搏，这种美源自心灵深处。她们的健美英姿和勇敢无畏的精神在中国人民和世界人民心中留下了极深的印象。她们是形体美和内在美的代表。

1.3.2 形体测量与衡量指数

形体健美在很大程度上取决于身体各部位体围的尺寸和相互间的比例。

身高主要反映人体骨骼的发育程度。体重反映人体重量的发育状况。胸围反映胸廓的大小和胸部肌肉与乳房的发育情况,是人体厚度和宽度最有代表性的测量值,也是身体发育状况的重要指标。腰围反映人体的腰背健壮程度和脂肪状况。上臂围反映人体肱三头肌和肱二头肌的发达程度。大腿围反映人体股四头肌及股后肌群的发育状况。臀围反映人体髋部骨骼和肌肉的发育情况。

1. 形体测量方法

准备一条软尺,把全身重点部位的尺寸正确地测量并记录下来,判断自己的形体。

(1) 身高、体重:身高和体重在一日之内会有微妙的变化,故应在早晨起床后,身体还没活动之前测量,尤其是体重,饭前饭后差别很大。

(2) 胸围:测量时,身体直立,两臂自然下垂。皮尺在体前放在乳头上缘,体后放在肩胛骨下角处。先测量安静时的胸围,再测量深吸气时的胸围,最后测量深呼气时的胸围。一般成人的呼吸测量差值为6～8厘米,经常参加锻炼者的呼吸测量差值可达10厘米以上。呼吸差可反映呼吸器官的功能。测量未成年女性胸围时,应将皮尺水平放在肩胛骨下角,前方放在乳峰上。测量时不要耸肩,呼气时不要弯腰。

(3) 腰围:测量时,身体直立,呼吸保持平稳,两臂自然下垂,不要收腹,皮尺水平放在髋骨上、肋骨下最窄的部位(腰最细的部位)。

(4) 臀围:测量时,两腿并拢直立,两臂自然下垂,皮尺水平放在前面的耻骨联合和背后臀大肌最凸处。

(5) 手臂:手臂与手腕是比较纤细的部分,基本上,上臂围是肘至肩部最粗的部位,比颈围(下巴抬起颈部细长的状态)细4.5厘米是最理想的。

(6) 颈围:测量时,身体直立,测量颈的中部最细处。

2. 形体美的衡量指数

1) 女性形体美衡量指数

- 标准体重(千克)=[身高(厘米)-100]×0.85。
- 上下身比例:以肚脐为界,上下身比例应为5∶8,符合"黄金分割"定律。
- 胸围应为身高的1/2。
- 腰围的标准围度应比胸围小20厘米。
- 臀围应较胸围大4厘米。
- 大腿围应较腰围小10厘米。
- 小腿围应较大腿围小20厘米。
- 足颈围应较小腿围小10厘米。
- 手腕围应较足颈围小5厘米。
- 颈围应等于小腿围。

- 肩宽即两肩峰之间的距离,应等于胸围的 1/2 减去 4 厘米。

2) 男性形体美衡量指数
- 标准体重(千克)=[身高(厘米)－100]×0.9。
- 身体的中心点应在股骨大转子顶部。
- 向两侧平伸两臂,两手中指尖的距离应等于身高。
- 肩宽应等于身高的 1/4。
- 胸围应等于身高的 1/2 加 5 厘米。
- 腰围应较胸围小 15 厘米。
- 髋围应等于身高的 1/2。
- 大腿围应较腰围小 22.5 厘米。
- 小腿围应较大腿围小 18 厘米。
- 足颈围应较小腿围小 12 厘米。
- 手腕围应较足颈围小 5 厘米。
- 上臂围应等于大腿围的 1/2。
- 颈围应等于小腿围。

1.4 注意事项及锻炼方法

1.4.1 注意事项

1. 锻炼前的身体检查与评定

1) 身体形态检查

身体形态检查的目的是了解自身身体形态在生长发育的程度方面需要做哪些调整,并在一段时间的训练后,对照检查效果。

常用的形态测量指标有身高、体重、坐高、肩宽、腰围、臀围、上臂围、腿长等。

2) 身体成分检查

身体成分检查的目的主要是检查人体脂肪的含量和分布,通过测定肥胖程度,确定是否需要减肥并制订减肥运动方案。

3) 生理机能检查

生理机能检查的目的是了解目前身体各系统机能所处的水平,为制订锻炼计划提供依据,还可以评定运动效果,检查运动后疲劳和恢复的程度。

生理机能检查通常以测量运动前后的心率、血压和肺活量等数据作为评定指标。

2. 形体训练应遵循循序渐进的原则

要遵循人体发展和适应环境的基本规律,必须根据练习者的实际情况来确定训练方法,逐渐提高,不要急于求成。

3. 合理安排锻炼的时间和运动负荷

每次 1～1.5 小时,每周至少练习两次。

参加形体训练要有恰当的生理和心理负荷量。准备活动要安排轻松自如、由弱到强的适度的练习，一般以 10～15 分钟为宜。运动时达到最大心率的 70%～80%最为合适，训练结束后要做调整。

4. 形体训练应重视全面锻炼

全面锻炼要求身心全面发展，使身体形态、机能等各种身体素质以及心理素质等诸方面都得到和谐的发展。在全面锻炼的基础上，有目的、有意识地加强职业实用性形体训练，效果更佳。

（1）力量练习与速度、耐力、协调、柔韧等练习相结合，促进身体素质的全面发展。

（2）动力性与静力性练习相结合，大肌肉群与小肌肉群相结合，促进全身肌肉群匀称发展。

（3）负重练习与徒手练习相结合，促进身心的协调发展。

（4）全身与局部的练习相结合，既要针对身体某部位进行强化训练，又要兼顾身体的全面发展。

（5）主动性部位运动与被动性部位运动相结合。

（6）无氧运动与有氧运动相结合，促进心肺和肌肉功能的协调发展。

5. 讲究动作与呼吸的协调配合

在用力时或肌肉紧张时用鼻子深深地吸气，在运动还原或肌肉放松时用口充分地呼气，呼吸要深，要有节奏。练习时呼吸以自然为准，即呼吸与动作有节奏地协调配合。

6. 练习以培养良好形态为主

在练习中，可选择多样化的练习形式，不必采用固定的练习形式。

7. 要注重合理的营养和饮食结构

人体所需的营养主要包括糖、脂肪、蛋白质、维生素、矿物质和水。这些营养素在新陈代谢的过程中密切配合，共同参与，推动和调节生命活动。形体训练要注重足够的营养和各种营养素之间的平衡。

1.4.2 形体锻炼方法

科学的形体锻炼要根据锻炼者的体型和需要，采取不同的方法进行练习。

1. 正常型

正常型表现为身体各部位生长发育基本协调一致；体型匀称、苗条；胸、臀等部位中等突出或偏小，坚实而富有弹性；全身肌肉较发达有力；脂肪沉着中等；身体曲线稍有显现。正常型体型的练习主要以增强全身的曲线感、发达各部位肌肉和力量、提高肌肉用力的协调性和灵活性为目的。练习安排多以各部位肌肉群的动作为主，以整体练习为辅，适当增加各种舞蹈（如迪斯科）和徒手动作练习，以发展身体协调性和各韧带的柔韧性。具体练习项目以胸部练习为主。在此基础上，进行第二步训练，选择成套舞蹈及综合训练，发展各部位肌肉的徒手练习或负重练习。随着体力的不断增长，这两步练习可循环多次，对去脂减肥、发达肌肉均有较好的效果。

2. 消瘦型

消瘦型一般表现为身材瘦削、细长单薄；肌肉块头很小、全身脂肪沉着少，一般在

0.5厘米以下；胸、臀部位不丰满。这类体型者首先要分析产生消瘦的原因,然后采取相应的措施。如果由于疾病或内分泌障碍等引起,则应先进行治疗。在治疗的基础上,适当进行徒手动作练习,运动量要小,可以选择局部的或整体的练习,待病愈后再按正常人的练习强度进行锻炼。属于正常消瘦者,其锻炼应以发达肌肉、增加脂肪沉着为主。开始练习时,先以自身重量做徒手练习,如俯卧撑、仰卧起坐、俯卧两头起、仰卧挺髋成桥等。通过这个阶段的练习后,在各部位力量增长的基础上,再做负重的专门肌力训练。锻炼要循序渐进,运动量要由小到大,负荷则由轻到重,同时还要适当加强饮食营养,使脂肪沉着适度增加。

3. 肥胖型

肥胖型表现为体重与身高比例严重失调,全身肥胖臃肿松弛并有抖动现象；腰腹脂肪大量囤积；臀部宽厚；腿部肥粗；上下呈笼统趋势,毫无肌肉显现感。这类体型以减肥练习为主,在减肥的基础上再进行肌肉练习。

思考与练习

1. 什么是形体？形体训练的定义是什么？
2. 经过几个阶段才能达到形体美？
3. 形体训练有哪些特点及作用？
4. 形体美的基本标准是什么？
5. 形体训练应注意哪些问题？

第 2 章 形体与舞蹈

学习目标

形体训练是舞蹈的基础,通过形体与舞蹈练习,可发展协调性、柔软性、灵活性,提高学生肢体的表现力、创造力,陶冶情操,使学生在举手投足间平添几分优雅的风度与气质,同时形成良好的人际关系,增进学生的身体健康、心理健康和社会适应能力。

舞蹈是一种非语言艺术,它以经过提炼、组织、美化了的人体动作为主要艺术手段,着重表现人们的内在精神世界,创造出可被人们感知的、生动的舞蹈形象,以表达人们的审美情感、审美理想,反映生活的审美属性。舞蹈练习包罗万象,中外的舞蹈类型数不胜数。舞蹈既可作为增强可塑造性的形体素质基本练习,也可作为提高人的形体表现力的形体技巧训练。

2.1 呼吸方法

呼吸是生命的象征,能起到促进人体新陈代谢、延续生命机能的作用。在我们的日常生活中,无论劳动、操作、走路、举手投足,都与呼吸分不开。在形体训练中掌握正确的呼吸方法,无论是内在的表现还是外在的形体表现都会有新的气象。如把掌握的呼吸方式运用于服务技能,将会全面提升旅游服务水平和服务质量。根据呼吸运动的进行过程,呼吸可分为胸式呼吸和腹式呼吸。

2.1.1 胸式呼吸

1. 胸式呼吸的含义

胸式呼吸,顾名思义就是用胸部呼吸,吸气时胸部涨出,呼气时胸部回缩。胸式呼吸是肋间外肌舒缩引起肋骨和胸骨运动,引起胸廓前后、左右径增大,表现以胸部活动为主。也就是说胸式呼吸的吸气和呼气都出自胸腔,呼吸支点在胸部。这种呼吸方式能加强胸肌肌力,使身体挺拔向上,还能镇静心脏、净化血液、改善循环。

2. 胸式呼吸的练习方法

(1) 姿势端正且自然。采用站式或坐式,收腹,挺胸,抬头,使胸部自然舒展,头颈正直。将双手放在十二肋两侧,不要施加压力。保持骨盆中立位(髂前上棘及耻骨在一个平面上)。

(2) 用鼻腔呼吸。收缩腹部,吸气。在保证腹腔壁内收的前提下感觉肋骨架下部升高并向两侧推出。腹腔壁持续内收,呼气,感觉肋骨架回落。

(3) 在吸与呼的过程中始终收缩腹部,感觉肋骨像一架手风琴那样向两侧扩张和收缩。

(4) 可保持吸气四拍,呼气四拍,反复练习。

2.1.2 腹式呼吸

1. 腹式呼吸的含义

腹式呼吸是膈肌收缩,使胸廓的上下径增大,凸表现以腹部活动为主。吸气时,膈肌收缩,上腹部脏器如肝、脾等随之下降,前腹壁向外凸出;呼气时则相反,前腹壁向内复位。也就是说腹式呼吸的呼吸支点在腹部。这种呼吸方法是所有呼吸技巧的基础,也是最安全有效的呼吸练习,可以调节压力系统从而为身心减压,还有助于调节循环和呼吸系统的紊乱。腹式呼吸使所有的腹部器官得到按摩,促使各内脏腺体以正常的方式分泌激素。

2. 腹式呼吸的练习方法

(1) 姿势端正且自然,将双手放在肚脐区域,不要施加压力。

(2) 用鼻腔呼吸。吸气时,感觉气沉肺底,因为横膈膜下沉,使腹内脏器下沉,小腹起涨,双手被小腹抬起。呼气时横膈膜渐渐复位,小腹回落。当气将呼尽时双手略微向下施压,感觉肚脐内收并上提,彻底呼尽肺底残留气体。

(3) 可保持吸气四拍,呼气四拍,反复练习。

2.2 基本姿态训练

基本姿态训练是以人体科学为基础的形体姿态训练,是对练习者身体形态进行的基础的、系统的专门训练。练习者通过对身体各部位形态的基本训练,可进一步改变身体形态的原始状态,提高形体动作的灵活性和优美性,增强站姿、走姿、头部姿态动作的规范化和美感。因此,形体基本姿态训练是形体教学中不可忽视的重要内容,其训练内容包括头部基本姿态、上肢基本姿态、下肢基本姿态和躯干基本姿态等。

2.2.1 头部基本姿态

头部是人体中最引人注意、最富有表现力的部位,每一种头部姿态的变化都伴随着一种神态和体态美的展示。头部姿态不正确,对于整体姿态美的破坏性最大。因此,在人体活动中,头部姿态的微小变化对提高人体艺术性的表现力起着重要作用。

头部姿态动作有前、后屈,左、右屈,左、右转,以及转与屈,绕与绕环等内容。

1. 头部的前、后屈(图 2-1～图 2-3)

(1) 预备姿势:八字步站立,两手叉腰,目视正前方。

(2) 动作做法:

① 头部前屈,即低头,然后还原。

② 头部后屈,即抬头,然后还原。

(3) 动作要求:

① 头颈部自然放松,前、后屈幅度大,使颈部前后肌肉充分伸展。

② 前屈时下巴尽量靠胸,后屈时后脑勺尽量触背。

(4) 教学方法:

① 做头部前、后屈,动作缓慢而均匀,正确体会要领,反复练习。

② 头部前、后屈连贯练习,四拍一动,重复 4×8 拍,也可配合音乐练习。

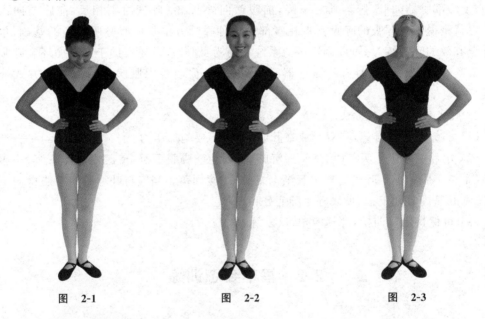

图 2-1　　　　　　　　图 2-2　　　　　　　　图 2-3

2. 头部的左、右屈(图 2-4～图 2-6)

(1) 预备姿势:八字步站立,两手叉腰,目视正前方。

(2) 动作做法:

① 头部向左侧屈,耳部对准左肩,然后还原。

② 头部向右侧屈,耳部对准右肩,然后还原。

(3) 动作要求:

① 头部自然放松,左、右屈幅度大,两侧颈部肌肉充分伸展。

② 向左侧屈时,左耳向左肩靠拢;向右侧屈时,右耳向右肩靠拢。肩部下沉。

(4) 教学方法:

① 做头部左、右屈缓慢而均匀,正确体会要领,反复练习。

② 头部左、右屈连贯练习,四拍一动,重复 4×8 拍,也可配合音乐练习。

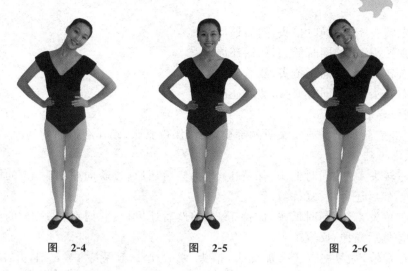

图 2-4　　　　　图 2-5　　　　　图 2-6

3. 头部的左、右转（图 2-7～图 2-9）

（1）预备姿势：八字步站立，两手叉腰，目视正前方。

（2）动作做法：

① 头颈向左转 90°，然后还原。

② 头颈向右转 90°，然后还原。

（3）动作要求：

① 头部转动时要正，不要前屈或后仰，颈部保持直立和紧张。

② 头部左右转动时，颈部对抗肌要相对放松。

（4）教学方法：

① 头部左转控制 4 秒后还原，接着右转控制 4 秒后还原，缓慢而均匀地反复练习。

② 左、右转连贯练习，四拍一动，重复 4×8 拍，也可配合音乐练习。

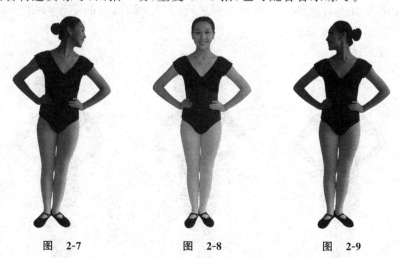

图 2-7　　　　　图 2-8　　　　　图 2-9

4. 头部的转与屈

（1）预备姿势：八字步站立，两手叉腰，目视正前方。

（2）动作做法：

① 向左转头 45°的同时抬头，然后还原。
② 向左转头 45°的同时低头，然后还原。
③ 向右转头 45°的同时抬头，然后还原。
④ 向右转头 45°的同时低头，然后还原。
（3）动作要求：
头部做左右转加低头或抬头时颈部要挺直，保持紧张，动作缓慢而均匀。
（4）教学方法：
① 向左转头 45°的同时低头，保持 1×8 拍然后还原，接着向左转头 45°的同时抬头，保持 1×8 拍然后还原，反复练习。
② 向右转头 45°的同时低头，保持 1×8 拍然后还原，接着向右转头 45°的同时抬头，保持 1×8 拍然后还原，反复练习。
③ 配合音乐，练习左右转头加低头、抬头，每一个姿态保持 1×8 拍，并结合手臂动作，反复练习。

5. 头部的绕与绕环（图 2-10～图 2-24）
（1）预备姿势：小八字站立，两手叉腰，目视正前方。
（2）动作做法：
① 头部的左右绕。头从左（右）侧屈，经前屈绕至右（左）侧屈。
② 头部的左右绕环。头从左屈开始，经前屈、右屈、后屈绕环 360°。
（3）动作要求：
① 头颈自然放松，颈部肌肉充分伸展，幅度大，肩下沉。
② 颈部动作做左右绕与绕环时要用力舒缓，动作连贯，上体保持挺立。
（4）教学方法：
① 反复练习头部的左右绕与绕环的每一个位置，体会动作要领。
② 将颈部左右绕与绕环动作组合起来进行练习。颈部绕的动作四拍一动，颈部绕环的动作八拍一动，反复练习。
③ 配合音乐练习。

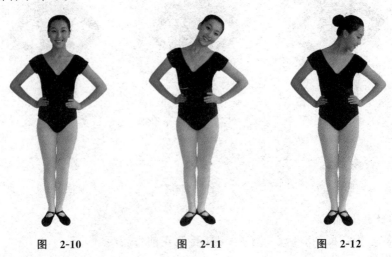

图 2-10　　　　　　图 2-11　　　　　　图 2-12

第 2 章 形体与舞蹈 15

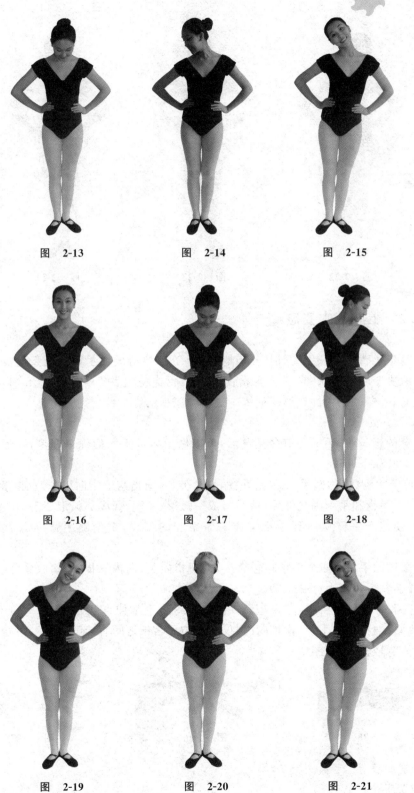

图 2-13　　　　　图 2-14　　　　　图 2-15

图 2-16　　　　　图 2-17　　　　　图 2-18

图 2-19　　　　　图 2-20　　　　　图 2-21

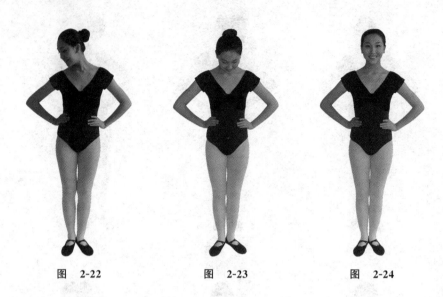

图 2-22　　　　　　图 2-23　　　　　　图 2-24

2.2.2　上肢基本姿态

上肢是指手臂,由肩、上臂、肘、小臂、腕和手等部位组成。手臂的线条优美与否在很大程度上取决于手的形状,它赋予整个手臂以生命,优美的手臂姿态可以给人以艺术美的享受。因此,手臂的艺术性在形体训练中是不可忽视的。

1. 基本手型

手是臂的延长线,手部关节多且灵活,可以做出多种不同的优美姿势,在形体训练中常用的手型有如下两种。

(1) 芭蕾手型(也称圆手):手指并拢,自然伸长,拇指与中指向里合,食指微翘起。当手臂伸展时,手指和手腕随之伸展,使手指成一弧形;当手臂成了弧形姿态时,手指、手腕微微放松,使整个手臂从肩到手指尖成一条柔和的弧线,手型随手臂姿态而灵活变换(图 2-25)。

男生采用的手型:四个手指轻轻靠拢,大拇指向下、向内靠拢,虎口收紧,大拇指与食指平齐,并在一个平面上(图 2-26)。

(2) 直手的手型(也称兰花手型):由五指并拢,手掌伸直开始,大拇指向下、向内靠拢,虎口收紧,中指稍向下,小指稍向内,仅小指与无名指之间有缝隙,食指、中指及无名指的第一指关节轻轻靠拢(图 2-27)。

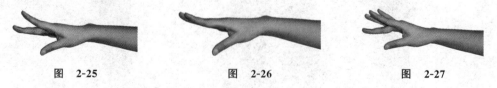

图 2-25　　　　　　图 2-26　　　　　　图 2-27

2. 手臂的位置

1) 芭蕾手位(图 2-28)

(1) 预备姿势:丁字步站立。

图 2-28

(2) 动作做法：
- 一位——两臂弧形体前自然下垂，两手指尖相对，掌心稍向内。
- 二位——两臂弧形前平举，略低于肩，掌心向内相对。
- 三位——两臂保持弧形上举，稍偏前，掌心向内相对。
- 四位——一臂弧形上举，一臂弧形前举。
- 五位——一臂弧形上举，一臂弧形侧举。
- 六位——一臂弧形前举，一臂弧形侧举。
- 七位——两臂弧形侧举，掌心向前下方。

(3) 动作要求：
肩部放松，肘、腕自然微屈，手臂呈弧形，手型呈圆形。
(4) 教学方法：
① 学习一至七个手臂位置，体会每一手臂位置的正确动作要领，反复练习。

② 一至七个手臂位置连贯练习,每一个位置保持四拍。
③ 配合音乐练习。
2) 常用的手臂位置
(1) 同臂同方向举(图 2-29)。
① 预备姿势:垂直站立,双臂自然置于体侧。
② 动作做法:
● 前平举——两臂前举与肩平,同肩宽,掌心向下。

图 2-29

- 上举——两臂上举与肩宽,掌心相对,指尖向上。
- 侧平举——两臂侧举与肩平,稍向后展。
- 前上举——用大臂带动肘,两臂抬起举至前上举,掌心向下。
- 前下举——做法同上,但两臂举至前下举。
- 侧上举——做法同上,但两臂位置在上举45°,掌心向内或向外。
- 侧下举——做法同上,但两臂位置在下举45°,掌心向内或向外。
- 前斜上举——是前上举和侧上举之间45°的位置,掌心向前斜。
- 前斜下举——是前下举和侧下举之间45°的位置,掌心向下。
- 后斜下举——是侧下举与后下举45°的位置,掌心向下。

③ 练习组合:自然站立,双臂自然置于体侧。二拍一动,依次完成前下举—前举—前上举—上举,落至前上举—前举—前下举—还原;再完成侧下举—侧举—侧上举,下落至侧上举—侧举—侧上举—还原。

(2) 两臂不同方向举。

① 预备姿势:自然站立,双臂自然置于体侧。

② 动作做法:

- 一臂前举,另一臂前上举。
- 一臂前上举,另一臂后下举。
- 一臂后上举,另一臂前下举。
- 一臂侧上举,另一臂侧下举。

③ 动作要求:做两臂同方向和不同方向举时,上体保持收腹、立腰、挺胸、两肩自然放松,臂、腕自然伸直,身体重心保持平稳,头部与手臂动作配合协调。

④ 教学方法:

a. 学习同方向举的手臂位置。

b. 学习不同方向举的手臂位置。

c. 连贯练习同方向举的手臂位置,每一个位置保持1×8拍,反复练习。

d. 连贯练习不同方向举的手臂位置,每一个位置保持1×8拍,反复练习。

e. 配合音乐练习。

(3) 手臂的摆动。

手臂摆动的范围一般不超过180°,可以在不同面上进行各种摆动。手臂的摆动以肩为轴,包括前后摆动和左右摆动。

① 预备姿势:八字步站立,双臂自然置于体侧。

② 动作做法:

a. 手臂的前后摆动(图2-30~图2-33)。

- 两臂以肩为轴,同时向前及向后摆动。
- 两臂以肩为轴,同时左臂向前摆动,右臂向后摆动,接着反向摆动。

b. 手臂的左右摆动(图2-34~图2-36)。两臂以肩为轴,同时向左摆动,接着向右摆动。

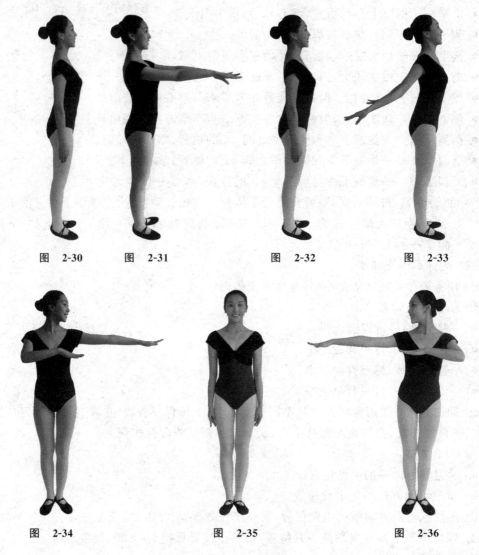

图 2-30　　图 2-31　　　　图 2-32　　图 2-33

图 2-34　　　　　图 2-35　　　　　图 2-36

c. 手臂的侧摆动（图 2-37～图 2-40）。两臂以肩为轴，同时向两侧摆动，摆动的幅度由小到大（25°、45°、90°）。

③ 动作要求：

a. 手臂摆动时，肩关节放松而下沉，大臂带动小臂，小臂带动手，使手臂形成弧形的摆动。

b. 手臂摆动要柔和、协调、连贯、伸展。

④ 教学方法：

a. 分别学习同步的前后、左右手臂摆动，摆动的幅度为 45°、90°，四拍一动，反复练习。

b. 前后、左右手臂摆动结合腿的弹动或重心移动练习，要求四拍一动完成，反复练习。

c. 学习手臂的侧摆动，25°、45°的摆动二拍一动完成，90°的摆动四拍一动完成，反复练习。

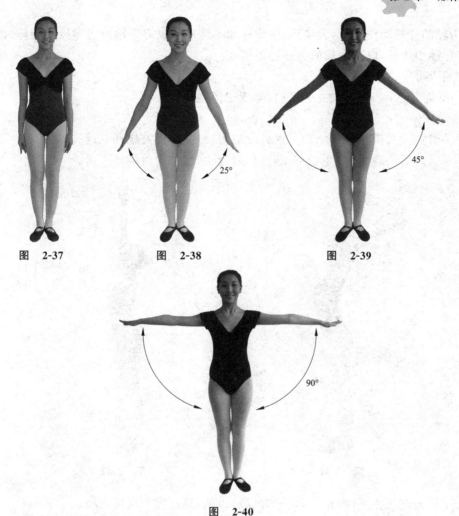

图 2-37　　　图 2-38　　　图 2-39

图 2-40

- 1×8 拍。
    - ◆ 第 1～2 拍：手臂同时前摆动 25°并还原。
    - ◆ 第 3～4 拍：手臂同时侧摆动 60°并还原。
    - ◆ 第 5～8 拍：手臂同时侧摆动 90°并还原。
- 2×8 拍。
    - ◆ 第 1～2 拍：手臂同时侧摆动 25°并还原。
    - ◆ 第 3～4 拍：手臂同时侧摆动 60°并还原。
    - ◆ 第 5～8 拍：手臂同时侧摆动 90°并还原。
- 3×8 拍。
    - ◆ 第 1～4 拍：两腿屈伸一次，同时左臂向前摆至前举，右臂向后摆至后举。
    - ◆ 第 5～8 拍：同 1～4 拍，动作方向相反。
- 4×8 拍同 3×8 拍。

(4) 手臂的绕环。

绕环是以身体某一关节为轴，做 360°或大于 360°的环形动作。手臂的绕环是以肩、肘、腕为轴的绕环动作，包括大绕环、中绕环和小绕环。以肩为轴的绕环称大绕环，以肘为轴的绕环称中绕环，以腕为轴的绕环称小绕环。

① 手臂的大绕环。

a. 预备姿势：八字步站立，双臂自然置于体侧。

b. 动作做法：

- 手臂向前大绕环（图 2-41）。两臂以肩为轴，经后向前绕环一周。
- 手臂向后大绕环（图 2-42）。两臂以肩为轴，经前向后绕环一周。

图 2-41　　　　　　　图 2-42

- 手臂向左大绕环（图 2-43）。两臂以肩为轴，经右向左绕环一周。
- 手臂向右大绕环（图 2-44）。两臂以肩为轴，经左向右绕环一周。

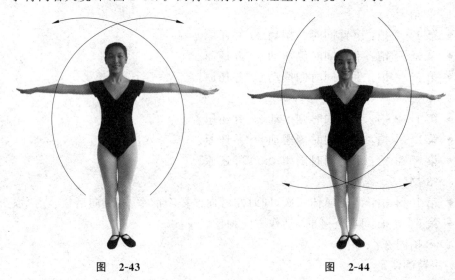

图 2-43　　　　　　　图 2-44

- 手臂向外大绕环(图 2-45)。两臂以肩为轴,经侧向外绕环至侧举。
- 手臂向内大绕环(图 2-46)。两臂以肩为轴,右侧举经下向内绕环至体侧。

图 2-45　　　　　　　　图 2-46

c. 动作要求:
- 两肩放松,手臂伸直成一直线,大绕环时两臂尽量向远处延伸。
- 绕环方向和面要准确,速度均匀,幅度大。

d. 教学方法:
- 原地分别练习各类手臂大绕环,正确掌握动作路线和方向,速度由慢至正常。
- 熟练后结合腿的弹动或移重心动作进行练习。

② 手臂的中绕环。

a. 预备姿势:八字步站立,两臂侧举。

b. 动作做法:
- 手臂向内水平中绕环(图 2-47~图 2-49)。两臂以肘为轴,小臂经下向内绕环一周。

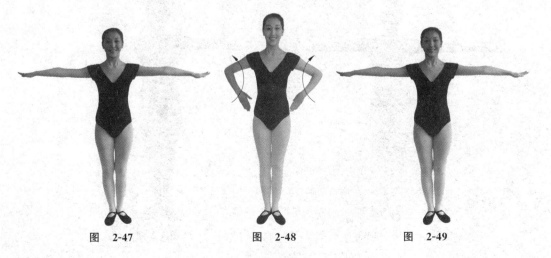

图 2-47　　　　　图 2-48　　　　　图 2-49

- 手臂向外水平中绕环(图 2-50～图 2-52)。两臂以肘为轴,小臂经上向外绕环一周。

图 2-50　　　　　图 2-51　　　　　图 2-52

c. 动作要求:
- 中绕环时大臂固定,肘放松,小臂尽量向远处延伸。
- 绕环的面要准确,速度均匀,幅度大。

d. 教学方法:
- 原地单臂练习向内和向外水平中绕环,正确掌握方向和面,四拍一动反复练习 4×8 拍。
- 原地两臂侧举练习向内和向外水平中绕环,四拍一动,反复练习 4×8 拍。

③ 手臂的小绕环。

a. 预备姿势:八字步站立,两臂侧举。

b. 动作做法:
- 手臂向前小绕环(图 2-53 和图 2-54)。两臂以腕为轴向前绕环一周。

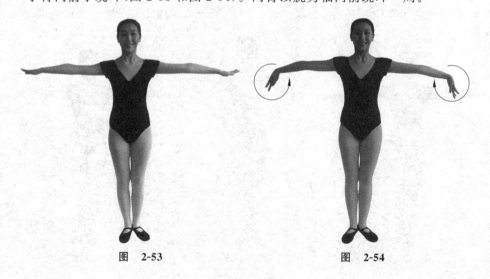

图 2-53　　　　　图 2-54

- 手臂向后小绕环(图 2-55 和图 2-56)。两臂以腕为轴向后环绕一周。

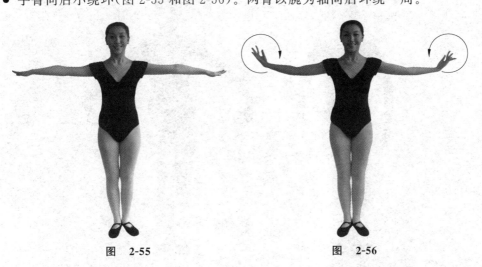

图 2-55　　　　　图 2-56

- 手臂 8 字小绕环(图 2-57)。两臂以腕为轴,手向下绕环一周,接着向上绕环一周成 8 字。

图 2-57

c. 动作要求:小绕环时腕关节要固定、放松,手的绕环幅度要充分,速度均匀。

d. 教学方法:
- 原地练习各类小绕环动作,正确掌握方向和面,四拍一动,反复练习。
- 手臂小绕环组合练习 4×8 拍。
  ◆ 第 1×8 拍:向前小绕环 4 次。
  ◆ 第 2×8 拍:向后小绕环 4 次。
  ◆ 第 3×8、4×8 拍:8 字小绕环 4 次。

④ 手臂的波浪(图 2-58～图 2-61)。

手臂的波浪是以肩、肘、腕以及手指各关节依次做柔和的屈伸运动,其幅度可大可小,可在不同的部位(前举、侧举、斜举)做,也可以两臂同时或依次进行。

图 2-58　　　　　图 2-59

图 2-60　　　　　图 2-61

a. 预备姿势：八字步站立，两臂侧举。

b. 动作做法：以肩带动肘、腕、指依次弯曲，手指放松下垂，接着再从肩、肘、腕、指依次推移伸展至指尖。

c. 动作要求：
- 以肩部开始发力，依次带动肘、腕、掌、指各关节由屈至伸，形成连贯的推移动作。
- 动作协调，柔和伸展，起伏自然。

d. 教学方法：
- 原地练习单臂侧举、前举和上下的波浪。
- 原地练习两臂侧举、前举和上下的臂波浪。
- 原地练习两臂侧举或前举的一次波浪。

2.2.3 下肢基本姿态

1. 站立的基本姿态

站姿体现着人的内在精神,是体现形体美的重要组成部分,也是个性、气质、风度、修养及健康的一种体现和象征。"亭亭玉立"的站姿总是给人带来"高洁如荷"的美好感觉。

优美的站姿,关键在于脊背要挺直,立腰、收腹,收臀,提气,身体重心向上,给人一种精神振奋的感觉。正确的站姿是:双脚略微分开或成"丁"字步,两脚均匀着地,双臂自然下垂或双手在体前交叉;颈部和躯干自然挺直,把身体重心放在两脚之间,头、颈、躯干和腿在同一垂线上;身体各主要部位尽量舒展,做到头不东倒西歪,脖颈不前伸后仰,背不驼,胸不含,肩不耸,髋不松,膝不变。

不正确的站姿包括:僵直,胸部过分凸起;弯腰驼背,躯体肌肉紧张度不够;背部下凹或脊柱前凸,腹部鼓起;端肩,脊柱后凸、背部下凹及垂肩,脊柱侧凸。

2. 脚的基本姿态

1)芭蕾的基本脚位(图 2-62)

一位　　　　　　　二位　　　　　　　三位

四位　　　　　　　五位

图 2-62

(1) 动作做法：
- 一位脚——两脚脚跟相靠，脚尖向两侧，两脚成一条直线。
- 二位脚——两脚跟相距约一脚，脚尖向两侧，两脚成一条横线。
- 三位脚——一脚跟相叠在另一脚弓处，平行横立，脚尖向两侧。
- 四位脚——两脚前后平行，脚尖向两侧，两脚间距离约一脚。
- 五位脚——两脚前后平行相靠，脚尖向两侧。

(2) 动作要求：站立平稳，姿态正确，两腿伸直，两脚在一条横线上或前后平行，髋、膝关节充分外展，身体重心落在两脚上。

2) 常用的基本脚位（图 2-63）

(1) 并立（正步）：两脚并拢，脚尖向前。

(2) 八字步（自然位）：脚跟相靠，两脚尖向斜前方成"八"字形。

(3) 大八字步（开立）：两脚左右或前后分开站立，相距约同肩宽。

(4) 丁字步：一脚跟在另一脚弓处成"丁"字形。

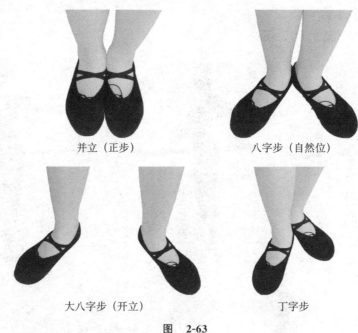

并立（正步）　　　　八字步（自然位）

大八字步（开立）　　　　丁字步

图 2-63

3. 腿的基本姿态

腿的基本姿态是形体训练中最重要的内容之一，腿部的线条优美与否很大程度上取决于腿的形状，优美挺拔的腿部姿态是力与美的体现。

4. 把杆

把杆练习是指借助把杆进行下肢基本动作的训练，是一种辅助身体形态训练的重要手段。通过把杆练习，使练习者掌握身体形态的控制能力、基本姿态、身体重心、转体的稳定性，建立准确的肌肉用力感觉，增强腰、腿部力量，增强柔韧性、灵巧性和协调性，为进行后续的形体训练打好基础。

1)扶把方法

(1)双手扶把。离把杆约一个前臂的距离,面向把杆站立,屈臂,手心向下轻扶把杆(图 2-64)。

(2)单手扶把。离把杆约一个前臂的距离,侧对把杆站立,同侧手屈臂外展轻扶把杆(图 2-65)。

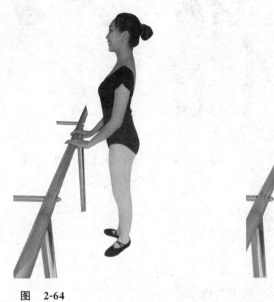

图 2-64 　　　　　　　　　　　　图 2-65

2)把杆压肩、胸

把杆压肩、胸的目的在于提高肩、胸的柔韧性、灵活性。肩、胸部柔韧性、灵活性对上体动作幅度起着决定性作用,有利于形成挺拔、端正的上体姿态。

(1)前压肩、胸。面对把杆,两手扶把,上体前屈(髋部约 90°)。低头向下振动或抬头挺胸向下振动。压肩时可分腿立或并腿立,要求肩关节放松、挺胸直臂完成动作(图 2-66 和图 2-67)。

图 2-66 　　　　　　　　　　　　图 2-67

(2)后压肩。背对把杆(离把杆一臂距离),两手向后扶把杆上部,两腿屈膝下蹲或一腿向前成前弓步,向后拉肩(直臂、屈臂均可),以提高肩部柔韧性(图 2-68~图 2-70)。

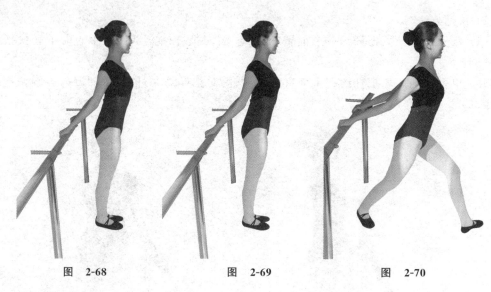

图 2-68　　　　　图 2-69　　　　　图 2-70

（3）起踵练习。

① 音乐 2/4 拍。

② 预备姿势：双手扶把，一位站立（图 2-71）。

③ 动作做法：

a. 1×8 拍。

- 第 1～4 拍：双脚跟慢提起，脚尖着地（图 2-72）。
- 第 5～8 拍：立踵控制，慢慢还原。

b. 2×8 拍。

- 第 1～4 拍：左脚侧移一步成二位（图 2-73）。

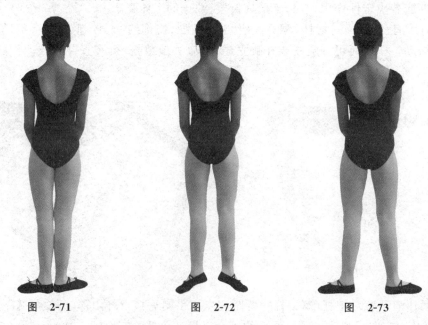

图 2-71　　　　　图 2-72　　　　　图 2-73

- 第5～8拍：控制不动。

c. 3×8拍。
- 第1～4拍：双脚跟慢慢提起，脚尖着地（图2-74）。
- 第5～8拍：立踵控制，慢慢还原。

d. 4×8拍。
- 第1～4拍：左脚向右脚上一步成五位（图2-75）。
- 第5～8拍：控制不动。

e. 5×8拍。
- 第1～4拍：双脚跟慢慢提起，脚尖着地（图2-76）。
- 第5～8拍：立踵控制，慢慢还原。

f. 结束音乐。双手收回一位。

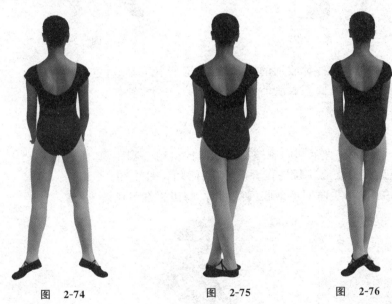

图 2-74　　　　　图 2-75　　　　　图 2-76

④ 教学方法：

a. 起踵时双脚跟尽量上提，脚尖用力支撑。双肩放松，腿、臀部肌肉收紧。

b. 速度应均匀，重心往上，控制身体平稳，立起、落下要稍慢。

c. 还原身体重心落在脚掌上，保持上身不松弛。

（4）擦地。

① 音乐2/4拍。

② 预备姿势：右手扶把，左手一位，五位站立。

③ 动作做法：

a. 准备拍（4拍）。手从一位经二位侧打开成七位（图2-77）。

b. 1×8拍。
- 第1～2拍：左脚全掌向前用力擦地、绷脚，伸出约一脚距离，重心在右腿上。左脚面逐渐绷直，脚尖前点地，脚跟提起（图2-78）。

图　2-77　　　　　　　　　图　2-78

- 第 3 拍：左脚尖擦地收回的同时，脚跟逐渐下压着地，重心在右腿上。
- 第 4 拍：左脚收回至右脚前，成五位。
- 第 5～8 拍：动作同第 1～4 拍。

c. 2×8 拍。

- 第 1～2 拍：左脚全掌向侧擦地、绷脚，伸出约一脚距离，重心在右腿上。左脚面逐渐绷直，脚尖点地，脚跟提起，重心在右脚上(图 2-79)。
- 第 3 拍：左脚尖向回擦地收回的同时，脚跟逐渐下压着地。

图　2-79

- 第 4 拍：左脚收回至右脚后，成后五位。
- 第 5～8 拍：动作同第 1～4 拍。

d. 3×8拍。
- 第1~2拍：左脚全掌向后擦地、绷脚，伸出约一脚距离，重心在右腿上。左脚面逐渐绷直，脚跟提起，用大脚趾内侧点地(图2-80)。

图 2-80

- 第3拍：左脚尖向回擦地的同时，脚跟逐渐下压着地。
- 第4拍：左脚还原后五位站立。
- 第5~8拍：动作同第1~4拍。

e. 4×8拍
- 第1~6拍：动作同2×8拍。
- 第7~8拍：左脚收回前五位，双脚立起右转体180°，同时右手离把打开至七位。左手收回扶把，双脚落地，右脚前五位站立。

f. 5~7×8拍动作同1~3×8拍。右脚为动力腿。

g. 结束拍(4拍)。右手收回一位。

④ 动作要求：

a. 主要发展脚背、踝的力量和柔韧性及腿部肌肉的控制能力。

b. 右脚向前擦地时，要以脚尖领先，脚尖与支撑腿的脚跟成一条直线。

c. 擦地收回时，脚尖主动向支撑腿的脚跟靠拢，脚掌紧贴地面收回，脚面、膝盖向外展。

d. 后擦地脚尖点地时，用大脚趾内侧点地，脚面、膝盖外展。

⑤ 教学方法：

a. 各方向的擦地可分别单独进行练习，把拍节放慢。

b. 各方向的擦地连接起来练习，放慢拍节。

c. 各方向的擦地以正常速度连贯练习。

(5) 压脚跟。

① 音乐2/4拍。

② 预备姿势：左手扶把，右手一位，右脚前五位站立。

③ 动作做法：

a. 准备拍（4拍）。手从一位经二位侧打开成七位。

b. 1×8拍。
- 第1拍：右脚向前擦地、绷脚，伸出约一脚距离，脚面绷直，脚尖前点地，重心在左腿上。
- 第2拍：右脚跟迅速有力下压着地，又快速提起，脚面绷直。
- 第3拍：动作同第2拍。
- 第4拍：右脚向回擦地成前五位站立。
- 第5~8拍：动作同第1~4拍。

c. 2×8拍。
- 第1拍：右脚向侧擦地、绷脚，伸出约一脚距离，脚面绷直，脚尖侧点地，重心在左腿上。
- 第2拍：右脚跟迅速有力下压着地，又快速提起，脚面绷直。
- 第3拍：动作同第2拍。
- 第4拍：右脚向回擦地，成前五位站立。
- 第5~8拍：动作同第1~4拍，右脚向回擦地成后五位站立。

d. 3×8拍。
- 第1拍：右脚向后擦地、绷脚，伸出约一脚距离，脚面绷直，脚尖后点地，重心在左腿上。
- 第2拍：右脚跟迅速有力下压着地成四位脚，又快速提起，脚面绷直。
- 第3拍：动作同第2拍。
- 第4拍：右脚向回擦地，成后五位站立。
- 第5~8拍：动作同第1~4拍。

e. 4×8拍。
- 第1~6拍：动作同3×8拍。
- 第7~8拍：右脚收回前五位，双脚立起左转体180°，同时左手离把打开至七位，右手收回扶把，双脚落地，左脚成前五位。

f. 5~7×8拍，左脚为动力腿，动作同第3×8拍。

g. 结束拍（4拍）。左手收回一位。

④ 动作要求：

a. 注意起踵要充分，压脚跟要干脆而有力，身体保持直立。

b. 脚跟下压时，经脚的四位站立姿势。

c. 压脚腿的脚跟与支撑腿的脚跟成一条直线，经脚的一位站立姿势。

d. 压脚跟的脚尖与支撑腿的脚跟对齐，经脚的四位站立姿势。

⑤ 教学方法：

a. 两手扶把杆，两脚四位站立提踵练习。

b. 前、侧、后、侧各8拍压脚跟练习。

c. 前4拍向前擦地绷脚，后4拍向前擦地压脚跟练习。

d. 前 4 拍向侧擦地绷脚,后 4 拍向侧擦地压脚跟练习。
e. 前 4 拍向后擦地绷脚,后 4 拍向后擦地压脚跟练习。
f. 前、侧、后、侧各前 4 拍擦地绷脚,各后 4 拍压脚跟练习。
g. 建议练习时采用 3/4 拍或 6/8 拍,速度较快、旋律清晰、明快的音乐。

(6) 压腿。

音乐 4/4 拍。

① 正面压腿。

a. 预备姿势:身体侧 45°,侧对把杆,八字步站立,手臂自然垂直于体侧。

b. 动作做法:

- 准备拍(4 拍)。
  ◆ 第 1～2 拍:左手三位,右手扶把,正吸右腿。
  ◆ 第 3～4 拍:左直腿绷脚面放把杆上(图 2-81)。
- 1×8 拍。
  ◆ 第 1 拍:上体体前屈,与被压腿重叠,支撑腿伸直站立(图 2-82)。

图 2-81　　　　　　　图 2-82

  ◆ 第 2 拍:上体抬起成直立,左手三位。
  ◆ 第 3 拍:动作同第 1 拍。
  ◆ 第 4 拍:动作同第 2 拍。
  ◆ 第 5～8 拍:上体前屈,手抱脚控制不动。
- 2×8 拍动作同 1×8 拍。
- 3～4×8 拍动作同 1～2×8 拍,换腿练习。

c. 动作要求:被压腿与支撑腿伸直,上体前屈时胸腹靠紧被压腿。

② 侧面压腿。

a. 预备姿势:身体 45°侧对把杆,八字步站立,手臂自然垂直于体侧。

b. 动作做法：
- 准备拍(4 拍)。
  - 第 1~2 拍：右手三位，左手扶把，侧吸左腿。
  - 第 3~4 拍：右脚一位，左直腿绷脚面放把杆上(图 2-83)。
- 1×8 拍。
  - 第 1 拍：上体左侧屈，耳侧、左肩侧触及小腿，右手在头上方尽量触碰左脚(图 2-84)。

图　2-83　　　　　　　　　　　图　2-84

- 第 2 拍：上体抬起成直立，还原。
- 第 3 拍：动作同第 1 拍。
- 第 4 拍：动作同第 2 拍。
- 第 5~8 拍：上体体侧屈，手抱脚控制不动。
- 3~4×8 拍动作同 1~2×8 拍，换右腿练习。

③ 后压腿。

a. 预备姿势：身体侧 45°，背向把杆，八字步站立，手臂自然垂直于体侧。

b. 动作做法：
- 准备拍(4 拍)。
  - 第 1~2 拍：右手三位，左手扶把。
  - 第 3~4 拍：左腿伸直后举，脚面放在把杆上(图 2-85)。
- 1×8 拍。
  - 第 1 拍：右支撑腿屈膝半蹲，上体直立。
  - 第 2~3 拍：保持第 1 拍动作。
  - 第 4 拍：右腿蹬直还原。
  - 第 5~8 拍：动作同第 1~4 拍。

- 2×8拍动作同1×8拍。
- 3×8拍。
  - ◆ 第1拍：上体体前屈振动，稍屈髋，右手三位。
  - ◆ 第2拍：左腿屈膝，头后仰，挺胸、腹，上体后下腰至最大限度（图2-86）。

图 2-85　　　　　　　　　　　图 2-86

  - ◆ 第3拍：动作同第1拍。
  - ◆ 第4拍：动作同第2拍。
  - ◆ 第5～7拍：尽量体后屈，控制不动。
  - ◆ 第8拍：还原成预备姿势。
- 4×8拍动作同3×8拍，换腿练习。

c. 动作要求：体后屈时尽力抬头、挺腹、胸，手尽量接近脚。

d. 教学方法：

- 可以分别单独进行各方向压腿练习。
- 也可以各方向2小节压腿练习+2小节耗腿练习。
- 压、耗、控腿时，保持胯正、立腰、立背。
- 建议练习时采用2/4或4/4拍，比较舒缓的音乐。

（7）踢腿。

音乐2/4拍。

① 小踢腿。

a. 预备姿势：左脚前五位站立，左手一位，右手扶把。

b. 动作做法：

- 准备拍（4拍）。手一位经二位侧打开成七位（图2-87）。
- 1×8拍。
  - ◆ 第1拍：左脚经擦地向前方踢出25°，支撑腿伸直（图2-88）。

◆ 第2拍：左腿前举，控制不动。

◆ 第3拍：左腿伸直下落，脚尖侧点地(图2-89)。

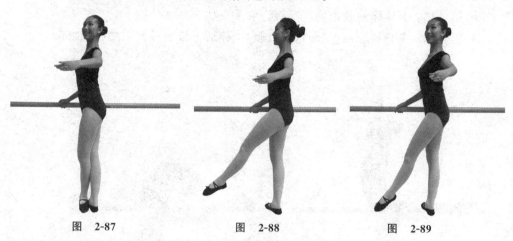

图 2-87　　　　　图 2-88　　　　　图 2-89

◆ 第4拍：左脚擦地还原成前五位站立。

◆ 第5～8拍：动作同第1～4拍。

● 2×8拍。

◆ 第1拍：左脚经擦地向左侧踢出25°，支撑腿伸直(图2-90)。

◆ 第2拍：左腿侧举，控制不动。

◆ 第3拍：左腿伸直下落，脚尖侧点地(图2-91)。

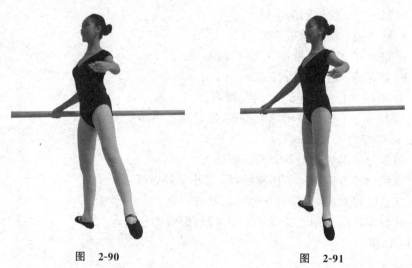

图 2-90　　　　　图 2-91

◆ 第4拍：左脚擦地还原成前五位站立。

◆ 第5～8拍：动作同第1～4拍，左脚擦地还原成后五位站立。

● 3×8拍。

◆ 第1拍：左脚经擦地向正后方踢出25°，支撑腿伸直(图2-92)。

◆ 第2拍：左腿后举，控制不动。

◆ 第3拍:左腿伸直下落,脚尖后点地(图2-93)。

图 2-92　　　　　　　　　　　图 2-93

- ◆ 第4拍:左脚擦地还原成后五位站立。
- ◆ 第5~8拍:动作同第1~4拍。
- 4~6×8拍同1~3×8拍,换腿练习。

c. 动作要求:
- 支撑腿与摆动腿都要伸直,上体保持正直。
- 小踢腿动作经擦地向空中踢出25°,绷脚,速度较快,有一定爆发力。
- 踢出一拍完成,再控制一拍收回,控制好上身和胯不要晃动。

d. 教学方法:
- 分别单独进行各方向小踢腿练习。
- 前、侧、后、侧各8拍踢腿练习。
- 前、侧、后、侧各前4拍擦地绷脚,后4拍小踢腿练习。
- 前、侧、后、侧各前4拍小踢腿,后4拍控腿停止不动姿态练习。
- 建议在练习时采用2/4拍,速度较快,旋律清晰、明朗的音乐。

② 大踢腿。

a. 预备姿势:小八字站立,右手一位,左手扶把。

b. 动作做法:
- 准备拍(2拍)。右手一位经二位侧打开成七位,右脚向后点地(图2-94)。
- 1×8拍。
  - ◆ 第1拍:右脚经擦地伸直向前方踢起至胸前,支撑腿伸直站立(图2-95)。
  - ◆ 第2拍:右腿伸直下落,脚经前擦地还原成小八字站立。
  - ◆ 第3~4拍:动作同第1~2拍。
  - ◆ 第5~8拍:动作同第1~4拍。
- 2×8拍。
  - ◆ 第1拍:右脚经擦地伸直向侧方踢起靠近耳侧,支撑腿伸直站立(图2-96)。

图 2-94　　　　　　　图 2-95　　　　　　　图 2-96

- ◆ 第2拍：右腿伸直下落，脚经侧擦地还原成小八字站立。
- ◆ 第3～4拍：动作同第1～2拍。
- ◆ 第5～8拍：动作同第1～4拍，第8拍，右脚向前点地（图2-97）。
- 3×8拍。
  - ◆ 第1拍：右脚经擦地踢起伸直向后方至后上举部位，支撑腿伸直站立（图2-98）。

图 2-97　　　　　　　　　　图 2-98

- ◆ 第2拍：右腿伸直下落，右脚向前点地。
- ◆ 第3～4拍：动作同第1～2拍。
- ◆ 第5～8拍：动作同第1～4拍，第8拍，右腿伸直下落，脚经后擦地还原成小八字站立。

c. 动作要求：

- 大踢腿难度大，爆发力强，支撑腿用力钉住地面，支撑腿与摆动腿伸直，上身直立，不要摇晃。
- 前踢、侧踢时,用脚背绷直的力量带动腿,尽量向上向远踢,胯、上身保持端正和平稳。
- 前踢,腿的高度不低于头。
- 侧踢,脚的高度靠近耳侧。
- 后踢时,上身直立,用大腿根部的力量带动腿向正后上方踢,高度尽量接近头后部。

d. 教学方法:
- 分别单独进行各方向大踢腿练习。
- 各方向小踢腿四拍,接大踢腿四拍,分别单独进行练习。
- 小踢腿两拍,接大踢腿四拍动作练习。
- 前、侧、后、侧大踢腿四拍,控腿两拍,落下两拍动作练习。
- 建议练习时采用节奏比较明快的音乐。

(8) 向前、向后画半圆。

① 预备姿势:左脚前五位站立,左手一位,右手扶把。

② 动作做法:

a. 准备拍(8拍)。手一位经二位侧打开成七位。

b. 1×8拍。
- 第1拍:右腿屈膝半蹲,左腿伸直向前伸出,脚尖点地(图2-99)。
- 第2拍:左脚尖经身体左侧向后画弧(半圆)(图2-100),脚尖后点地(图2-101)。

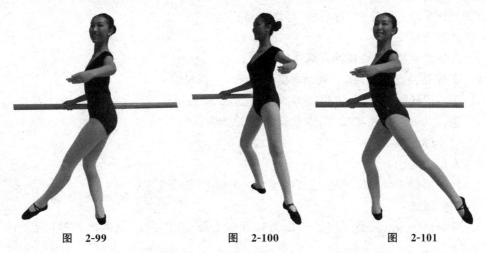

图 2-99　　　　　图 2-100　　　　　图 2-101

- 第3拍:由左脚尖后点地经身体左侧向前画弧(半圆),脚尖前点地。
- 第4拍:右腿屈膝半蹲,由左腿前伸脚尖前点地,还原成前五位站立。
- 第5~8拍:动作同第1~4拍。

c. 2×8拍动作同1×8拍,换腿练习。

③ 动作要求:画半圆时以髋关节为轴,用脚尖沿地面画弧(半圆)。

④ 教学方法:

a. 支撑腿半蹲,运动腿伸直画半圆练习。

b. 由前向后画半圆练习。

c. 由后向前画半圆练习。

d. 向后画半圆,接向前画半圆练习。

e. 组合动作练习:向前、侧、后、侧各擦地绷脚 4 拍—向前、侧、后、侧小踢腿各 4 拍—由前向后画半圆—由后向前画半圆练习。

f. 建议练习时采用 4 拍,比较舒缓的音乐。

(9) 向前、向后绕腿

① 预备姿势:左脚前五位站立,左手一位,右手扶把。

② 动作做法:

a. 准备拍(8 拍)。手一位经二位侧打开成七位。

b. 1×8 拍

- 第 1 拍:左腿伸直前举,与地面平行。
- 第 2 拍:左腿伸直向左侧绕经侧举。
- 第 3 拍:左腿继续向后绕至后举,左手二位。
- 第 4~5 拍:左腿后举,控制不动。
- 第 6 拍:左腿伸直向左侧绕经侧举,左手七位。
- 第 7 拍:左腿继续向前绕至前举。
- 第 8 拍:还原成预备姿势。

c. 2×8 拍动作同 1×8 拍,换右腿练习。

③ 动作要求:绕腿时,腿平举,身体保持直立。

④ 教学方法:

a. 支撑腿半蹲,摆动腿伸直画半圆练习。

b. 支撑腿伸直站立,摆动腿稍举起(低于 90°)绕腿练习。

c. 面向把杆两手扶把,支撑腿伸直提踵立,摆动腿举至 90°,做前后绕腿练习。

d. 建议练习时采用 4 拍,节奏比较舒缓的音乐。

(10) 小弹腿。

① 音乐 2/4 拍。

② 预备姿势:脚一位站立,左手一位,右手扶把(图 2-102)。

③ 动作做法:

a. 准备拍(4 拍)。手一位经二位侧打开成七位,左脚向左侧擦出点地(图 2-103 和图 2-104)。

b. 1×8 拍。

- 第 1~2 拍:右腿伸直站立,左腿屈膝,用脚弓侧贴于右腿踝关节前侧处(膝盖向侧)(图 2-105)。
- 第 3~4 拍:左腿前伸,脚尖前点地(图 2-106)。
- 第 5~8 拍:动作同第 1~4 拍。

c. 2×8 拍。

- 第 1~2 拍:右腿伸直站立,左腿屈膝勾脚,脚踝外侧贴于右腿踝关节前侧处(膝盖向侧）（图 2-107）。

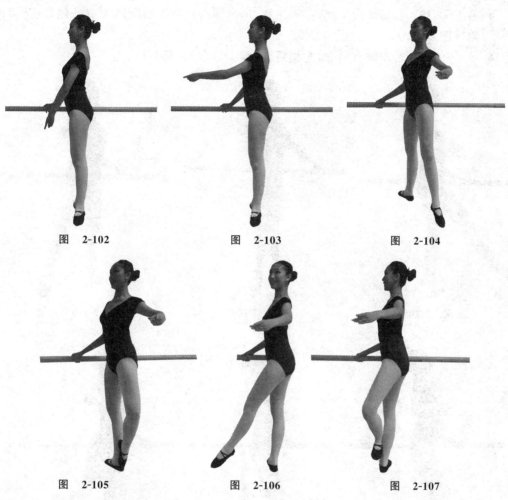

图 2-102　　　　　图 2-103　　　　　图 2-104

图 2-105　　　　　图 2-106　　　　　图 2-107

- 第 3~4 拍：左腿快速向前弹出控制 25°（图 2-108）。
- 第 5~8 拍：动作同第 1~4 拍。

d. 3×8 拍。

- 第 1~2 拍：右腿伸直站立，左腿屈膝，用脚弓侧贴于右腿踝关节前侧处（膝盖向侧）（图 2-105）。
- 第 3~4 拍：左腿侧擦出，脚尖侧点地（图 2-109）。
- 第 5~8 拍：动作同第 1~4 拍。

e. 4×8 拍。

- 第 1~2 拍：动作同 2×8 拍的第 1~2 拍（图 2-107）。
- 第 3~4 拍：左腿快速向侧弹出控制 25°（图 2-110）。
- 第 5~6 拍：右腿伸直站立，左腿屈膝，用脚弓侧贴于右腿踝关节外侧处（图 2-111）。
- 第 7~8 拍：动作同第 3~4 拍。

f. 5×8拍。
- 第1~2拍：右腿伸直站立，左腿屈膝，用脚踝内侧贴于右腿踝关节外侧处(膝盖向侧)(图2-112)。
- 第3~4拍：右腿伸直站立，左腿后伸，脚尖后点地(图2-113)。

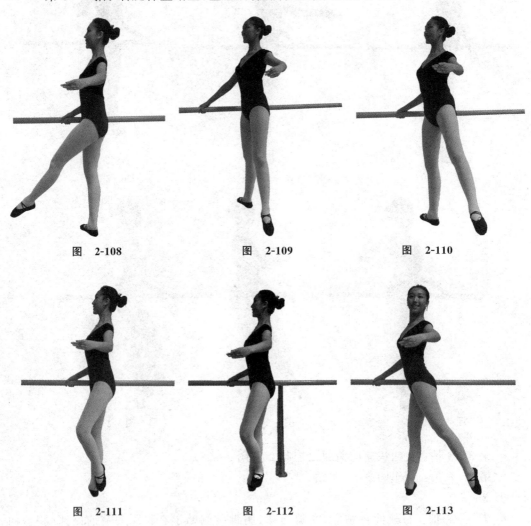

图 2-108　　图 2-109　　图 2-110

图 2-111　　图 2-112　　图 2-113

- 第5~8拍：动作同第1~4拍。

g. 6×8拍。
- 第1~2拍：右腿伸直站立，左腿屈膝勾脚，脚踝前内贴于右腿踝关节后外侧处(膝盖向侧)。
- 第3~4拍：左腿快速向后弹出控制25°(图2-114)。
- 第5~8拍：动作同第1~4拍。

h. 7×8拍。
- 第1~2拍：右腿伸直站立，左腿屈膝，用脚弓侧贴于右腿踝关节后侧处。
- 第3~4拍：动作同3×8拍的第3~4拍。

- 第5~6拍：右腿伸直站立，同时左腿屈膝用脚弓侧贴于右腿踝关节外侧处。
- 第7~8拍：动作同3×8拍的第3~4拍。

i. 8×8拍。
- 第1~2拍：右腿伸直站立，左腿屈膝，用脚弓侧贴于右腿踝关节后侧处。
- 第3~4拍：左腿快速向侧弹出控制25°。
- 第5~6拍：右腿伸直站立，同时左腿屈膝用脚弓侧贴于右腿踝关节外侧处。
- 第7~8拍：收势，还原成一位脚。换方向练习。

(11) 吸腿大弹腿。

① 预备姿势：八字步站立，右手七位，左手扶把。

② 动作做法：

a. 1×8拍。
- 第1拍：左腿伸直站立，右腿伸直，脚擦地前举90°（图2-115）。

图 2-114　　　　　　　　　　图 2-115

- 第2~3拍：保持第1拍动作。
- 第4拍：左腿伸直站立，右腿屈膝（膝盖向前），脚面内侧贴于左腿膝关节内侧处。
- 第5~8拍：动作同第1~4拍。

b. 2×8拍动作同1×8拍。

c. 3×8拍。
- 第1拍：左腿伸直站立，右腿伸直右侧举。
- 第2~3拍：保持第1拍动作。
- 第4拍：左腿伸直站立，同时右腿屈膝，脚面内侧贴于右腿膝关节内侧处（图2-116）。
- 第5~8拍：动作同第1~4拍。

d. 4×8拍动作同3×8拍。

e. 5×8拍。
- 第1拍：左腿伸直站立，右腿伸直后举（图2-117）。

- 第2~3拍：保持第1拍动作。
- 第4拍：左腿伸直站立,右腿屈膝,脚面内侧贴于右腿膝关节内侧处(图2-116)。
- 第5~8拍：动作同第1~4拍。

f. 6×8拍动作同5×8拍。

g. 7×8拍动作同3×8拍。

h. 8×8拍动作同4×8拍。收势,换方向练习。

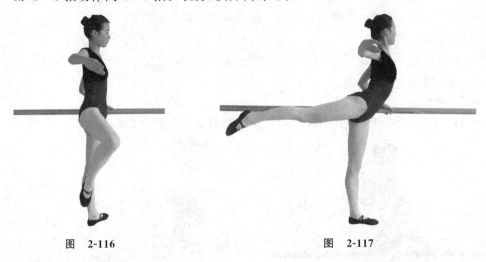

图 2-116　　　　　　　　　　图 2-117

③ 动作要求：

a. 做动作时,要控制好立腰、立背、挺胸、收腹形态。

b. 吸腿小弹腿和吸腿大弹腿时,大腿都不动,以脚面带动小腿迅速弹出伸直,并停止在指定的高度上。

c. 向前弹腿,运动腿膝关节向前；向侧、向后弹腿,运动腿膝关节向侧。

④ 教学方法：

a. 先做运动腿屈伸,再配合支撑腿提踵的屈伸练习。

b. 支撑腿提踵的小弹腿练习。

c. 面向把杆两手扶把,分别进行各方向的小弹腿练习。

d. 面向把杆两手扶把,侧、后大弹腿练习。

e. 支撑腿提踵的前、后弹腿,加转体180°、360°的动作练习。

f. 建议练习时采用节奏舒缓的音乐。

(12) 移重心。

① 向前移重心。

a. 预备姿势：五位站立；右腿支撑,左腿前伸,脚尖点地,左手七位,右手扶把(图2-118和图2-119)。

b. 动作做法：第1~2拍,右腿屈膝半蹲,左腿向前移重心的同时,左脚尖再向前移出一脚距离；接着脚跟着地(图2-119),身体重心由后经两腿屈膝半蹲移至左脚上(图2-120),成左腿支撑,右腿后伸,脚尖点地(图2-121)。

图 2-118   图 2-119

图 2-120   图 2-121

② 向后移重心。

a. 预备姿势：五位站立；左腿支撑，右腿后伸，脚尖点地，左手七位，右手扶把。

b. 动作做法：第1~2拍，左腿屈膝半蹲，左腿向后移重心的同时，右脚尖再向后移出一脚距离；接着脚跟着地，身体重心由前经两腿屈膝半蹲移至右脚上，成右腿支撑，左腿前伸，脚尖点地。

c. 动作要求：前、后移重心时，经两腿前、后屈膝半蹲的动作过程，上体保持直立，平稳移动。

d. 教学方法：

- 两脚前后开立，做前后移重心练习。
- 前弓步向后移重心练习。
- 后弓步向前移重心练习。
- 建议练习时采用节奏舒缓的音乐。

③ 左、右移重心。

a. 预备姿势：面向把杆两手扶把，左腿支撑，右脚侧伸，脚尖点地（图2-122）。

b. 动作做法：

第1～2拍，左腿屈膝半蹲，当左腿向右移重心的同时，右脚尖再向右侧移出一脚距离（右侧弓步）；接着脚跟着地，身体重心由左经两腿屈膝半蹲右移，成右腿支撑，左腿左侧伸，脚尖点地（图2-123和图2-124）。

图 2-122　　　　　　图 2-123　　　　　　图 2-124

第3～4拍，右腿屈膝半蹲，当右腿向左移重心的同时，左脚尖再向左侧移出一脚距离（左侧弓步）；接着脚跟着地，身体重心由右经两腿屈膝半蹲左移，成左腿支撑，右腿右侧伸，脚尖点地。

c. 动作要求：左、右移重心时，经两腿屈膝半蹲的动作过程，上体保持直立，平稳移动。

d. 教学方法：
- 两腿左右开立，做直腿移重心练习。
- 右侧弓步向左移重心练习。
- 左侧弓步向右移重心练习。
- 建议练习时采用节奏舒缓的音乐。

(13) 吸腿转体。

① 吸腿转体180°。

a. 预备姿势：右脚前五位站立，右手一位，左手扶把。

b. 动作做法：

第1拍，左腿屈膝半蹲，右腿向前伸出，脚尖点地，右手二位。

第2拍，左腿蹬直提踵立，右腿屈膝外展，脚底贴于左腿膝关节内侧处；左手推离把杆，两臂二位；以左前脚掌为轴，向右后转头、肩，带动身体转体180°，脚跟落下。换右手扶把，左手七位。

第3～4拍，换右腿练习。

② 吸腿转体360°。
a. 预备姿势：面向把杆，两手扶把，五位站立（图2-125）。
b. 动作做法：
第1拍，右腿屈膝半蹲，左腿向前伸出，脚尖点地（图2-126）。

图 2-125　　　　　　　　　图 2-126

第2拍，右腿伸直提踵立，左腿屈膝外展，脚底贴于右腿膝关节内侧处；两手推离把杆成二位或三位；以右前脚掌为轴，向左后转头、肩，带动身体转体360°，两手扶把，脚跟落下，还原成五位站立（图2-127和图2-128）。

图 2-127　　　　　　　　　图 2-128

第 3~4 拍,换左腿练习。

c. 动作要求:转体时,身体需保持与地面垂直,并尽力高提踵,转体要正。

d. 教学方法:
- 两腿交叉提踵向左(右)转体 180°练习。
- 右手扶把,左腿向前踢腿,同时转体 180°,左手扶把。
- 两手扶把,单足提踵立转体 360°练习。
- 建议练习时采用感觉比较舒缓的音乐。

(14) 身体前后波浪。

① 预备姿势:正步站立,左手一位经二位侧打开至三位(图 2-129)。

② 动作做法:

第 1~2 拍,两腿屈膝半蹲的同时,含胸、低头(图 2-130)。

图　2-129　　　　　　　　图　2-130

第 3~4 拍,左臂经体侧后摆至三位(图 2-131),向前依次伸膝、伸髋、挺腹、挺胸、抬头(图 2-132),伸直身体,提踵立。

第 5~6 拍,两腿屈膝半蹲的同时,挺胸、抬头。

第 7~8 拍,提踵的同时,伸膝依次向后屈髋、拱腰、拱背(含胸)、低头,左臂经后、下、前摆至三位,伸直身体,提踵立。

③ 动作要点:动作缓慢、连贯,各关节依次屈伸,形成浪峰。

④ 教学方法:

a. 膝关节屈伸练习。

b. 髋关节屈伸练习。

c. 头、颈、胸屈伸练习。

图 2-131

图 2-132

d. 跪坐,上体前后波浪练习。
e. 向前、后移动做波浪练习。
f. 建议练习时采用 4 拍,节奏缓慢的音乐。
(15) 下腰。
① 向后下腰。
a. 预备姿势：八字步站立,左手一位经二位侧打开成三位。
b. 动作做法：
第 1～2 拍,屈髋,上体前屈,后背挺直,头下垂,左手触地(图 2-133)。
第 3～4 拍,上体经前抬起成直立,左手三位(图 2-134)。
第 5～6 拍,挺腹、挺腰、挺胸,抬头,体后屈,左手尽量触地(图 2-135)。

图 2-133

图 2-134

图 2-135

第 7～8 拍,上体向前抬起成直立,左手三位。
c. 动作要求：下腰时,肩、胸、腰依次后屈,头颈自然,目视左手,起立时从腰先开始,再依次抬起。

② 腰侧屈。

a. 预备姿势：八字步站立，右手一位经二位侧打开成三位。

b. 动作做法：

第1~2拍，上体向左侧屈，左手体侧轻扶把，头颈保持自然姿势，目视前方。

第3~4拍，向左转体90°，两手扶把不动，体前屈。

第5~6拍，向左转体90°，右手扶把不动，右侧体侧屈。

第7~8拍，上体抬起成直立，左手三位。

c. 动作要求：一侧髋充分拉长肌肉，另一侧髋尽力收缩肌肉。

d. 教学方法：

- 体前屈练习。
- 腰部环绕练习。
- 体侧屈练习。
- 体后屈练习（单、双脚站立）。
- 建议练习时采用4拍，节奏舒缓的音乐。

(16) 蹲。

① 一位半蹲。

a. 预备姿势：一位站立，左手一位经二位侧打开成七位（图2-136）。

b. 动作做法：

第1~4拍，上体直立，屈膝缓慢下蹲至大腿与小腿成90°（图2-137）。

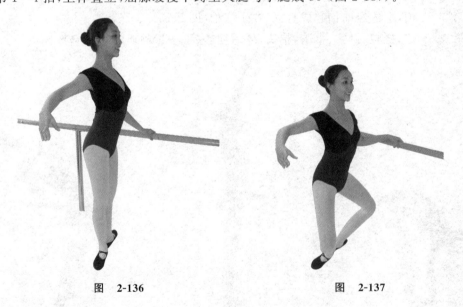

图　2-136　　　　　　　　　图　2-137

第5~8拍，两腿缓慢伸直。

c. 动作要求：下蹲与伸膝时，上体始终保持直立并与地面垂直。

d. 教学方法：

- 练习时都要收腹、立腰。

- 两手叉腰,背靠把杆,缓慢半蹲练习。
- 面向把杆两手扶把,半蹲练习。
- 侧向单手扶把,半蹲练习。
- 头顶一物,半蹲练习。
- 建议练习时采用节奏缓慢的音乐。

② 一位全蹲。

a. 预备姿势:一位站立,左手一位经二位侧打开成七位。

b. 动作做法:

第1~4拍,上体直立,两腿屈膝缓慢下蹲至大、小腿贴合,并提起两脚跟;左手成一位或二位。

第5~8拍,两腿缓慢蹬直,左手二位至七位,脚跟落下。

c. 动作要求:伸膝时要匀速,全蹲时要提踵,上体保持直立。

d. 教学方法:

- 背靠墙面全蹲练习。
- 侧向扶把半蹲练习。
- 一人拍半蹲练习,二人拍全蹲练习。
- 建议练习时选用节奏比较舒缓的音乐。

2.2.4 把杆组合练习

1. 练习一
- 1×8拍。
  - 第1~4拍:向前擦地压脚跟两次,还原成五位站立。
  - 第5~8拍:向侧擦地压脚跟两次,还原成五位站立。
- 2×8拍。
  - 第1~4拍:向后擦地压脚跟两次,还原成五位站立。
  - 第5~8拍:向侧擦地压脚跟两次,还原成五位站立。
- 3×8拍。
  - 第1~4拍:向前45°小踢腿两次,还原成五位站立。
  - 第5~8拍:向侧45°小踢腿两次,还原成五位站立。
- 4×8拍。
  - 第1~4拍:向后45°小踢腿两次,还原成五位站立。
  - 第5~8拍:向侧45°小踢腿两次,还原成五位站立。

2. 练习二
- 1×8拍。
  - 第1~4拍:向前45°小踢腿两次,还原成五位站立。
  - 第5~7拍:向前45°控腿。
  - 第8拍:还原成五位站立。

- 2×8拍。
  - 第1~4拍:向侧45°小踢腿两次,还原成五位站立。
  - 第5~7拍:向侧45°控腿。
  - 第8拍:还原成五位站立。
- 3×8拍。
  - 第1~4拍:向后45°小踢腿两次,还原成五位站立。
  - 第5~7拍:向后45°控腿。
  - 第8拍:还原成五位站立。
- 4×8拍。
  - 第1~4拍:向侧45°小踢腿两次,还原成五位站立。
  - 第5~7拍:向侧45°控腿。
  - 第8拍:还原成五位站立。

3. 练习三
- 1×8拍。
  - 第1~2拍:向前45°小踢腿。
  - 第3~4拍:向前90°小踢腿。
  - 第5~7拍:向前90°控腿。
  - 第8拍:还原成五位站立。
- 2×8拍。
  - 第1~2拍:向侧45°小踢腿。
  - 第3~4拍:向侧90°小踢腿。
  - 第5~7拍:向侧90°控腿。
  - 第8拍:还原成五位站立。
- 3×8拍。
  - 第1~2拍:向后45°小踢腿。
  - 第3~4拍:向后90°小踢腿。
  - 第5~7拍:向后90°控腿。
  - 第8拍:还原成五位站立。
- 4×8拍。
  - 第1~2拍:向侧45°小踢腿。
  - 第3~4拍:向侧90°小踢腿。
  - 第5~7拍:向侧90°控腿。
  - 第8拍:还原成五位站立。

4. 练习四
- 1×8拍。
  - 第1~4拍:提踵两次,还原成一位站立。
  - 第5~7拍:提踵立,停止不动。

◆ 第8拍：还原成一位站立。
- 2×8拍。
  ◆ 第1~2拍：向前移重心，一手前摆至前举。
  ◆ 第3~4拍：向后移重心，一手后摆至后举。
  ◆ 第5~6拍：向前身体波浪至提踵立，一手经下、前至上举。
  ◆ 第7~8拍：身体伸直踵立，停止不动。
- 3×8拍。
  ◆ 第1~2拍：向后移重心，一手后摆至后举。
  ◆ 第3~4拍：向前移重心，一手前摆至前举。
  ◆ 第5~6拍：向后身体波浪至提踵立，一手上举。
  ◆ 第7~8拍：身体伸直提踵立，停止不动。
- 4×8拍。
  ◆ 第1~2拍：右腿屈膝半蹲，左腿前伸，脚尖点地，右手七位。
  ◆ 第3~4拍：右脚尖经侧向后画半圆。
  ◆ 第5~6拍：左腿伸直提踵立，右腿屈膝吸腿。
  ◆ 第7~8拍：动作同第5~6拍，停止不动。

5. 练习五
- 1×8拍。
  ◆ 第1拍：左腿屈膝半蹲，右腿侧伸，脚尖点地。
  ◆ 第2拍：左腿伸直提踵立，吸右腿。
  ◆ 第3~4拍：向前90°小踢腿。
  ◆ 第5~7拍：向前90°控腿。
  ◆ 第8拍：还原成五位站立。
- 2×8拍。
  ◆ 第1~2拍：向侧45°小踢腿。
  ◆ 第3~4拍：向侧90°小踢腿。
  ◆ 第5~7拍：向侧90°控腿。
  ◆ 第8拍：还原成五位站立。
- 3×8拍。
  ◆ 第1~2拍：向后45°小踢腿。
  ◆ 第3~4拍：向后90°小踢腿。
  ◆ 第5~7拍：向后90°控腿。
  ◆ 第8拍：还原成五位站立。
- 4×8拍。
  ◆ 第1~2拍：向侧45°小踢腿。
  ◆ 第3~4拍：向侧90°小踢腿。
  ◆ 第5~7拍：向侧90°控腿。
  ◆ 第8拍：还原成五位站立。

6. 练习六
- 1×8拍。
  - ◆ 第1~4拍：提踵两次,还原成一位站立。
  - ◆ 第5~7拍：提踵立,停止不动。
  - ◆ 第8拍：还原成一位站立。
- 2×8拍。
  - ◆ 第1~2拍：向前移重心,一手前摆至前举。
  - ◆ 第3~4拍：向后移重心,一手后摆至后举。
  - ◆ 第5~6拍：向前身体波浪至提踵立,一手经下、前至上举。
  - ◆ 第7~8拍：身体伸直踵立,停止不动。
- 3×8拍。
  - ◆ 第1~2拍：向后移重心,一手后摆至后举。
  - ◆ 第3~4拍：向前移重心,一手前摆至前举。
  - ◆ 第5~6拍：向后身体波浪至提踵立,一手上举。
  - ◆ 第7~8拍：身体伸直提踵立,停止不动。
- 4×8拍。
  - ◆ 第1~2拍：右腿屈膝半蹲,左腿前伸,脚尖点地,右手七位。
  - ◆ 第3~4拍：左脚尖经侧向后画半圆。
  - ◆ 第5~6拍：左腿伸直提踵立,右腿屈膝吸腿。
  - ◆ 第7~8拍：动作同第5~6拍,停止不动。
- 5×8拍。
  - ◆ 第1拍：左腿屈膝半蹲,右腿侧伸,脚尖点地。
  - ◆ 第2拍：左腿伸直提踵立,吸右腿。
  - ◆ 第3、5拍：动作同第1拍。
  - ◆ 第4、6拍：动作同第2拍。
  - ◆ 第7~8拍：吸腿提踵立,停止不动。
- 6×8拍。
  - ◆ 第1~2拍：左腿屈膝半蹲,右腿后伸,脚尖点地,右手七位。
  - ◆ 第3~4拍：右腿尖经侧向前画半圆。
  - ◆ 第5~6拍：左腿伸直提踵立,右腿屈膝吸腿。
  - ◆ 第7~8拍：动作同第5~6拍,停止不动。

2.3 基本形态控制训练

2.3.1 形体姿态操

预备姿势：左丁字步站立,抬头挺胸收腹,双手成一位手,双眼平视前方(图2-138)。

1. 第一节
- 1×8 拍。
    - ◆ 第 1~4 拍：头慢慢向左后上方看（图 2-139）。
    - ◆ 第 5~8 拍：还原。
- 2×8 拍。
    - ◆ 第 1~4 拍：头慢慢向右后上方看（图 2-140）。

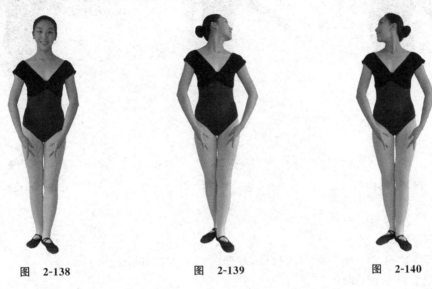

图　2-138　　　　　图　2-139　　　　　图　2-140

- ◆ 第 5~8 拍：还原。
- 3×8 拍。
    - ◆ 第 1~2 拍：左手臂向左斜后方做手臂波浪，头向左转，眼随手动（图 2-141~图 2-143）。

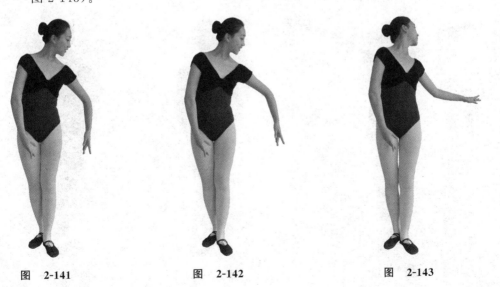

图　2-141　　　　　图　2-142　　　　　图　2-143

◆ 第 3~4 拍：收回。
◆ 第 5~6 拍：右手臂向右斜后方做手臂波浪，头向右转，眼随手动（图 2-144~图 2-146）。

图　2-144　　　　　　　图　2-145　　　　　　　图　2-146

◆ 第 7~8 拍：收回。
● 4×8 拍。
◆ 第 1~4 拍：抬头挺胸向后仰，双臂向后上方打开（图 2-147）。
◆ 第 5~8 拍：收回。

2. 第二节
● 5×8 拍。
◆ 第 1~4 拍：一位手（图 2-148）。
◆ 第 5~8 拍：二位手（图 2-149）。

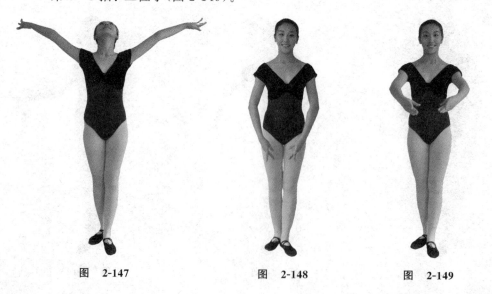

图　2-147　　　　　　　图　2-148　　　　　　　图　2-149

- 6×8 拍。
  - 第1~4拍：三位手(图2-150)。
  - 第5~8拍：下右手到四位手(图2-151)。
- 7×8 拍
  - 第1~4拍：右手打开到五位手(图2-152)。

图　2-150　　　　　图　2-151　　　　　图　2-152

  - 第5~8拍：下左手到六位手(图2-153)。
- 8×8 拍。
  - 第1~4拍：左手打开到七位手(图2-154)。
  - 第5~8拍：双臂慢慢收回还原到一位。

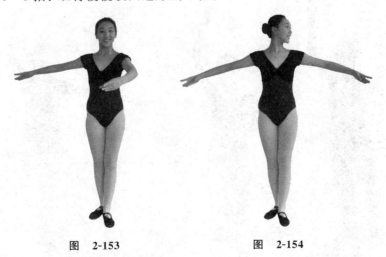

图　2-153　　　　　图　2-154

3. 第三节
- 9×8 拍。
  - 第1~4拍：左腿前伸,脚尖点地,双手仍是一位(图2-155)。

◆ 第5～8拍：双腿屈膝移重心至左腿，右腿后伸，脚尖点地，双手抬至二位（图2-156）。
● 10×8拍。
　　◆ 第1～4拍：双腿站立不变，双手抬至三位手（图2-157）。

图 2-155　　　　　图 2-156　　　　　图 2-157

◆ 第5～8拍：双腿站立不变，下右手到四位手（图2-158）。
● 11×8拍。
　　◆ 第1～4拍：双腿屈膝移重心至右腿，左腿前伸，脚尖点地，右手打开到五位手（图2-159和图2-160）。

图 2-158　　　　　图 2-159　　　　　图 2-160

◆ 第5～8拍：双腿站立不变，左手到六位手（图2-161）。
- 12×8拍。
    ◆ 第1～4拍：右腿直立，左腿从前经侧向后打开，脚尖点地；左手向侧打开到七位手（图2-162和图2-163）。

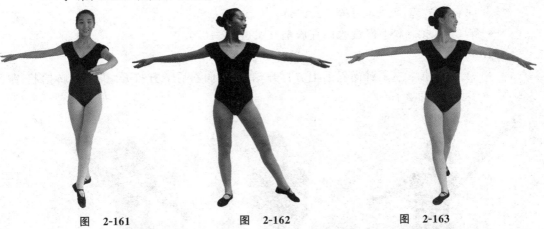

图 2-161　　　　　图 2-162　　　　　图 2-163

◆ 第5～8拍：双腿屈膝，移重心，右腿收回成右丁字步。双臂慢慢收回还原（图2-164和图2-165）。

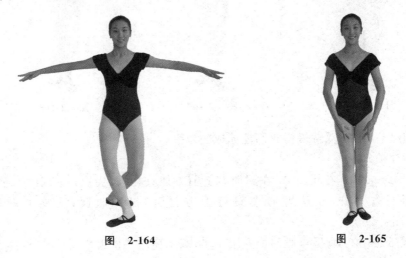

图 2-164　　　　　图 2-165

4. 第四节
- 13×8拍。
    ◆ 第1～2拍：右丁字步站立，右手臂向右斜后方做手臂波浪，头向右转动，眼随手动。
    ◆ 第3～4拍：收回。
    ◆ 第5～6拍：左手臂向左斜后方做手臂波浪，头向左转动，眼随手动。
    ◆ 第7～8拍：收回。
- 14×8拍。
    ◆ 第1～2拍：抬头挺胸向后仰，双臂向后上方打开。

- ◆ 第3~4拍：收回。
- ◆ 第5~8拍：重复第1~4拍动作。
● 15×8拍。
  - ◆ 第1~4拍：右丁字步站立，右手臂向斜前上方打开，左手臂向斜后下方打开，头向右转抬起，眼看右手(图2-166)。
  - ◆ 第5~8拍：双手慢慢收回在腹前交叉(图2-167)。
● 16×8拍。
  - ◆ 第1~4拍：左手臂向斜前上方打开，右手臂向斜后下方打开，头向左转抬起，眼看左手(图2-168)。

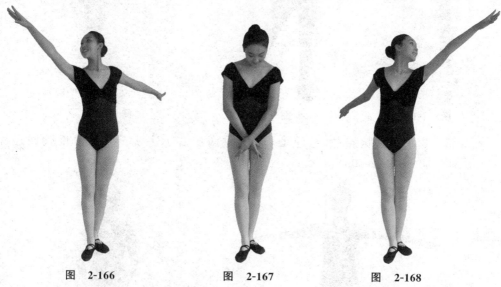

图 2-166　　　　　图 2-167　　　　　图 2-168

- ◆ 第5~8拍：双臂慢慢收回还原成一位手。
● 17×8拍。
  - ◆ 第1~4拍：右腿屈膝，左腿向右斜前方伸直，左脚尖点地；同时右手臂向右斜前下方打开，左手臂向左斜后上方打开，挺胸收腹，头向右转眼看右手(图2-169)。
  - ◆ 第5~8拍：脚慢慢收回成左丁字步，双手还原一位手。
● 18×8拍。
  - ◆ 第1~4拍：左腿屈膝，右腿向斜前方伸直，右脚尖点地；同时左手臂向右左斜下方打开，右手臂向右斜后上方打开，挺胸收腹，头向左转眼看左手(图2-170)。
  - ◆ 第5~8拍：脚慢慢收回成右丁字步，双手还原一位手(图2-171)。

5. 第五节

19~22×8拍与第二节动作相同，但方向相反。

6. 第六节

23~26×8拍与第三节动作相同，但方向相反。

图 2-169　　　　　图 2-170　　　　　图 2-171

2.3.2　形体韵律操

预备姿势：小八字脚位站立，抬头挺胸收腹，双手放于身体两侧，双眼平视前方（图 2-172）。

1. 第一节
- 1×8 拍。
  - 第 1~2 拍：双臂向身体前方伸平，与肩同宽，脚尖踮起（图 2-173）。
  - 第 3~4 拍：双臂向两侧打开，与肩平行（图 2-174）。

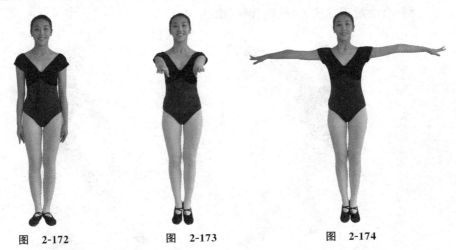

图 2-172　　　　　图 2-173　　　　　图 2-174

  - 第 5~8 拍：还原。
- 2×8 拍。
  - 第 1~4 拍：双脚踮脚尖，双腿屈膝，双臂向身体前方伸平，与肩同宽（图 2-175）。
  - 第 5~8 拍：双脚踮脚尖，双腿屈膝，双臂向两侧打开，与肩平行（图 2-176）。

- 3×8 拍。
  - ◆ 第 1~2 拍：身体朝向左 45°，右腿直立，左腿向斜前方伸直，左脚尖点地；同时双手伸平放于斜下方，眼睛看向手指尖方向（图 2-177）。

图　2-175　　　　　图　2-176　　　　　图　2-177

- ◆ 第 3~4 拍：右腿屈膝，左腿向斜前方伸直，左脚尖点地；同时双手由斜下方升至斜上方，头微仰，眼睛看向手指尖方向（图 2-178）。
- ◆ 第 5~8 拍：还原。
- 4×8 拍。
  - ◆ 第 1~4 拍：左腿屈膝，右腿向斜后方伸直，右脚尖点地；同时双手向后成芭蕾手型，头微抬正视前方，挺胸收腹（图 2-179）。

图　2-178　　　　　图　2-179

- ◆ 第 5~8 拍：还原。
- 5×8 拍。
  - ◆ 第 1~2 拍：左腿直立，右腿向右侧绷脚点地，同时双手与肩平行（图 2-180）。
  - ◆ 第 3~4 拍：收回。

◆ 第5~6拍：身体向左侧45°，左腿直立，右腿向斜后方点地；同时，双手向头顶斜后方打开（图2-181）。

图 2-180　　　　　　　　　　图 2-181

◆ 第7~8拍：还原。

2. 第二节
● 6×8拍。
  ◆ 第1~2拍：身体朝向右45°，左腿直立，右腿向斜前方伸直，右脚尖点地；同时双手伸平放于斜下方，眼睛看向手指尖方向（图2-182）。
  ◆ 第3~4拍：左腿屈膝，右腿向斜前方伸直，右脚尖点地；同时双手由斜下方升至斜上方，头微仰，眼睛看向手指尖方向（图2-183）。
  ◆ 第5~8拍：还原。
● 7×8拍。
  ◆ 第1~4拍：右腿屈膝，左腿向斜后方伸直，左脚尖点地；同时双手向后成芭蕾手型，头微抬正视前方，挺胸收腹（图2-184）。
  ◆ 第5~8拍：还原。

图 2-182　　　　图 2-183　　　　图 2-184

- 8×8 拍。
  - 第 1~2 拍：右腿直立，左腿向右侧绷脚点地，同时双手与肩平行（图 2-185）。
  - 第 3~4 拍：收回。
  - 第 5~6 拍：身体向右侧 45°，右腿直立，左腿向斜后方点地；同时，双手向头顶斜后方打开（见图 2-186）。

图 2-185　　　　图 2-186

  - 第 7~8 拍：还原。

3. 第三节
- 9×8 拍。
  - 1~4 拍：身体向左侧 45°，右腿屈膝，左腿向前脚尖点地，右手伸直向斜下方伸展，左手伸直向斜上方伸展，眼睛看向左手指尖方向（图 2-187）。
  - 第 5~6 拍：右手从上方划过，展开到右边上方，左手划至斜后方，右脚屈膝，同时左脚伸直点地（图 2-188）。
  - 第 7~8 拍：身体向左侧 45°，左腿屈膝，右腿向前脚尖点地，左手展平朝脚尖方向，右手朝身体后上方 45°，眼睛看向左手方向（图 2-189）。

图 2-187　　　　图 2-188　　　　图 2-189

- 10×8拍。
  - ◆ 第1~4拍：身体向右45°，左腿屈膝，右腿向前脚尖点地，左手伸直向斜下方伸展，右手伸直向斜上方伸展，眼睛看向右手指尖方向（图2-190）。
  - ◆ 第5~6拍：左手从上方划过，展开到左边上方，右手划至斜后方，左脚屈膝，同时右脚伸直点地（图2-191）。
  - ◆ 第7~8拍：身体向右45°，右腿屈膝，左腿向前脚尖点地，右手展平朝脚尖方向，左手朝身体后上方45°，眼睛看向右手方向（图2-192）。

图　2-190　　　　　　　图　2-191　　　　　　　图　2-192

- 11×8拍。
  - ◆ 第1~4拍：身体向左45°，右腿向前脚尖点地，手位为芭蕾二位手，眼睛平视前方（图2-193）。
  - ◆ 第5~8拍：上身保持不动，左腿屈膝，右腿向左侧45°方向脚尖点地，左手向体侧展平，右手向体侧斜上方展开，眼睛平视前方（图2-194）。
- 12×8拍。
  - ◆ 第1~4拍：身体向右45°，右脚直立，左腿向前脚尖点地，手位为芭蕾二位手，眼睛平视前方（图2-195）。
  - ◆ 第5~8拍：上身保持不动，右腿屈膝，左腿向左侧45°方向脚尖点地，右手向体侧展平，左手向体侧斜上方展开，眼睛平视前方（图2-196）。
- 13×8拍。
  - ◆ 第1~2拍：双臂向身体前方伸平，与肩同宽（图2-197）。
  - ◆ 第3~4拍：上身保持不动，左脚向右后侧点地，形成双脚交叉状。双手在前下方交叉，眼睛看向下方（图2-198）。
  - ◆ 第5~8拍：身体保持不动，右手向体侧展平，左手向体侧向上方展开，眼睛看向左手方向（图2-199）。

图 2-193　　　　图 2-194　　　　图 2-195

图 2-196　　图 2-197　　图 2-198　　图 2-199

2.4　体育舞蹈训练

　　体育舞蹈是一种人体运动的艺术,在音乐的伴奏下,通过各种人体动作,展示多彩多姿的生动形象,表现人的健康美、力量美、青春美和形体美。它是一项"美"的运动。体育舞蹈的舞种不同,表现的美也不尽相同,但是体育舞蹈和美学是浑然一体的,体育舞蹈体现的美感以及人们对审美的需要将体育舞蹈的地位提升到了一定的艺术高度,使体育舞蹈成为一种时尚、高雅、喜闻乐见的、美的体育运动。目前,中国已有近 3000 万体育舞蹈爱好者,其发展速度之迅猛,与体育舞蹈自身的价值是分不开的。

2.4.1　体育舞蹈的起源与发展

体育舞蹈又称"国际标准交谊舞",原名称作"社交舞",而体育舞蹈这一称谓是1985年由德国提出的,其目的是想要将国际标准舞纳入体育系统的管理范畴,争取成为奥运会正式单项竞赛项目,从而获取更好的发展。经过多年的发展,国际奥委会于1995年将体育舞蹈列入正式的表演项目。

体育舞蹈起源于古代土风舞,经历对舞、圈舞、行列舞、集体舞等演变过程。对舞是体育舞蹈的雏形,在16世纪的欧洲,舞蹈变成了一种灵活、柔软、轻巧和优雅的练习。人们喜欢在宫廷跳带跳跃性的、愉快而使人振奋的、由乡间传来的舞蹈,它从既定的模式中脱颖而出,变成了一种优雅的娱乐。这种风靡一时的舞蹈被称为沃尔塔,该舞蹈创造了一种关闭式的对舞形式,成为体育舞蹈中标准舞的雏形,沃尔塔也是华尔兹的前身。历史最悠久的对舞包括法国的沃尔塔舞、德国的阿勒曼德舞、奥地利的奥巴康伊达舞。从最开始出现的原始舞—公众舞—民间舞,继而出现了宫廷舞——交际舞,由新旧国际标准舞更替到现在的体育舞蹈。体育舞蹈的发展始于1924年,英国皇家舞蹈教师协会规范和美化传统的宫廷舞,整理汇编欧洲各民族民间舞,于1925年正式颁布了包含华尔兹、探戈、狐步和快步在内的四种舞的规范步伐,统称为标准舞。1960年,该协会又整理汇编了非洲和拉丁美洲的民间舞、土风舞等,增加了拉丁舞的舞种和相应的规范步伐。至此,国际标准舞形成了两大舞系十个舞种的系统比赛内容。1964年以后,又增加了团体舞的竞赛形式。

体育舞蹈的发展离不开体育舞蹈组织的管理、组织及推广工作。目前,国际上有三大体育舞蹈机构。一是世界运动舞蹈总会(WDSF),它是当今世界上权威性最强的管理各国舞蹈运动协会的国际组织,现有近90个会员国。二是国际体育舞蹈联合会(International Dance Sport Federation,IDSF),它遵循IDSF章程规定,行使国际范围体育舞蹈的管理职能,对世界范围内的体育舞蹈比赛予以授权,并对各国舞蹈运动协会给予指导。三是世界舞蹈及体育舞蹈理事会(WDDSC),于1950年9月22日在英国的爱丁堡成立,由ICSD更名而来,现有近60个会员协会。体育舞蹈有三大世界赛事,包括英国黑池舞蹈节、UK公开赛和世界锦标赛。体育舞蹈在1995年获得国际奥委会的正式承认后,1997年成为芬兰拉赫蒂世界运动会比赛项目,1998年又成为曼谷亚运会表演项目,2000年后成为悉尼奥运会表演项目。2008年,国际标准交谊舞成为北京奥运会正式比赛项目。

我国体育舞蹈的发展受西方文化的影响,交谊舞于20世纪30年代率先进入上海,之后又在广州等大城市广泛流行。1956年以后,交谊舞陷入困境,至20世纪80年代初,随着改革开放的深入,体育舞蹈在我国进入了一个新的发展时期,我国掀起了学习体育舞蹈的热潮。我国体育舞蹈有体育总局和文联两大官方机构。在1989年1月,中国体育舞蹈运动协会成立,于1991年5月正式在民政部登记注册。1991年5月27日,中国体育舞蹈运动协会加入世界舞蹈总会ICBD,成为ICBD的准会员。2002年,中国体育舞蹈运动协会与文化部所属的中国业余舞蹈竞技协会联合,组成中国体育舞蹈联合会,并成为IDSF的正式会员。1989年年初,文联中国舞蹈家协会国际标准舞总会成立,于1993年4月27日在民政部登记注册,并更名为中国国际标准舞学会。1992年,文化部下属的中国国际标准舞协会在民政部登记注册。2004年,教育部CSARA体育舞蹈专项委员会成立。随着我国体育舞蹈的不断发展,中国体育舞蹈运动员在亚运会也夺得了10枚金牌。

2.4.2 体育舞蹈的特点、作用和礼仪

1. 体育舞蹈各舞种的风格特点

体育舞蹈可以分为摩登舞和拉丁舞两大类别,每个类别又都包含5个舞种,摩登舞有华尔兹、探戈、维也纳华尔兹、狐步舞、快步舞,拉丁舞有伦巴、桑巴、恰恰、斗牛舞、牛仔舞。摩登舞和拉丁舞风格迥异。

华尔兹(waltz)用W表示。舞曲旋律优美抒情,节奏为3/4拍,每分钟28~30小节。每小节三拍为一组舞步,每拍一步,第一拍为重拍,三步一起伏循环。通过膝、踝、足底、跟掌趾的动作,结合身体的升降、倾斜、摆荡,带动舞步移动,使舞步起伏连绵,舞姿华丽典雅。

探戈(tango)用T表示。节奏为2/4拍,每分钟30~34小节。每小节二拍,第一拍为重拍。舞曲节奏带有停顿并强调切分音;舞步顿挫有力,潇洒豪放;身体无起伏、无升降、无旋转;表情严肃,有左顾右盼的头部闪动动作。探戈源于阿根廷民间,20世纪传入欧洲上层社会,后流行于世界各国。

维也纳华尔兹(Viennese waltz)用VW表示。舞曲旋律流畅华丽,节奏轻松明快,为3/4拍节奏,每分钟56~60小节。每小节为三拍,第一拍为重拍,第四拍为次重拍。舞步平稳轻快,翩跹回旋,热烈奔放。维也纳华尔兹源于奥地利的一种农民舞蹈,由男女成对扶腰搭肩共同围成一个圆圈而舞,故被称为圆舞。约翰·施特劳斯为华尔兹谱写了许多著名的圆舞曲。

狐步舞(foxtrot)用F表示。舞曲抒情流畅,节奏为4/4拍,每分钟28~30小节。每小节为四拍,第一拍为重拍,第三拍为次重拍。基本节奏为慢、快、快(S、Q、Q)。舞步流畅平滑,步幅宽大,舞态优雅,从容飘逸,似行云流水。狐步舞20世纪起源于欧美,后流行于全球。

快步舞(quick step)用Q表示。舞曲明亮欢快,舞步轻快灵活,跳跃感强,是体育舞蹈中一种轻快欢乐的舞蹈。节奏为4/4拍,每分钟50~52小节。每小节四拍,第一拍为重拍,第三拍为次重拍。舞步分快步和慢步。舞步组合有跳步、荡腿、滑步等动作。快步舞起源于美国,20世纪流行于欧美和全球。

伦巴(rumba)用R表示。节奏为4/4拍,每分钟27~29小节。舞步具有舒展优美、婀娜多姿、柔媚抒情的风格。伦巴舞的产生与西班牙和非洲的舞蹈有密切关系,后在古巴得到发展。

桑巴(samba)用S表示。舞曲欢快热烈,节奏为2/4拍或4/4拍,每分钟52~54小节。桑巴属"游走型"舞蹈,特点是流动性大,动律感强,步法摇曳紧凑,风格热烈奔放。桑巴舞源于巴西,是巴西一年一度狂欢节的舞蹈。

恰恰(cha-cha-cha)用C表示。节奏为4/4拍,每分钟30~32小节。恰恰舞曲热情奔放,舞步花哨利落,步频较快,诙谐风趣。恰恰舞源于非洲,后传入拉丁美洲,在墨西哥和古巴得到发展。

斗牛舞(paso doble)用 P 表示。音乐为旋律高昂雄壮、鲜明有力的西班牙进行曲。节奏为 2/4 拍,每分钟 60~62 小节。舞步动静鲜明,力度感强,发力迅速,收步敏捷顿挫。斗牛舞源于法国,盛行于西班牙,系据西班牙斗牛场面创作而成。男士演绎斗牛士,气宇轩昂,刚劲威猛;女士演绎红色斗篷,英姿飒爽,柔美多变。

牛仔舞(jive)用 J 表示。舞曲旋律欢快,强烈跳跃,节奏为 4/4 拍,每分钟 42~44 小节。舞步敏捷、跳跃,舞姿轻松、热情、欢快。牛仔舞源于美国,20 世纪 50 年代爵士乐的流行,加速和完善了这种舞蹈,但风格上还保持美国西部牛仔刚健、浪漫、豪爽的气派。

2. 体育舞蹈的作用和礼仪

1) 体育舞蹈的作用

体育舞蹈是依据人们的审美情趣、生理需求、音乐享受及社交需要,在音乐的伴奏下,用舞步与音乐会话,让人们随着舞曲漫步,从中领悟美感乐感,陶冶情操,增进友谊,从而达到健身与健心的目的。

(1) 健美体形。有规律地参加体育舞蹈锻炼,可使体形比较符合一定的美学标准。比如:经常参加体育舞蹈锻炼的男士肩膀宽阔,有胸腹肌,后背结实,四肢发达,展现了阳刚之气;女士则胸部丰盈饱满,腰部纤柔细美,臀部圆润上翘,四肢匀称细长,展现了柔和之美。体育舞蹈不仅可以塑造优美的体形,还可以在一定程度上矫正体形的缺陷,从而使身材更挺拔、修长。

(2) 强健身体。生理学实验证明,长时间参与体育舞蹈锻炼的人,他的心肌比较发达,脉搏输出量都有所增加,身体各组织能够得到充分的血液供应,代谢状态最好。查阅有关资料得知,华尔兹最高平均心率为 142.8 次/分钟,恰恰舞最高平均心率为 142.5 次/分钟,探戈舞最高平均心率为 142.6 次/分钟,牛仔舞最高平均心率为 172.5 次/分钟,男士总能量消耗可达 4350 千焦,女士可达 2850 千焦,相当于消耗了 100 克以上的人体脂肪,长期坚持体育舞蹈锻炼,健身效果十分明显。除了心率方面的作用,体育舞蹈对人的血压也有良好的保健作用。

(3) 健全心理。"动则不衰,乐则长寿",想要健康长寿,保持乐观积极向上的心态很重要。在进行体育舞蹈时,舞者会把全部注意力都集中在美妙的音乐和协调优美的动作体态中,可以将复杂的内心世界通过音乐、动作、表情、姿态释放出来,缓解不良情绪,从而起到调整心态的作用。合理有效地接受这种艺术美的熏陶,可以使心态变得阳光,从而陶冶心灵,培养活泼开朗的性格,学会发现、享受生活中的美;磨炼坚强的毅力,增强自信心,健全心智。

(4) 陶冶情操。体育舞蹈有着严格的礼仪程式,举手投足间都显示出庄重、典雅的舞蹈风格,既体现出对观众的尊重,也给人以美的享受和回味。比如,舞蹈开场前,男士要手挽女士进场,并在旋转后向观众致礼;舞蹈结束后,男士在向观众致礼后要面带微笑手指女士,以示对女伴完美表现的赞许。又比如,起舞之后,男女舞伴要绕舞池中心逆时针方向行进,无论变换多少花样,舞程方向绝对不能乱,如果不小心碰到其他人要立即主动向对方道歉。在欧洲,社交舞几乎是人人必修的功课。在宫廷舞演变成社交舞的初期,男士邀请女士跳舞时有一套既定的礼节动作,而女士接受男士邀请时也有一套礼节动作,这些礼节动作能够反映人的修养和学识,是当时的上流社会中必须学习的礼仪课程。这能体现出男女舞伴的道德修养,以及双方之间的相互礼让和包容。

2)体育舞蹈的礼仪

体育舞蹈的礼仪包括自我行为的礼仪和舞蹈过程中的礼仪

自我行为是礼仪的主要表现形式,同时也体现了一个人的礼仪修养。语言是一门艺术,虽然在比赛时选手很少涉及语言,但平时训练时的交流也是反映个人素质的重要途径。在与人交谈时应保持一定的距离,切忌口沫四溅,让对方产生厌恶之感。除了语言,礼貌也体现在态度诚挚、音量适中、语调平和上,必要时还要适当使用敬语,表示对对方的尊重和礼让。

舞蹈过程中的礼仪贯穿舞蹈的整个过程,主要体现在邀舞、领舞、起舞、共舞、谢舞、让位中。其中,邀舞即当舞曲响起,男士听清楚音乐节奏后应该有礼貌地走到女士面前邀请对方跳舞;领舞即邀请到舞伴后带对方到舞池中跳舞;起舞是在跳舞开始前的起势动作;共舞是男士和舞伴随着音乐一起跳舞;谢舞即舞毕后男士以形体动作向舞伴表示感谢和再见的礼节。

2.4.3 体育舞蹈的技术

1. 华尔兹

华尔兹又称圆舞,是体育舞蹈中历史最悠久,生命力最强的一种舞蹈。华尔兹的风格特点是庄重典雅,华丽多彩,舞蹈动作流畅,旋转性强,热烈而兴奋,重心起伏跌宕,带有接连不断的潇洒转体。配以华丽的服饰、优美的音乐可使华尔兹趋于完美。华尔兹音乐为3/4拍,每分钟28~30小节,一拍一步,每个音乐小节跳三步。

1)华尔兹的握抱舞姿

(1)闭式舞姿:男女舞伴面对面直立,两脚并拢,挺胸立腰,收腹提臀,两膝自然放松。女伴右手轻挂在虎口向上的男伴左手虎口上,掌心相对而握。前臂与大臂夹角为135°左右,高与女伴右耳峰水平相平。男伴右手五指并拢,轻置于女伴左肩胛骨下端;女伴左手轻置于男伴右肩袖处,前臂附于男伴大臂。男女舞伴右腹部1/2微贴。男伴头部自然挺直,女伴头部略向左倾,都从对方右肩方向看出。

(2)散式舞姿:在闭式舞姿基础上,男伴向左略打开上身和头,女伴向右略打开上身和头,并向同一方向看出。

2)华尔兹舞基本步法及其变化

(1)左脚并换步(表2-1和图2-200)。

预备:闭式舞姿。

结束:闭式舞姿。

表 2-1

步 骤	节 拍	男 士	女 士
1	1	左脚前进	右脚后退
2	2	右脚经左脚横步	左脚经右脚横步
3	3	左脚并于右脚	右脚并于左脚

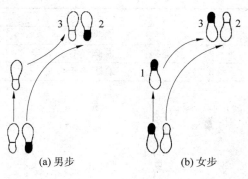

图 2-200　(a) 男步　(b) 女步

(2) 右转步(表 2-2 和图 2-201)。

预备：闭式舞姿。

结束：闭式舞姿。

表 2-2

小节	步骤	节拍	男士	女士
1	1	1	右脚前进	左脚后退
	2	2	左脚经右脚横步	右脚经左脚横步
	3	3	右脚并于左脚	左脚并于右脚
2	4	4	左脚后退	右脚前进
	5	5	右脚经左脚横步	左脚经右脚横步
	6	6	左脚并于右脚	右脚并于左脚

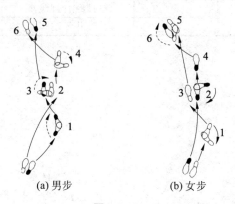

图 2-201　(a) 男步　(b) 女步

(3) 右脚并换步(表 2-3 和图 2-202)。

预备：闭式舞姿。

结束：闭式舞姿。

表 2-3

步骤	节拍	男士	女士
1	1	右脚前进	左脚后退
2	2	左脚经右脚横步	右脚经左脚横步
3	3	右脚并于左脚	左脚并于右脚

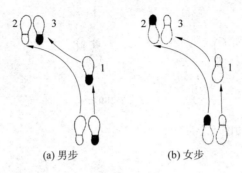

(a) 男步　　(b) 女步

图　2-202

(4) 左转步(表 2-4 和图 2-203)。

预备：闭式舞姿。

结束：闭式舞姿。

表 2-4

小节	步骤	节拍	男士	女士
1	1	1	左脚前进	右脚后退
1	2	2	右脚经左脚横步	左脚经右脚横步
1	3	3	左脚并于右脚	右脚并于左脚
2	4	4	右脚后退	左脚前进
2	5	5	左脚经右脚横步	右脚经左脚横步
2	6	6	右脚并于左脚	左脚并于右脚

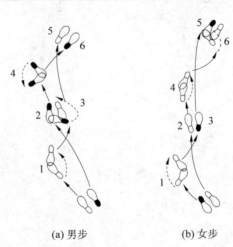

(a) 男步　　(b) 女步

图　2-203

(5) 叉形步（表 2-5 和图 2-204）。

预备：闭式舞姿。

结束：散式舞姿。

表 2-5

步骤	节拍	男士	女士
1	1	左脚前进	右脚后退
2	2	右脚横步稍前	左脚后退
3	3	左脚在右脚后交叉	右脚在左脚后交叉

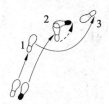
(a) 男步

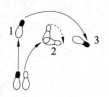
(b) 女步

图 2-204

(6) 侧行追步（表 2-6 和图 2-205）。

预备：散式舞姿。

结束：闭式舞姿。

表 2-6

步骤	节拍	男士	女士
1	1	右脚前进并交叉于反身动作位置	左脚前进并交叉于反身动作位置
2	2	前1/2 左脚横步稍前，后1/2 右脚并于左脚	前1/2 右脚横步，后1/2 左脚并于右脚
3	3	左脚横步稍前	右脚横步稍后

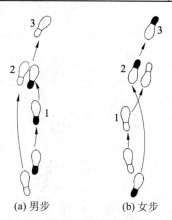

图 2-205

(7) 后退锁步（表 2-7 和图 2-206）。

预备：闭式舞姿。

结束：闭式舞姿。

表 2-7

步骤	节拍	男　士	女　士
1	1	左脚后退	右脚前进
2	2	前1/2右脚后退,后1/2左脚后退交叉于右脚前	前1/2左脚前进,后1/2右脚交叉于左脚后
3	3	右脚后退	左脚前进

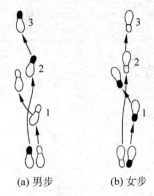

图　2-206

(8) 后叉形步(表2-8和图2-207)。

预备：闭式舞姿。

结束：散式舞姿。

表 2-8

步骤	节拍	男　士	女　士
1	1	左脚后退	右脚前进
2	2	右脚后退	左脚横步向前
3	3	左脚在右脚后交叉	右脚在左脚后交叉

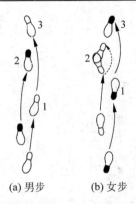

图　2-207

(9) 纺织步(表2-9和图2-208)。

预备：散式舞姿。

结束：闭式舞姿。

表 2-9

小节	步骤	节拍	男士	女士
1	1	1	右脚前进	左脚与男伴并进
1	2	2	左脚前进	右脚前进
1	3	3	右脚经左脚横步	左脚经右脚横步
2	4	4	左脚后退	右脚前进
2	5	5	右脚后退	左脚前进
2	6	6	左脚经右脚向前	右脚经左脚后退

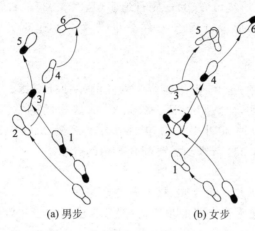

图 2-208

(10) 右旋转步（表 2-10 和图 2-209）。

预备：闭式舞姿。

结束：闭式舞姿。

表 2-10

步骤	节拍	男士	女士
1	1	左脚后退	右脚前进
2	2	右脚前进	左脚后退稍左
3	3	左脚横步稍后	右脚经左脚斜进

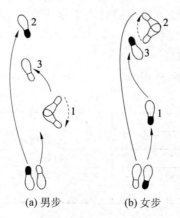

图 2-209

3）华尔兹组合练习（括号内为节拍数）

第一个组合：左脚并换步（1、2、3）—右转步（1、2、3、4、5、6）—右脚并换步（1、2、3）—左转步（1、2、3、4、5、6）。

第二个组合：叉形步（1、2、3）—侧行追步（1、2、&、3）—右转步（外侧1、2、3）—后退锁步（1、2、&、3）—后叉形步（1、2、3）。

第三个组合：纺织步（1、2、3、4、5、6）—右旋转步（1、2、3、4、5、6）—左转步（1、2、3）。

套路连接：左脚并换步（1、2、3）—右转步（1、2、3、4、5、6）—右脚并换步（1、2、3）—左转步（1、2、3、4、5、6）—叉形步（1、2、3）—侧行追步（1、2、&、3）—右转步（外侧1、2、3）—后退锁步（1、2、&、3）—后叉形步（1、2、3）—纺织步（1、2、3、4、5、6）—右旋转步（1、2、3、4、5、6）—左转步（1、2、3）。

2. 布鲁斯

布鲁斯也叫慢四步舞，是20世纪流行于欧洲的一种社交舞。布鲁斯平稳庄重，速度缓慢，温柔从容，节奏分明，给人以舒适、悠闲、平和、轻松的感觉。布鲁斯的音乐节拍为4/4拍，每小节4拍，每分钟30小节左右，基本步法为二慢二快（S、S、Q、Q），慢步占2拍，快步占1拍，一个完整的布鲁斯舞步需要配合6拍的音乐。

1）布鲁斯基本步法

布鲁斯最常见的基本步法由常步、横步及并步组成。

（1）常步。常步就像平常走路的步法，一般分为前进常步和后退常步。

前进常步：①从正步开始左脚用脚跟沿地面（基本不离地）向前迈一步，全脚掌着地，身体重心移到左脚前脚掌，左膝伸直，但不要用力伸直，右腿留在后边，膝盖自然弯曲，用脚尖点地；②右脚尖沿地面（基本不离地）拖到左脚内侧旁，膝盖弯曲，前脚掌着地，然后换右脚做上述动作。

后退常步：①从正步开始左脚掌沿地面向后退一步，前脚掌先着地，全脚再着地，左膝盖基本伸直，右腿在前面用脚后跟着地，右膝也基本伸直，但保持松弛；②右脚后跟沿地面拖到左脚内侧旁，右膝弯曲，前脚掌着地。

（2）横步。从正步开始，左脚全脚向左侧迈一步（基本不离地面），大约与肩同宽的距离，重心移到左脚上，左膝基本伸直，但不要僵直，右脚前脚掌在旁边着地。

（3）并步。向前并步就是把后面的腿向前腿靠拢，成正步；向后并步就是把前面的腿向后腿靠拢，成正步；向侧并步就是把旁腿向支撑腿靠拢，成正步位置。

2）布鲁斯舞基本舞步及其变化

（1）前进并步（表2-11和图2-210）。

预备：闭式舞姿，男士面向舞程线。

表 2-11

步 骤	节 拍	男 士	女 士
1	1(S)	左脚前进	右脚后退
2	2(S)	右脚前进	左脚后退
3	3(Q)	左脚前进	右脚后退
4	4(Q)	右脚并步	左脚并步

(2) 后退并步(表2-12和图2-211)。

预备：闭式舞姿，男士面向舞程线。

表 2-12

步　骤	节　拍	男　士	女　士
1	1(S)	左脚后退	右脚前进
2	2(S)	右脚后退	左脚前进
3	3(Q)	左脚后退	右脚前进
4	4(Q)	右脚并步	左脚并步

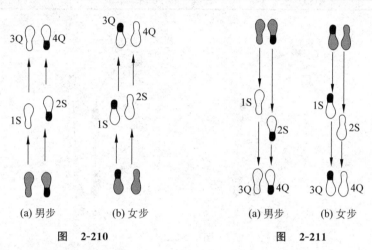

图　2-210　　　　　　　　　图　2-211

(3) 左横并步(表2-13和图2-212)。

预备：闭式舞姿，男士面向舞程线。

表 2-13

步　骤	节　拍	男　士	女　士
1	1(S)	左脚前进	右脚后退
2	2(S)	右脚前进	左脚后退
3	2(Q)	左脚向前再向左横迈	右脚向后再向右横迈
4	4(Q)	右脚向左脚并步	左脚向右脚并步

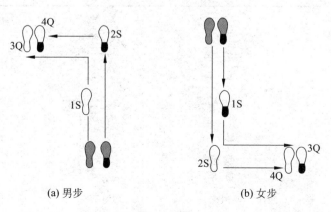

图　2-212

(4) 前进左转 90°(表 2-14 和图 2-213)。

预备：闭式舞姿，男士面向舞程线。

表　2-14

步　骤	节　拍	男　士	女　士
1	1(S)	左脚前进	右脚后退
2	2(S)	右脚前进	左脚后退
3	3(Q)	左脚前进,左转 90°	右脚后退,左转 90°
4	4(Q)	右脚左转 90°并步	左脚左转 90°并步

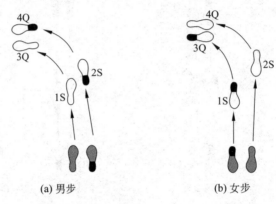

图　2-213

(5) 前进右转 90°(表 2-15 和图 2-214)。

预备：闭式舞姿，男士面向舞程线。

表　2-15

步　骤	节　拍	男　士	女　士
1	1(S)	左脚前进	右脚后退
2	2(S)	右脚前进	左脚后退
3	3(Q)	左脚前进,右转 90°	右脚后退,右转 90°
4	4(Q)	右脚右转 90°并步	左脚右转 90°并步

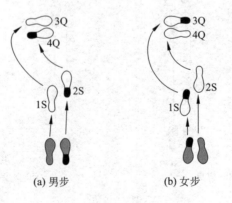

图　2-214

(6) 交叉步（表 2-16 和图 2-215）。

预备：闭式舞姿，男士面向舞程线。

表 2-16

步骤	节拍	男 士	女 士
1	1(S)	左脚向左旁横步	右脚向右旁横步
2	2(S)	右脚越过左脚，在左脚前交叉	左脚在右脚后越过，与右脚交叉
3	3(Q)	左脚在右脚后越过，向左横步	右脚在左脚前越过，向右横步
4	4(Q)	右脚向左脚靠拢，并步	左脚向右脚靠拢，并步

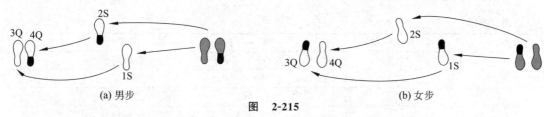

图 2-215

(7) 犹豫步（表 2-17 和图 2-216）。

预备：闭式舞姿，男士面向舞程线。

表 2-17

步 骤	节 拍	男 士	女 士
1	1(S)	左脚前进，右脚同时跟进并齐，重心在左脚	右脚后退，左脚同时跟退并齐，重心在右脚
2	2(S)	右脚后退，左脚同时跟退并齐，重心在右脚	左脚前进，右脚同时跟进并齐，重心在左脚
3	3(Q)	左脚向左横步	右脚向右横步
4	4(Q)	右脚并于左脚	左脚并于右脚

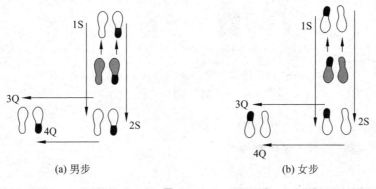

图 2-216

(8) 前进和后退锁步。

预备：开式舞姿，男士、女士面向舞程线（本节步法结束时，男士应将女士从右侧位带至前面，成闭式舞姿）。

前进锁步见表 2-18 和图 2-217(a)。

表 2-18

步骤	节拍	男士	女士
1	1(S)	左脚前进	右脚前进
2	2(S)	右脚前进	左脚前进
3	3(Q)	左脚前进	右脚前进
4	4(Q)	右脚前移，交叉在左脚后，重心在右脚，左脚微抬	左脚前移，交叉在右脚后，重心在左脚，右脚微抬

后退锁步见表 2-19 和图 2-217(b)。

表 2-19

步骤	节拍	男士	女士
1	1(S)	左脚后退	右脚后退
2	2(S)	右脚后退	左脚后退
3	3(Q)	左脚后退	右脚后退
4	4(Q)	右脚后移，交叉在左脚前，重心在右脚，左脚微抬	左脚后移，交叉在右脚前，重心在左脚，右脚微抬

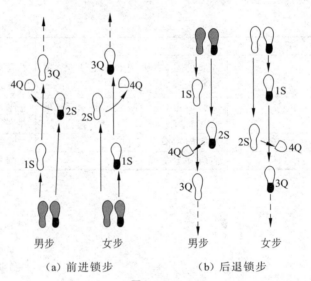

(a) 前进锁步　　(b) 后退锁步

图　2-217

(9) 前进右转 180°(表 2-20 和图 2-218)。

预备：闭式舞姿，男士面向舞程线。

表 2-20

步骤	节拍	男士	女士
1	1(S)	左脚向前迈一步	右脚向后退一步
2	2(S)	右脚边进边向右转 90°	左脚边退边向右转 90°
3	3(Q)	左脚前进越过右脚并右转 180°	右脚后退越过左脚并右转 180°
4	4(Q)	右脚继续右转向左脚靠拢并步	左脚继续右转向右脚靠拢并步

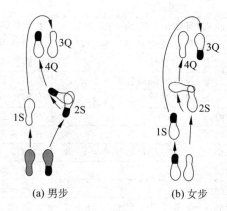

(a) 男步　　　(b) 女步

图　2-218

（10）后退左转180°(表2-21和图2-219)。
预备：闭式舞姿，男士面向舞程线。

表　2-21

步骤	节拍	男　士	女　士
1	1(S)	左脚向后退一步	右脚向前进一步
2	2(S)	脚向后退一横步并左转90°	左脚向前进一横步并左转90°
3	3(Q)	左脚越过右脚后退并向左转180°	右脚越过左脚前进并向左转180°
4	4(Q)	右脚后退并继续左转与左脚靠拢并步	左脚前进并继续左转与右脚靠拢并步

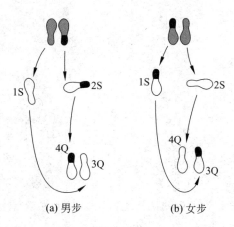

(a) 男步　　　(b) 女步

图　2-219

（11）左转身组合步(表2-22和图2-220)。
预备：闭式舞姿，男士面向舞程线。

表 2-22

小节	步骤	节拍	男 士	女 士
1	1	1(S)	左脚前进,身体向左转约45°。	右脚后退,身体向左约转45°
	2	2(S)	右脚前进,身体继续向左转至180°。	左脚后退,身体继续向左转至180°
	3	3(Q)	左脚后退,继续左转	右脚前进,继续左转
	4	4(Q)	右脚后退,身体继续向左转至约270°	左脚前进,身体继续向左转至约270°
2	5	5(S)	左脚后退,身体继续向左转至360°	右脚前进,身体继续向左转至360°
	6	6(S)	右脚前进	左脚后退
	7	7(Q)	左脚后退	右脚前进
	8	8(Q)	右脚锁(交叉)在左脚后,重心在右脚	左脚锁(交叉)在右脚前,重心在左脚
3	9	9(S)	左脚前进	右脚后退
	10	10(S)	右脚前进	左脚后退
	11	11(Q)	左脚向左横步前进,落地后身向右转 90°	右脚向右横步前进,落地后身向右转 90°。
	12	12(Q)	右脚并于左脚	左脚并于右脚

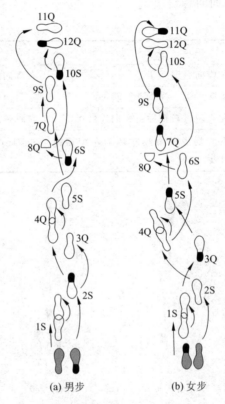

(a) 男步　　(b) 女步

图 2-220

3) 布鲁斯舞组合练习(括号内为节拍数)

左横并步(1、2、3、4)—前进并步(1、2、3、4)—前进左转 90°(1、2、3、4)—前进右转 90°(1、2、3、4)—犹豫步(1、2、3、4)—交叉步(1、2、3、4)—前进锁步(1、2、3、4)—前进右转

180°(1、2、3、4)—左转身组合步(1、2、3、4、5、6、7、8、9、10、11、12)。

3. 伦巴

伦巴舞是拉丁舞中具有独特魅力的舞蹈。伦巴舞的音乐是 4/4 拍,每分钟 27～29 小节,重音在第一拍和第三拍,基本节奏为二、三、四、一,二、三拍为移动步,四、一拍为逗留步,即快、快、慢、慢。四拍走三步,慢步占两拍(第四拍和下一小节的第一拍),快步各占一拍(第二拍和第三拍)。胯部动三次,胯部动作是由控制重心的一脚向另一脚移动而形成向两侧作"∞"字形摆动,是一个提、转、绕、沉胯的组合动作。

1) 伦巴舞基本步法

(1) 单步(表 2-23 和图 2-221)。

表 2-23

步骤	节拍	动作要领
1	2	一脚迈出,迈步时膝部关拢,脚尖经另一脚内侧轻轻擦地前进,脚掌先落成外八字,脚跟落地后膝部立即伸直
2	3	换另一脚,动作同上
3	4,1	换另一脚,动作同上

动作要点:

① 每一步的后半拍都要出胯。

② 按节奏每小节走三步,即"停、左、右、左;停、右、左、右"。

(2) 开式扭胯步(表 2-24 和图 2-222)。

表 2-24

步骤	节拍	男 士	女 士
1	2	左脚前进	右脚后退
2	3	右脚后退	左脚前进
3	4,1	左脚并右脚	右脚减轻,右转 90°(见图 2-222)

图 2-221　　　　　　　　图 2-222

动作要点:胯部扭动时,上身不要跟着转,使上身和胯部形成竖着的 S 形。

(3) 十字步(方形步)(表 2-25)。

准备姿势:闭式舞姿。

表 2-25

小节	步骤	节拍	男士	女士
1	1	2	左脚前进一步	右脚后退一步
1	2	3	右脚后回一步	左脚前回一步
1	3	4,1	左脚左横一步	右脚右横一步
2	1	2	右脚后退一步	左脚前进一步
2	2	3	左脚前回一步	右脚后回一步
2	3	4,1	右脚右横一步	左脚左横一步

以上前四拍男士为"前进十字步",女士为"后退十字步",后四拍男士为"后退十字步",女士为"前进十字步",男士动作脚迹见图 2-223。

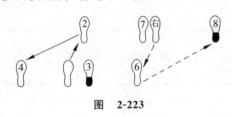

图 2-223

动作要点:

① 开始前男士左脚立地,右脚做"旁点步",女士右脚立地,左脚做"旁点步"。

② 第 2 拍男士上步时,左脚须经过右脚的内侧,再跨到右脚的正前方,两脚在一条直线上,女士后退时须经过左脚的内侧,再退到左脚的正后方,两脚在一条直线上。

③ "十字步"是伦巴中的一个主要舞步,在舞蹈开始时及连接处都用这个步子。

(4) 分展步(表 2-26)。

准备姿势:闭式舞姿。

表 2-26

步骤	节拍	男士	女士
1	2	左脚向左横一步,出左胯,左手在腰前反掌朝外,右手扶女士腰,引导女士右反身成 P.P 舞姿(图 2-224)	右脚退一步,右反身270°出右胯,右手在腰前成 P.P 舞姿
2	3	右脚右回一步,同时出右胯(图 2-225)	左脚左回一步,同时出左胯
3	4,1	左脚并步,左手反掌朝里,右手把女士引向左转身,回到 C.P 舞姿	左后转身,脚绕地稍转,右脚收到左脚旁

图 2-224

图 2-225

(5) 扇形步(表 2-27)。

准备姿势:闭式舞姿。

表 2-27

小节	步骤	节拍	男　士	女　士
1		1～4	做"后退十字步"	做"后退十字步"
2	1	2	右脚后退一步	左脚前进一步
2	2	3	左脚向左斜方向进一步,脚尖外撇45°,左手将女士轻轻向左推出	右脚向右后方退一步,脚跟外撇45°(图2-226)
2	3	4,1	右脚向二位方向横一步,左转45°,重心慢慢移到右脚,左脚跟离地,右手外展,手心向前	左脚向后撇一步,重心慢慢移到左脚,右脚跟离地,左手向左侧伸展,手心向后(图2-227)

动作要点：最后一拍男女舞伴分别朝八位及二位方向站立,里侧的手相拉,外侧的手伸展,好像一把打开的扇子。扇形图脚迹见图2-228。

图　2-226

图　2-227

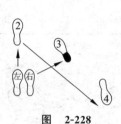
图　2-228

(6) 曲棍步(表2-28)。

准备姿势：开式舞姿。

表　2-28

小节	步骤	节拍	男　士	女　士
1		1～4	做"前进十字步",引导女士到自己的身前,右转45°	从扇前位置做"开式扭胯步",走到男士身前
2	1	2	右脚后退一步,左手拉手举到头旁,肘部抬起,与女士对视	左脚进一步,右手拉手到头前,肘部下压,头右转与男士对视(图2-229)
2	2	3	左脚前回一步,左手作"拉手反绕圈",引导女士左转身后左手落到腰间,与女士相对	右脚跨到左脚前,脚跟离地,脚掌转,左转360°与男士相对(图2-230)
2	3	4,1	右脚向前进一步	左脚向后退一步

动作要点：前8拍时,男士把女士从左侧引导到身前,再向右侧送出。曲棍步脚迹见图2-231。

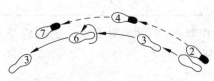

图　2-229　　　　图　2-230　　　　图　2-231

(7) 阿依达摇摆步(表2-29)。

准备姿势：对式舞姿。

表 2-29

小节	步骤	节拍	男　士	女　士
1	1~3	1~4	右手外展,左手拉手平伸,右脚起后退三步	左手外展,右手拉手平伸,左脚起后退三步
2	1~3	1~4	拉手动作不变,左脚在前,右脚在后,向前、向后、向前扭胯三次	拉手动作不变,右脚在前,左脚在后,向前、向后、向前扭胯三次(图2-232)
3	1	2	右脚上步,左转90°	左脚上步,右转90°
	2	3,4,1	与女士相对拉手,右脚上步,做"左点转步",左转360°,与女士相对拉手	与男士相对拉手,左脚上步,做"右点转步",右转360°,仍与男士相对拉手

图 2-232

动作要点：阿依达的步法,简单来说就是退三步、摇三摇、转一圈。

(8) 阿里曼娜(表2-30)。

准备姿势：闭式舞姿。

表 2-30

小节	步骤	节拍	男　士	女　士
1	1	2	(1~4拍)做"前进十字步",把女士引导到自己的身前,手拉手举到头左上方	右脚后退,左脚向前进一步,右脚前进一步到男士身前成前交叉步,面向五位方向(图2-233)
	2	3		
	3	4,1		
2	1	2	(1~4拍)做"后退十字步",左手做"拉手顺绕圈",引导女士向后转身共完成360°,仍与自己相对成C.P舞姿	左脚跨到右脚旁,脚尖朝右(图2-234);右脚脚尖沿地面,顺时针方向划一小圈后踏,脚尖朝右,成C.P舞姿(图2-235),再右转180°,仍与男士相对;左脚旁点步
	2	3		
	3	4,1		

动作要点：阿里曼娜是女士的右转身360°动作,右脚在地上顺时针方向划小圈是这个动作的特点动作,转体必须是180°+180°,分两次完成,不能省略。

图 2-233

图 2-234

图 2-235

(9) 扶肩转(环抱接分离)(表 2-31)。

准备姿势：闭式舞姿。

表 2-31

小节	步骤	节拍	男　士	女　士
1	1	2	右脚向右横一步,右手将女士向左推出后外展,左手相搭	左脚退一步,左后转身,左手外展,右手搭在男士左肩上成 P.P 舞姿(见图 2-236)
	2	3	左脚左回一步	右脚右回一步
	3	4,1	右脚并步,引导女士回到自己身前,两手扶女士腰	右转身,左脚上步,回到男士身前,两手搭于男士肩上成 C.P 舞姿(图 2-237)
2	1	2	左脚向前进一步,右手放开外展,引导女士右转身,右手搭于女士肩上	右脚向后退一步,右后转身右手外展,左手搭于男士右肩上成 P.P 舞姿(图 2-238)
	2	3	右脚后回一步	左脚左回一步
	3	4,1	左脚并步,引导女士回到自己身前,双手扶女士腰	右脚上步,向左转身面对男士,左手搭在男士左手,轻轻相握

女士动作脚迹见图 2-239。

图 2-236　　　　　图 2-237　　　　　图 2-238

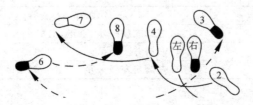

图 2-239

动作要点：做扶肩转时，动作不要太缓太柔，要有力度并且必须带上胯部的动作。

2) 伦巴舞组合练习（括号内为节拍数）

第一个组合：开式扭胯步(1~4)—阿里曼娜(1~4)—十字步(1~4,5~8)—扇形步(1~4,5~8)—开式扭胯步、曲棍步(1~4,5~8)。

第二个组合：十字步(1~4,5~8,9~12)—扇形步(1~4)—开式扭胯步、阿里曼娜(1~4,5~8)—分展步、扇形步(1~4,5~8)。

第三个组合：十字步(1~4,5~8)—开式扭胯步(1~4,5~8,9~12)—阿依达(1~4)—摇摆步(1~4)—十字步(1~4)—扶肩转(1~4,5~8)。

4. 恰恰舞（恰恰恰）

恰恰舞的发源地是墨西哥。恰恰舞的音乐曲调欢快有趣，4/4拍，每分钟32~34小节，基本节奏为二、三、四、一。二、三拍为单步即一拍走一步，四、一拍为恰恰恰步即两拍走三步，其节奏为慢、慢、快、快、慢，四拍跳五步。舞蹈时，在前脚掌上施力，当移重心至脚上时，脚跟要放低，膝关节伸直，用稍离地面的踏步来表达欢快的心情；后退步时，脚跟下落要比前进步晚，避免重心突然"掉"至后面。正确的舞姿、稳定的腿部动作和足部动作对跳好恰恰舞非常重要。

1) 恰恰舞基本步法

(1) 恰恰步(Q、Q、S)

左退恰恰步见表2-32。

表 2-32

步骤	节奏	动 作 做 法
1	Q	左脚后退一步，脚跟往下压，脚尖向外撇，出左胯
2	Q	右脚后靠一步，脚跟靠在左脚的脚尖旁，脚尖向外撇
3	S	左脚再后靠一步，脚尖向外撇

右进恰恰步见表2-33。

表 2-33

步骤	节奏	动 作 做 法
1	Q	右脚前进一步，脚跟往下压，脚尖向外撇，出左胯
2	Q	左脚前靠一步，脚跟靠在左脚的脚尖旁，脚尖向外撇
3	S	右脚再前靠一步，脚尖向外撇

左退恰恰步、右进恰恰步的脚迹见图2-240。

左横恰恰步见表2-34。

表 2-34

步骤	节奏	动 作 做 法
1	Q	左脚左横一步，直走，出左胯
2	Q	右脚并步，直走
3	S	左脚再左横一步，直走（图2-241）

右横恰恰步见表2-35。

表 2-35

步骤	节奏	动 作 做 法
1	Q	右脚右横一步,直走,出右胯
2	Q	左脚并步,直走
3	S	右脚再右横一步,直走(图 2-242)

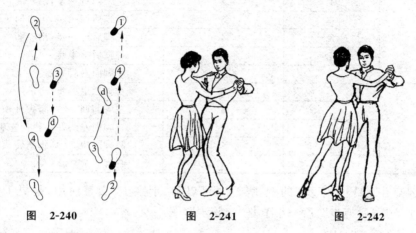

图 2-240　　　　　图 2-241　　　　　图 2-242

(2) 十字步(方形步)(表 2-36)。

准备姿势:闭式舞姿。

表 2-36

小节	步骤	节拍	男 士	女 士
1	1	2	左脚前进一步,出左胯,左手前推	右脚后退一步,出右胯,右手后缩
	2	3	右脚后回一步,出右胯,两手拉平	左脚前回一步,出左胯,两手拉平
	3~5	4&1	做"左横恰恰恰"步	做"右横恰恰恰"步
2	1	2	脚前进一步,出右胯,左手前推	左脚后退一步,出左胯,右手后缩
	2	3	左脚后回一步,出左胯,两手拉平	右脚前回一步,出右胯,两手相平
	3~5	4&1	做"右横恰恰恰"步	做"左横恰恰恰"步

十字步动作脚迹见图 2-243。

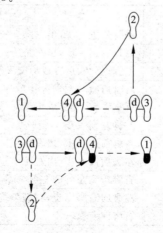

图 2-243

动作要点：进退步注意脚尖须外撇，横步时是直步。追步（并步）时要屈膝，脚跟离地。

（3）后拖步及拧胯步（表2-37）。

表 2-37

小节	步骤	节拍	男 士
1	1	2	左脚前进一步，出左胯
	2	3	右脚后回一步，出右胯
	3	4	左脚后退一步，出左胯
	4	&	右脚后拖半步
	5	1	左脚向右脚并步
2	1	2	右脚后退一步
	2	3	左脚前回一步，脚尖外撇
	3	4	右脚向左脚并步指向左斜方
	4	&	两脚脚跟离地，脚掌转成正步
	5	1	右脚右横一步

动作要点：这是"十字步"的变化舞步，可以和"十字步"交替使用，是男士专用的舞步。前一小节是"后拖步"，后一小节是"拧胯步"（图2-244）。

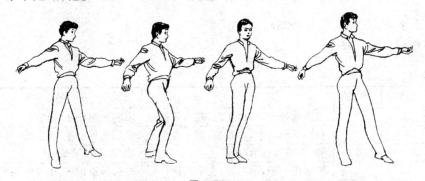

图 2-244

（4）交叉拧胯步（表2-38和图2-245）。

表 2-38

小节	步骤	节拍	男 士
1	1	2	左脚前进一步，出左胯
	2	3	右脚后回一步，出右胯
	3	4	左脚退到右后方成后交叉步
	4	&	右脚后撤到左脚旁并步，两脚脚尖都朝左斜前方，脚跟离地，脚掌辗转，拧胯成正步
	5	1	左脚左横一步
2	1	2	右脚前进一步，出右胯
	2	3	左脚后回一步，出左胯
	3	4	右脚跨到左脚的左前方，脚尖朝左
	4	&	左脚向右脚靠步，右脚脚跟离地，脚掌辗转，向右拧胯成正步
	5	1	右脚向右横一步

动作要点：交叉拧胯步也是男士专用动作，一般要以胯部带动脚步，身体的重心要稍靠前。前一小节为"退交叉拧胯步"，后一小节为"进交叉拧胯步"。

图 2-245

(5) 三步式前进步（表 2-39）。

表 2-39

步 骤	节 奏	动 作 做 法
1	2	左脚前进一步，出左胯
2	&	右脚前靠一步
3	3	左脚再前进一步
4	4	右脚前进一步，出右胯
5	&	左脚前靠一步
6	1	右脚再前进一步

动作要点：这个动作实际上是两个"恰恰步"。第一个是"左进恰恰步"，第二个是"右进恰恰步"。如果做三步式后退步，只需将前进改成后退就可以了。

(6) 开式扭胯步（表 2-40）。

准备姿势：左脚立地，右脚旁步。

表 2-40

步 骤	节 奏	动 作 做 法
1	2	右脚脚尖擦地，慢慢靠向左脚，膝向左脚，膝盖并拢，上身转向左侧，脚向外辗转45°，脚跟落地，同时左脚脚跟离地，膝盖向右侧并拢，左胯向前拧出
2	3	左脚前进一步，右脚脚跟离地，右胯向前拧
3	4	右脚前进一步，出右胯
4	&	左脚向前靠步
5	1	右脚再进一步

开式扭胯步动作脚迹见图 2-246。

动作要点：开式扭胯步动作是非常有特点的女士专用舞步，在进行这个舞步时要尽量做到细腻、柔韧。同时开式扭胯步也是一个过渡动作，一般在扇形步舞姿后接其他动作时，都用这个动作过渡。

图 2-246

(7) 曲棍步和扇形步(表2-41)。

准备姿势：开式舞姿。

表 2-41

小节	步骤	节拍	男 士	女 士
1			做"前进十字步"把女士引导到自己的身前,左手拉手举起	做"五步式前进步"到男士身前,右手拉手举起
2	1	2	右脚后退一步,左手肘部抬起	左脚前进一步,与男士对视
	2	3	左脚前回一步,左手"拉手反绕圈"引导女士转身后仍与自己相对	右脚前进一步,左后速转身180°与男士相对
	3	4	右脚前进一步	左脚后退一步
	4	&	左脚前靠一步	右脚后靠一步
	5	1	右脚前进一步	左脚后退一步
3	1	2	左脚前进一步	右脚后退一步
	2	3	右脚后回一步	左脚前回一步
	3~5	4&1	做"左退恰恰步"	做"开式扭胯步",到男士左侧
4	1	2	右脚后退一步,左手在腰间向左侧轻摆	左脚上一步,左手向前伸直,向右转身45°
	2	3	左脚前回一步,左手向右侧轻摆,引导女士左转身	右脚退一步,左手展开,向左转身
	3	4	右脚向右横一步	左脚向左横一小步
	4	&	左脚并步	右脚并步
	5	1	右脚右横一步,右手右侧伸展	左脚左横一步,左手左侧伸展

2) 恰恰恰舞组合练习

第一个组合见表2-42。

表 2-42

小 节	男 士	女 士
1~2	十字步	十字步
3	前进十字步	后退十字步
4	拧胯步	扇形步
5	后交叉拧胯步	开式扭胯步
6	后退十字步	阿里曼娜

第二个组合见表 2-43。

表 2-43

小 节	男 士	女 士
1	前进十字步	后退十字步
2	后退十字步	前进十字步
3	十字步(引导女士)	后退十字步
4	扇形步	扇形步
5	后拖步	开式扭胯部
6	后退十字步	前进十字步

思考与练习

1. 试编排形体训练徒手组合 4×8 拍。
2. 试编排一段华尔兹舞小组合。

第3章 形体与健美操

学习目标

健美操练习不仅能增强人的体质、塑造优美的形体，而且完全适合学生的生理心理特点。本章着重介绍健美操的分类和特点及健美操的各种练习。通过学习使学生了解和掌握健美操的基本理论知识，在练习的基础上学习编排并表演，从而提高学生的审美能力，促进身心协调、健康发展，为塑造形体美打下良好的基础。

健美操练习的身体姿态要求与我们日常生活中良好姿态的要求基本一致，它是在音乐伴奏下采用徒手或轻器械进行练习，在供氧充足的情况下，通过人体有氧系统提供能量的一种运动形式。长期的健美操练习有益于肌肉、骨骼、关节的匀称与和谐发展，对增进人体健康，尤其是对控制体重、减肥和改善形体、提高协调性和韵律感都有良好的效果。

3.1 健美操基础知识

3.1.1 健美操的产生与发展

1. 健美操运动的产生和起源

健美操起源于生活及人们对人体美的追求。被称为韵律操创始人的著名瑞典现代体操家 Meckman 为"健美操"下的定义是"基于体操的根本理念与糅合音乐的节奏，且创造性特强的一种运动类型"。她强烈主张健美操动作的创造应"根据人体的法则融贯成运动方法"。健美操应体现"运动的喜悦、运动的创造性和现代音乐与身心的结合"。

瑞典教育家雅克·达尔克罗兹（1865—1950年）认为，音乐对提高动作的表现力和节奏感有着重要作用。他在训练中运用音乐伴奏，强调肌肉活动与音乐相结合，通过自然的全身动作，领会动作的快感和美感。

20世纪70年代中叶，美国著名体操专家K.库波尔博士发表了《新有氧体操》和《有氧体操有益于大众》等著作，使有氧体操不仅在美国，也在欧洲有了较大影响，这正是现代健美操的雏形。

2. 健美操运动的发展

1981年,美国著名影星简·方达根据自己的健身体会和经验,编写了《简·方达健美术》,此书以实用和新颖的运动形式来保持身体健美,再加上她的名人效应,使健美操迅速在全世界流行起来,形成了全球性的"健美热"。人们逐渐认识到了健美操作为一项运动具有强大的生命力,同时,也看到了健美操运动在诸多体育健身项目的市场竞争中有良好的运作前景,具有潜在的商业价值。一些热心于健美操运动的人士发起并成立了国际健美操组织,使健美操成为一项有组织的体育运动,促进了健美操运动的普及和发展。

1983年,国际健美操联合会成立,简称LAF,总部设在日本,共有20多个会员国,每年举办世界杯健美操比赛。

20世纪80年代中期,国际健美操与健身联合会成立,简称FISAF,总部设在澳大利亚,会员国有40多个,每年除了举办健美操专业比赛外,还组织进行健美操运动与有氧健身的科研及课程研发,进行该领域的教练员和裁判员的培训。

1990年,国际健美冠军联合会成立,简称ANAC,总部设在美国,每年举办世界健美操冠军赛。

20世纪80年代初,健美操传入我国,当时在北京、上海、广州等城市先后举办了各种形式的健美操短期培训班。1984年,北京体育学院成立了健美操教研室,开设了健美操课程,编制了"青年韵律操",由此传遍了全国的大专院校,一股健美操热和追求美的旋律在无数青年学生中广为流传,使健美操迅速得到了普及。1986年,在广州举办了第一次"全国女子健美操表演赛"。1991年,"全国大学生健美操、艺术操大奖赛"在北京举行。1992年9月,中国健美操协会在北京成立,极大地促进了我国健美操运动的发展。

20世纪90年代以来,我国的健美操运动迅速发展。1996年,我国制定了统一的健美操竞赛规则《健美操竞赛裁判法》,在次年的全国健美操比赛中首次使用。随着健美操运动水平的不断提高,我国健美操运动逐渐走向世界。1999年,我国开始正式采用国际体操联合会健美操委员会(FIG)竞赛规则,这是我国健美操运动与国际接轨的标志。

3.1.2 健美操项目特征、分类

1. 健美操项目特征

(1) 较强的艺术性。健美操是融体操、舞蹈、音乐于一体的追求人体健与美的运动项目,属于健美体育的范畴,具有较强的艺术性。其艺术性主要体现在"健、力、美"的项目特征上。健美操动作协调、流畅、有弹性,练习者不仅能锻炼身体、增强体质,还能从中得到"美"的享受,提高审美意识和艺术修养。健美操运动员在比赛中所表现出的健美的体魄、高超的技术、流畅的编排和充沛的体力等,也无不给观众留下深刻的印象,充分体现出健美操运动的"健、力、美"特征和高度的艺术性,使健美操不同于其他运动项目。

(2) 具有健身、美体和健心的整体特征。健美操的动作内容丰富,可以达到锻炼身体、增进健康的目的,尤其对人体各关节灵活性的锻炼,作用更为明显。经常参加锻炼还可以有效消除体内多余的脂肪,调节脂肪静态平衡,使肌肉结实、线条清晰,达到健与美的和谐。此外,健美操的练习气氛轻松,可调动人的热情和活力,缓解压力,从而使疲惫的身心得到充分的放松,达到健心的目的。

(3) 强烈的节奏性。健美操动作具有强烈的节奏性,这个特点通过音乐充分地表现出来。与艺术体操相比,它更强调动作的力度,音乐节奏强劲有力,旋律优美,风格更加热烈奔放,具有烘托气氛、激发人们热情的效应。健美操运动之所以深受人们喜爱,很重要的因素之一是现代音乐给健美操带来了活力,其比赛和表演更具有观赏性。

(4) 具有广泛的群众性。健美操的练习形式多样,运动量可大可小、容易控制,对场地、器械的要求也不高,因此,对各个年龄层次、不同性别、不同身体素质、不同技术水平的人都适宜,符合现代人追求健美、自娱、自乐的需求,深受广大群众的喜爱。

(5) 健身的安全性。健美操所设计的运动负荷及运动节奏,都充分考虑了因运动而产生一系列刺激结果的可能性,使之适合一般人的体质,甚至弱体质的人也能承受。人们在平坦的地面上,在欢乐的音乐声中,跟随快慢有序的节奏进行运动,十分安全,而且有效。

2. 健美操的分类

根据健美操运动的发展状况和发展趋势,按不同的目的和任务,健美操可分为健身性健美操、表演性健美操、竞技性健美操三大类(表3-1)。

表 3-1 健美操运动的分类

健身性健美操			表演性健美操	竞技性健美操
徒手操	轻器械健美操	特殊场地健美操		
一般健美操	踏板操	水中健美操	拉丁健身操	男子单人
瑜伽健身术	哑铃操	固定器械健美操等	搏击健美操	女子单人
舍宾	杠铃操	功率自行车	啦啦队健美操	混合双人
普拉提	橡皮筋操		街舞健美操	三人
	健身球操			混合六人

(1) 健身性健美操。健身性健美操也称大众健美操,其主要目的是锻炼身体、保持健康。健身性健美操动作简单、实用性强,音乐速度也较慢,练习持续时间较长,动作多有重复,可活动身体各个部位,并均以对称的形式出现,难度和强度相对较低,适宜各个年龄层的人参与学习和锻炼。

(2) 表演性健美操。表演性健美操是我国健美操运动历史发展过程中出现的一种特殊形式。它的主要练习目的是在"表演"中展示自己的人生价值和对美的追求,通过表演和观赏,陶冶情操、净化心灵,满足人们展示和表现自我的需要。与健身性健美操相比,表演性健美操的动作复杂多样,它要求参与者具备一定的身体条件、协调性和表演意识等。

(3) 竞技性健美操。竞技性健美操是在健身性健美操的基础上发展起来的,目前世界上较为公认的"竞技健美操"的定义是:"竞技健美操是在音乐伴奏下,完成连续复杂的和高强度的动作,该项目起源于传统的有氧健身舞。"它的主要目的是比赛,有特定的比赛规则和评分方法,需要完成一些特定动作和特定要求,对人的身体素质、技术技能和艺术表现力都有较高的要求。

3.1.3 健美操基本动作

基本动作是健美操练习和进行群众性健身锻炼的基础。健美操的基本动作是由基本步伐和上肢动作两部分组成的。在编排动作时,我们可以在基本步伐的基础上进行变化,从而形成一个相对复杂的动作组合。通过基本动作练习,可以掌握正确的动作技术,加大动作幅度,可使肌肉得到均衡、全面的发展,提高关节的灵活性和动作的协调性,尽快建立正确的动作技术概念,学会如何用力,培养良好的动作形态,并形成正确的身体姿态。基本动作练习是按人体生理解剖结构分部位进行的,是一项专门性的练习,可根据需要加以选择。

1. 基本步伐

健美操基本步伐可按冲击力分为三种:无冲击力动作、低冲击力动作和高冲击力动作,许多低冲击力动作同时也可做成高冲击力动作。根据动作完成形式的不同,又可将基本步伐分为以下五类(表3-2)。

表 3-2 有氧操常用基本动作体系

类别	原始动作形式	低冲击力动作形式	高冲击力动作形式	无冲击力动作形式
交替类	踏步 march	踏步 march 走步 walk 一字步 easy walk V字步 V step 漫步 mambo		
迈步类	侧并步 step touch	并步 step touch 迈步点地 step tap(heel) 迈步吸腿 step knee 迈步后屈腿 step curl 侧交叉步 grapevine	并步跳 step touch 小马跳 pony 迈步吸腿跳 step knee 迈步后屈腿跳 step curl 侧交叉步跳 grapevine	
点地类	点地 touch step	脚尖点地 touch tap 脚跟点地 heel		
抬腿类	抬腿 lift step	吸腿 knee lift(up) 摆腿 leg lift 踢腿 kick	吸腿跳 knee lift 摆腿跳 leg lift 踢腿跳 kick 弹提腿跳 flick 后屈腿跳 leg curl	
双腿类			并腿跳 jump 分腿跳 squat jump 开合跳 jumping jack	半蹲 squat 弓步 lunge 提踵 calf raise

(1)交替类:两脚始终做依次交替落地的动作。

(2)迈步类:一条腿先迈出一步,重心移到这条腿上,另一条腿做脚跟、脚尖点地或吸腿、屈腿、踢腿等,然后向另一个方向迈步的动作。

(3)点地类:一腿屈膝站立,另一腿伸出,用脚尖或脚跟点地后还原到并腿位置的动作。

（4）抬腿类：一腿站立，另一腿抬起的动作。
（5）双腿类：双腿站立、身体重心在两腿之间的动作。
在交替类和迈步类中均有其原始的动作形式，初学者应从原始动作形式开始。
表 3-2 中所介绍的动作均为最常用的基本动作，读者可以在此基础上发展、创造具有自我风格的独特动作。

2. 上肢动作

在完成基本动作时加入不同的手臂动作，或改变动作的强度和难度，就会使动作变得丰富多彩。例如，手臂在肩以上的动作强度就大于手臂在肩以下的动作强度，手臂动作变化多的动作组合的难度就大于手臂动作变化少的动作组合。另外，健美操的手臂动作除了自然摆动和一些舞蹈动作外，主要是模仿上肢力量练习的一些动作。这样做的目的是既美观又使练习更加有效。读者也可以创造出更多的手臂动作。

1) 常用手型

（1）掌型（blade）：五指伸直并拢。
（2）拳型（fist）：握拳，拇指在外。
（3）五指张开型（jazz）：五指用力伸直张开。

2) 具体动作

（1）举（rise）：臂伸直向某方向抬起。
（2）屈臂（bicep curl）：前臂与上臂角度不断减小。
（3）伸臂（spread out）：前臂与上臂角度不断增大。
（4）上提（upright row）：直臂或屈臂由下至上提抬起，如屈臂前提、直臂侧提。
（5）下拉（put down）：臂由上举或侧上举拉至身体两侧。
（6）胸前推（chest press）：立掌，臂由肩部向前推。
（7）冲拳（punch）：屈臂握拳，由腰间猛力向前冲拳。
（8）肩上推（shoulder press）：立掌，屈臂由肩部向前推。
（9）摆动（swing）：以肩关节为轴，手臂在 180°以内的运动。
（10）绕和绕环（scoop circle）：以肩关节为轴，手臂在 180°～360°的运动为绕，大于 360°的圆周运动为绕环。
（11）交叉（cross）：两臂重叠成 X 形。

在进行上述上肢动作练习时，应注意肌肉的用力阶段，使动作富有弹性，避免上肢动作过于僵硬。

3.1.4 健美操组合

1. 预备姿势

双腿直立，两臂自然下垂（图 3-1）。

2. 动作做法

1) 组合一——左侧 4×8 拍

（1）两次一字步，双手胸前平屈，第 2 次一字步身体向左转 45°（图 3-2～图 3-5）。

（2）45°方向，向前/向后走三步点地：第 1 拍左脚向前一步（图 3-6），第 2 拍右脚向前一步（图 3-7），第 3 拍动作同第 1 拍，第 4 拍动作同第 2 拍（图 3-8），右脚点地。第 5~8 拍动作同第 1~4 拍，方向相反。

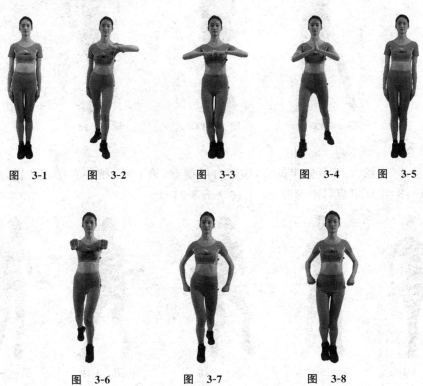

图 3-1　　图 3-2　　图 3-3　　图 3-4　　图 3-5

图 3-6　　　　图 3-7　　　　图 3-8

（3）两次 V 字步，双手屈臂在头后（图 3-9~图 3-12）。

图 3-9　　　图 3-10　　　图 3-11　　　图 3-12

（4）第 1~4 拍侧交叉步第 5~6 拍两次侧并步。第 1 拍左脚向侧迈一步（图 3-13），第 2 拍右脚在左脚后交叉（图 3-14），第 3 拍动作同第 1 拍，第 4 拍右脚向左脚并拢，屈膝点地（图 3-15），双手前后自然摆臂。第 5 拍左脚迈出，第 6 拍右脚随之并拢屈膝点地，第 7~8 拍反方向迈出。

右侧 4×8 拍右脚起，动作同左侧。

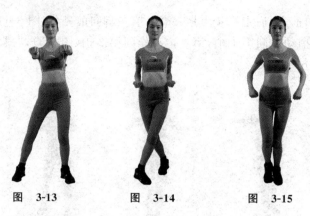

图 3-13　　　　图 3-14　　　　图 3-15

2）组合二——左侧 4×8 拍

（1）第 1~2 拍 V 字步前半部分，手臂自然摆动，第 5~6 拍左右摆髋 4 次，双臂左右摆动，第 7~8 拍 V 字步后半部分（图 3-16~图 3-21）。

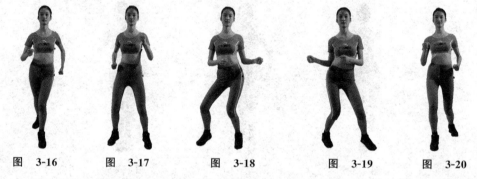

图 3-16　　　图 3-17　　　图 3-18　　　图 3-19　　　图 3-20

（2）第 1~4 拍上步踢腿，手臂自然摆动，第 5~8 动作拍同第 1~4 拍（图 3-22~图 3-25）。

图 3-21　　　图 3-22　　　图 3-23　　　图 3-24　　　图 3-25

（3）第 1~4 拍侧交叉步，第 5~6 拍 2 次侧并步。第 1 拍左脚向侧迈一步（图 3-26），第 2 拍右脚在左脚后交叉（图 3-27），第 3 拍动作同第 1 拍，第 4 拍右脚向左脚并拢，屈膝点地（图 3-28），双手前后自然摆臂。第 5~8 拍左右侧点地，双臂向下（图 3-29~图 3-31）。

（4）第 1~4 拍左腿吸腿两次，第 1 拍，左腿提膝，双手胸前平屈（图 3-32），第 2 拍，左脚向前点地，双手向上伸长（图 3-33）。第 3 拍动作同第 1 拍，第 4 拍还原直立。第 5~8 拍换右腿。

右侧 4×8 拍右脚起，动作同左侧。

图 3-26　　　图 3-27　　　图 3-28　　　图 3-29

图 3-30　　　图 3-31　　　图 3-32　　　图 3-33

3）组合三——左侧 4×8 拍

（1）4 次侧并步，L 形。第 1～2 拍左脚迈出，右脚随之并拢屈膝点地，第 3～8 拍动作同第 1～2 拍。

双臂绕转 360°（图 3-34～图 3-36）。

（2）2 次漫步：第 1 拍左脚向前迈出，屈膝，重心随之前移；第 2 拍另一脚稍抬起，然后原地落下，双臂向上伸展；第 3 拍左脚向后撤一步，重心后移；第 4 拍另一脚稍抬起，然后原地落下，双臂收到腰间；第 5～8 拍动作同第 1～4 拍。

（3）第 1～2 拍上步吸腿，第 5～7 拍动作同第 1～2 拍，第 8 拍还原直立（图 3-37 和图 3-38）。

图 3-34　　　图 3-35　　　图 3-36　　　图 3-37　　　图 3-38

右侧 4×8 拍右脚起，动作同左侧。

4）组合四——左侧 4×8 拍

（1）第 1～4 拍向前走四步，双臂同时前后摆动，第 5～8 拍 2 次弹踢腿，双臂向前推（图 3-39～图 3-41）。

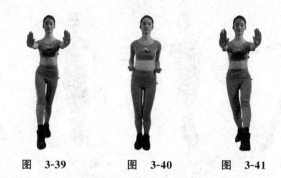

图 3-39　　　　图 3-40　　　　图 3-41

（2）第1~2拍侧并步向后移动，双臂向侧打开，第3~4拍反方向；第5~8拍动作同第1~4拍（图3-42~图3-45）。

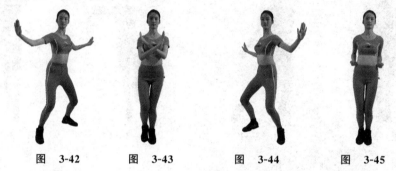

图 3-42　　　图 3-43　　　图 3-44　　　图 3-45

（3）第1~4拍上步摆腿跳接漫步，双臂向侧打开。第5~8拍动作同第1~4拍，方向相反（图3-46~图3-51）。

图 3-46　　　图 3-47　　　图 3-48　　　图 3-49

（4）第1~2拍迈步后屈腿（图3-52和图3-53）；第3~4拍动作同第1~2拍，方向相反；第5~8拍左脚迈步，右腿屈膝点地2次。

图 3-50　　　图 3-51　　　图 3-52　　　图 3-53

右侧 4×8 拍右脚起,动作同左侧。

3.2 肌肉形体塑造

3.2.1 胸部肌肉训练

胸部肌肉包括胸大肌、胸小肌、前锯肌等。胸大肌是胸部的主要肌肉,它是块较大的扇形扁肌,从走向可分成上部、中部和下部,它的发达程度是一个人健美与否的主要标志之一。胸大肌的主要机能是使上臂屈、内收、旋内,还能拉引躯干向上臂靠拢。

1. 卧推

作用:发展胸大肌、三角肌(前部)、肱三头肌和前锯肌。

做法:仰卧在卧推凳上,两手可采用不同握距(中、宽、窄)握住杠铃杆,将杠铃(或综合架)自头部移到胸上方,两臂用力控制住杠铃,缓缓地将横杠放在胸大肌中部,然后用力将杠铃向垂直上方推起直至两臂伸直。

要点:将杠铃置于胸部时胸要挺起,杠铃缓慢放在胸大肌中部,用力推起时要用胸大肌发力。

呼吸:杠铃放至胸上方和上推时吸气,两臂伸直后呼气。

说明:卧推可采用宽、中和窄三种握距。不同握距对共同发展的肌肉部位影响是不同的:宽握距对发展胸大肌效果尤为明显;窄握距对发展肱三头肌则有更好的作用,因为窄握距时伸臂的距离最长;中握距则对胸大肌、三角肌(前部)、肱三头肌和前锯肌均有良好影响。

2. 斜上握推

作用:发展胸大肌、三角肌(前部)、肱三头肌和前锯肌,尤其对胸大肌上部有较大的影响。

做法:斜躺在上斜凳上,握住杠铃、哑铃等重物,然后用力将重物自胸部向上推起,直至两臂在额前上方伸直。

要点:注意胸大肌上部的用力,两肘不要过早分开。

呼吸:上推前吸一口气(不吸满),憋气上推,成功后立即呼气,放下时再吸气。

3. 仰卧飞鸟

作用:发展胸大肌、前锯肌和三角肌(前部)。

做法:两手握哑铃并置于胸前(拳心相对),然后仰卧在凳上,两臂伸直与身体垂直,两膝分开,脚踏地面,随即两臂缓缓向侧下分开(肘微屈)直至肘部低于体侧,这时胸部要高高挺起,腰部离凳,仅肩背部和臀部着凳,然后胸大肌用力收缩,将微屈而分开的两臂内收,至胸上伸直。

要点:向下侧分两臂时,肘部要微屈并低于体侧,这样能有效地刺激胸大肌。

呼吸:两臂侧分及向上内收时吸气,臂接近伸直时呼气。

4. 斜上飞鸟

作用：发展胸大肌上部。

做法：斜躺在上斜凳上做仰卧飞鸟动作。

要点：动作前胸大肌被充分拉长，然后尽量用胸大肌发力，还原时要作退让性工作。

呼吸：两臂侧分及向上内收时吸气，臂接近伸直时呼气。用力前吸气，而后短时憋气，用力结束前呼气。

说明：还可采用斜下飞鸟，它能有效地发展胸大肌下部。

5. 俯卧撑

作用：发展胸大肌、三角肌、肱三头肌和前锯肌。

做法：练习者俯撑后，身体挺直，然后屈肘使胸部触地，立即伸直两臂为一次，反复练习直至疲劳再放下身体。

要点：屈肘时要尽量拉长胸大肌，用力时要注意胸大肌发力。

呼吸：刚开始做可一口气做好几次，而后每做一次前吸气，成俯撑时呼气。

说明：俯卧撑的做法很多，比较好的还有用俯卧撑架做的俯卧撑（也可在两条长凳上做），脚垫在高处的俯卧撑以及单臂俯卧撑。

3.2.2 背部肌肉训练

背部的主要肌肉有斜方肌、菱形肌、背阔肌、背长肌、背短肌。强壮有力的背部是健力的象征。斜方肌能使肩胛骨上提，向下、向上转动和内收，能使头和脊柱伸直，在儿童、少年成长时期发展此肌可以预防和矫正驼背；背阔肌在腰背上部，是人体最大的阔肌，发达的背阔肌使人体呈美丽的倒三角形；而背长肌和背短肌位于脊柱两侧，从骶骨到枕骨，是强大的脊柱伸肌，其机能是使头和脊柱伸直，使躯干侧屈。这部分肌肉得到发展对于防止弓腰驼背、矫正畸形、维持正确的体姿，均有重要的作用，因此，我们应当重视背部肌肉的锻炼。

1. 发展斜方肌的训练

1）提铃耸肩

做法：将杠铃从地面提起，身体伸直，两臂持铃下垂。做时用力向上耸肩（不屈肘）至最高位，然后复原再做。

要点：向上耸肩时要注意斜方肌和肩胛提肌积极用力，不得屈肘，另外要慢慢下降做退让性工作。

呼吸：耸肩时吸气，复原时呼气。

2）直臂扩胸（哑铃）

做法：两臂由前平举，向两侧做平举扩胸，然后复原再做。

要点：向两侧扩胸时，肘可微屈，尽可能向后用力，胸要高高挺起。

呼吸：向后扩胸时吸气，向前复原时呼气。

说明：这个训练有扩胸动作，容易被误认为能发展胸大肌，其实该训练对背部斜方肌及冈上肌、冈下肌,大、小圆肌及斜方肌有较大影响,对胸大肌影响甚微。该训练对发展三角肌也有较大作用,因为三角肌一直在做静力支撑工作。

3) 直立提肘拉

做法:两手握铃,间距比肩略窄,身体直立,两臂伸直下垂,用力时先耸肩而后向上提肘,将杠铃提至胸部高度后慢慢复原。

要点:先耸肩后提肘,两肘向前上高抬,两手控制杠铃运动方向,使之沿胸部向上。

呼吸:耸肩提肘时吸气,复原时呼气。

4) 俯卧反飞鸟(直臂扩胸后振)

做法:两手持哑铃俯卧在高凳上,然后将伸直的两臂向侧上抬起,使之超过身体的平面。这时上背部肌肉达到了最大的肌紧张。

2. 发展背阔肌的训练

1) 俯身划船

做法:上体前倾与地面平行,以背阔肌收缩及肘关节上提的力量将杠铃垂直上拉至胸腹部。

要点:模拟划船动作,尽量垂直上拉。

呼吸:上拉时吸气,下放时呼气。

2) 跨铃屈体拉铃

做法:横跨在杠铃上(一头可不安放铃片),弓身,两臂伸直握铃,将杠铃提离地面(用伸腿之力),然后屈肘上拉杠铃,使铃片触及胸部为一次,放下杠铃再做。

要点:尽量保持提铃时的体姿,用背阔肌的收缩力和屈臂上拉力将杠铃提拉起。

呼吸:拉铃时吸气,放铃时呼气。

说明:这是一项有效发展背阔肌的训练,它还对大、小圆肌等肌群有良好影响。

3) 卧拉(俯卧划船)

做法:俯卧在长凳上,两臂伸直下垂持铃,屈臂将杠铃拉起靠近凳底面。有两种做法:一种是垂直式,即把杠铃直接由地面上拉至胸下;另一种是波浪式,先把杠铃向前摆出,然后向后拉引至小腹下方。

4) 单臂划船

做法:卧在长凳上,或是弓身成水平状,两臂向后上拉(肘微屈),使器械约与肩同高,而后慢慢复原再做。

要点:弓身后要尽量保持原来的姿势,两臂用力向侧后上拉,上背部肌肉用力收缩,三角肌后部也得到锻炼。

呼吸:后拉时吸气,复原时呼气。

5) 下拉(在综合力量练习架上做)

做法:两臂拉住拉力架的把手,用力下拉拉力器,使肘关节贴近身体的两侧,拉力架横杆贴近颈部。

要点:不论是直立还是跪姿,都应挺直身体,下拉时不要爆发式用力,还原时也要控制速度。

呼吸:下拉时吸气,还原时呼气。

说明：下拉对发展背阔肌、上背部肌群以及三角肌后部等肌群作用很大，建议经常练习。

6) 宽握颈后引体向上

做法：两手宽握距，握住单杠成悬吊状态，然后用力屈肘使上体引向单杠，直至颈部触及单杠为一次，再还原反复做。

要点：练习时不要借助身体的摆动力，要注意动作的幅度，悬吊时肩要充分拉开，而上拉时颈部要触及单杠。

呼吸：拉引时吸气，复原成悬吊状时呼气。

说明：这项训练开始时胸大肌参与用力，而后是背阔肌、肱二头肌及前臂肌群，由于它简单易行、锻炼效果好，一直用作力量素质的测验指标之一。经过一段时间，练习达到15次左右时，应负重进行训练，效果才会更好。通常在腰部和足踝部负较轻重物。

3. 发展背长肌和背短肌的训练

1) 负重体屈伸（山羊）

做法：俯卧长凳上，两脚固定，两手在颈后固定重物，做体前屈接挺身起练习；也可双人做挺身起练习，练习者俯卧在同伴并拢的两膝上做挺身动作。

要点：做时一定要使身体成反弓，背肌充分收紧；做静力练习时，要维持最大的肌紧张6秒左右。

呼吸：挺身或成反弓静止用力时吸气，并稍憋气，复原时立即呼气。

2) 控背

做法：练习者仰卧在背悬空的两凳上，身体用力挺直，这时在腹部负人或负重，背部用力收紧，保持挺直姿势6~8秒。

要点：负重前要挺直躯干收紧腰部，然后保持这种静止用力姿势6~8秒。

呼吸：用力时憋气，放松时呼吸。

3) 直腿硬拉

做法：两腿伸直站立，上体前屈，挺胸收紧腰背，两臂伸直握住杠铃，然后伸髋、展体，将杠铃拉起至身体挺直。

要点：杠铃贴身，腰背肌收紧，手臂伸直悬吊住杠铃。

呼吸：用力前吸气，将杠铃提离地面，身体充分伸直后调整呼吸。

4) 宽握硬拉

做法：两手宽握杠铃杠，屈膝下蹲，腰背收紧，然后伸膝，伸展上体直至身体充分伸直。

要点：挺胸、直腰，慢慢伸直躯干。

呼吸：同直腿硬拉。

说明：直腿硬拉、宽握硬拉等训练，既能发展伸脊柱的背肌力量，也能发展股后肌等伸髋肌群。

5) 俯卧两头起

做法：俯卧，两臂伸直放在体前，然后迅速抬起上体和下肢，让腹部支撑，以维持平衡。

要点：身体成反弓越大，对锻炼背肌越有利。
呼吸：挺身前吸气，放松时呼气。

3.2.3 腹部肌肉训练

腹肌位于骨盆与胸腔之间，主要有腹直肌和腹内外斜肌，其主要机能是使躯干前屈、侧屈、旋转和骨盆后倾；此外，还能对腹腔器官产生压力。扁平的、有轮廓的坚实腹部比大腹便便要美，这是人尽皆知的，要想使腹部坚实就应多练腹肌。

1. 仰卧起坐

作用：发展腹直肌、腹内外斜肌、髂腰肌和腹直肌（以上腹部为主）。

做法：仰卧（背部悬空难度大，效果更好），两手抱头或负轻重物，下肢固定，快速收腹起坐，再慢慢倒体至水平后重复做。

要点：斜板起坐效果更好，斜板角度越大对锻炼腹肌及髂腰肌效果越好。做时要在充分拉长腹直肌的基础上，尽量收腹折体，使胸腹部贴近大腿。倒体时要慢，折体时要稍快。

呼吸：起坐前吸气，还原时呼气。

2. 侧卧侧身起坐

作用：发展腹内外斜肌为主。

做法：抱头侧卧在垫上，同伴用双手压住其两腿。起坐至最高处，再还原重复练习。

要点：这个动作难度较大，侧身起坐时要努力往高处起，才能达到锻炼的目的。

呼吸：用力时吸气，还原时呼气。

3. 屈膝或直膝两头起

作用：采用无固定的两头起动作，对整个腹部均有锻炼作用。

做法：仰卧，两臂在头后伸直。收腹起坐，同时屈膝（或直膝）上举，两臂前摆，手触脚面（或手抱弯曲的膝部）。

4. 直立侧上拉

作用：发展腹内、外斜肌及伸展躯干的力量。

做法：两脚开立，弓身用右手握住放在左脚一侧的哑铃，然后向右上方伸展扭曲的上体，重复 8 次后换另一侧练习。

要点：两膝不得弯曲，上体对侧的腹外斜肌要充分拉长，转体速度要加以控制，应运用腹外斜肌及腰大肌之力使躯干扭转 $90°\sim100°$。

说明：也有把重物放在身后的侧拉，其要领和作用大体相同。

5. 体侧屈

作用：发展腹内、外斜肌。

做法：身体直立，两腿开立略比肩宽，肩负杠铃做左右侧屈。

6. 体旋转

作用：发展腹内、外斜肌的力量。

做法：身体直立，两腿开立约比肩宽，肩负杠铃做左右转体动作。

要点：旋转时会产生一种离心力，这时要用对侧的腹内、外斜肌加以控制，然后再向另一侧旋转。

呼吸：自然呼吸，不要憋气。

3.2.4　臂部肌肉训练

人们历来都把臂力大小看作体力强壮与否的标志之一，又把胳膊的粗壮及线条清晰度作为健、力、美的象征。上肢肌主要由三角肌、肱二头肌（和肱肌）、肱三头肌、前臂肌群组成。

1. 发展三角肌的训练

三角肌位于肩部呈倒三角形，它由前、中、后三部分肌纤维组成，其主要机能是使上臂屈、伸、外展、旋内和旋外，对固定肩关节有一定作用。经常锻炼三角肌，能使肩膀增宽。

1）直臂前平举并上举

作用：发展三角肌前部等肌群。

做法：直立，两臂下垂持铃（杠铃、哑铃或杠铃片），直臂前平举静止 4～6 秒再上举至直臂支撑。

要点：身体微前倾，完全用两臂上举之力，不要借助展体之力。

呼吸：上举时吸气，举直后呼气。

2）直臂侧平举并侧上举

作用：发展三角肌中部等肌群。

做法：直立，两臂下垂持铃，做直臂侧平举，稍停，再上举成直臂支撑。

要点：上抬两臂时肘可微屈，不要借助外力来抬臂。

呼吸：抬臂时吸气，放下时呼气。

3）宽握颈后推

作用：这是一个发展上肢综合肌群的练习，它能发展三角肌（中束为主）、肱三头肌、胸大肌和前锯肌，尤其对发展三角肌有更好的效果。

做法：将杠铃放置在颈后肩上，伸臂将杠铃沿颈后部上举至头上，两臂伸直。

要点：上举时，三角肌、胸大肌开始用力，而后肱三头肌接着用力，这时三角肌不应放松。

呼吸：上举前吸气，两臂伸直后调整呼吸。

4）宽握坐推

作用：发展三角肌前束、中束及肱三头肌，对胸大肌也有影响。

做法：同宽握颈后推，不同的是放在胸前，坐在凳上。

5）轮换坐推哑铃

作用：这是一个发展上肢伸肌的好项目，由于采用坐姿就不能借助下肢及躯干的外力，对上肢伸肌如肱三头肌及三角肌影响较大。

做法：两手各握一个大哑铃坐在凳上，然后用两腿勾住坐凳使身体坐直，轮换两臂上举，直至伸直。

要点：臀不离凳，夹肘上推。
呼吸：自然呼吸，尽量不要憋气。

2. 发展肱二头肌和肱肌的训练

肱二头肌和肱肌位于上臂前面，肱二头肌在浅层，肱肌在深层。这是上肢的主要屈肌，它的主要机能是使前臂在肘关节弯曲和旋外，以及使上臂向前臂靠拢。肱二头肌（和肱肌）发达能够增加健美感，是重要的"美肌"之一。

1) 胸前弯举

做法：两脚开立，两臂持铃下垂，掌心向前，然后屈臂将杠铃（哑铃和铃片）弯举至胸前，再慢慢还原。重复练习。

要点：做动作前一定要伸直两臂，充分拉长肱二头肌；练习时身体不要前后摆动，要完全用前臂及上臂屈肌之力慢慢将器械举起，再慢慢放下。

呼吸：用力前吸气，放下器械时呼气。

2) 直立轮换弯举

做法：直立，两手各持一片活动哑铃，一臂屈，一臂直；放下一臂时，另一臂则弯曲。

3) 坐姿斜板弯举

做法：双手握小杠铃或U形杠铃，将肘关节置于斜板上做弯举动作。

要点：肘固定，完全用肱二头肌及前臂肌群之力。

呼吸：用力吸气，放松还原时呼气。

3. 发展肱三头肌的训练

肱三头肌位于上臂后面，是上肢的主要伸肌，其主要机能是伸前臂。肱三头肌和肱二头肌一样能增加健美感，也是重要的"美肌"之一。

1) 颈后臂屈伸

做法：身体直立，两手正握杠铃或U形杠铃（或铃片），肘高抬，上臂固定于耳侧，然后做臂屈伸直，将杠铃等重物向上举起，直至两臂在头上伸直。

要点：肘要高抬，肘尖向上，两肘夹紧，用力时不得外分或借助其他力量。

呼吸：用力时吸气，直臂后呼气。

2) 单臂屈伸

做法：用一臂握铃并将其推起，然后慢慢屈肘，肘尖向上，待手触肩时立即向上用力伸直。这个动作采用站姿或坐姿均可。

3) 仰卧臂屈伸

做法：仰卧在地上或长凳上，两手正握在头前地上或凳上放好的重物（杠铃、杠铃片等），两肘高抬，肘尖向上，然后伸前臂将肘伸直。

要点：肘高抬并内夹，伸臂方向要控制在头上方。

呼吸：用力伸直前吸气，伸直后呼气。

4) 仰卧单臂侧屈伸

做法：单臂持铃仰卧在长凳上（或地上），将握铃的手置于另一臂肩处，然后向侧上方伸直手臂。

说明：仰卧单臂屈伸还可将铃放置在头侧（肘高抬）做臂屈伸动作，做时要注意使掌心向内。

5) 背后臂屈伸

做法：两臂在体后反握小杠铃，将铃提至髋部使手臂弯曲，然后用力向后上伸直双臂。

要点：这是一项难做的训练，做时要注意夹肘，注意肱三头肌用力。

6) 俯卧撑

做法：根据不同性别和不同训练水平采用相应难度的俯卧撑，力量较好者可采用脚垫高俯卧撑；力量很好者可在背上负重。

要点：身体绷紧伸直，向下屈肘时可采用夹肘式及分肘式，伸臂要平稳，不要急促。

7) 窄握力量推

做法：提铃至胸，变换握距成窄握，然后伸臂将杠铃推至头上，两臂伸直，再慢慢放下杠铃至额部，连续上推。

要点：采用窄握，低放以加长两臂的工作距离，伸臂过程中不要分肘。

呼吸：提铃至胸时调整呼吸，然后憋气上推，完成动作后立即调整呼吸。如举得轻，则用力上推时吸气，放下时呼气。

说明：各种推举（坐推、颈后推、卧推等）训练，均能发展肱三头肌，同时还能发展胸大肌、三角肌。但窄握力量推对发展肱三头肌最为有效。此外，在双杠上或单杠上做双臂屈伸，也能发展肱三头肌的肌力。

3.2.5 腿部肌肉训练

下肢肌主要有臀大肌、股二头肌、半腱肌、半膜肌、大收肌、股四头肌、小腿三头肌和屈足肌群。

1. 发达股四头肌和臀大肌的训练

股四头肌位于大腿前外侧，由四个头肌即股直肌、股中肌、股外肌和股内肌组成，是人体最大、最有力的肌肉之一，其机能是保持股骨垂直，维持人体直立并帮助下蹲和起立。

1) 下蹲（前蹲、深蹲、半蹲、静蹲等）

做法：将杠铃放在胸前做下蹲起立的叫前蹲。前蹲时，两手握住放在深蹲架上的杠铃，屈肘将杠铃放在锁骨上，然后负铃向前走两步，离开深蹲架后保持挺胸直腰姿势慢慢下蹲（两腿可采取侧分或并腿）至大小腿夹角小于90°后再起立。将杠铃放至颈后慢慢下蹲而后起立叫后蹲；坐在凳上而后站起叫坐蹲；下蹲至大小腿夹角在90°后叫半蹲；从直立位置慢慢超负荷下蹲而后借助外力（保护者的帮助）站起叫退让蹲。两腿分开约与髋同宽，做时要挺起胸部，收紧腰部。负铃下蹲到一定位置（135°或90°），膝角固定不动6~8秒者叫静蹲，它通过肌肉的等长工作，不断提高肌肉的张力而发展力量。

要点：训练时，要记住"抬头挺胸腰收紧，慢慢下蹲快起立"。这样效果好，能防止受伤。

说明：以上蹲起训练，虽然动作不大相同，但均能发展股四头肌、腰背伸肌、股后肌群以及小腿三头肌。前蹲对发展上背部肌肉和股四头肌前端（膝部）的效果更好些；后蹲对腰背肌及股四头肌末端（近臀处）的影响更大；深蹲对股四头肌的锻炼效果好，膝角在

135°以上则主要锻炼腰背伸肌和股后肌群。

2) 腿举（综合力量架上做）

做法：仰卧在腿举架下，两腿将腿举架向上蹬至完全伸直，反复练习。

3) 箭步蹲

做法：肩负杠铃或胸负杠铃走出深蹲架，两腿前后分开成箭步，然后屈膝下压至能承受的深度随即伸直两腿，最后收回两腿。

呼吸：各种下蹲方式不同，但呼吸方法相同，即做前先深呼吸几次，然后吸气（留有余地）憋气下蹲，完成动作后调整呼吸。

2. 发展股后肌群的训练

1) 腿弯举

做法：足负重物做连续弯举动作（直立或俯卧）；也可俯卧在凳上，双脚钩住身后的橡皮筋拉力器（或综合练习架上的滚筒），两手抓住身前支撑物（如凳沿等），两腿做弯举动作。

2) 双人屈小腿对抗

做法：一人俯卧在长凳上弯曲两腿，另一人站在其身后，两手握其踝用力将其弯曲的两腿拉直，练习者坚持不被拉直。在对抗中练习股二头肌的收缩力量，使之发达。

3. 发展小腿三头肌和屈足肌群的训练

小腿三头肌位于小腿后面浅层，由腓肠肌和比目鱼肌组成，屈足肌群在小腿后面深层，其主要机能是使小腿屈和足屈，这些肌群在走、跑、跳时，对屈足起着很重要的作用。

1) 负重提踵

做法：肩负杠铃，足趾下可垫木板或铃片，然后做直膝提踵动作，连续做。

要点：做提踵时应特别注意身体重心不要在做前有意前移，因为这样练习很容易而效果极差。

2) 壶铃蹲跳

做法：全蹲后，双手握住重物，然后伸膝、展体、最后屈足，使身体垂直向上跳起。

要点：预备姿势要做到二直（臂直、腰直）；跳起时要做到三直（髋部、膝部、踝部充分伸直）。

呼吸：用力蹬冲时吸气，下蹲时呼气。

3.3 轻器械训练

力量是身体素质中极为重要的一项内容，力量训练是健身锻炼和塑造形体不容忽视的一个环节。对于大多数锻炼者来说，以自身重量或借助轻器械所进行的小负荷、多次数的抗阻训练，可达到发展肌肉力量和耐力，训练和调节发展不平衡肌群，改变身体成分并保持、提高骨矿含量，提高神经系统的调节能力，纠正不良体姿，改善机体的外部形态，健美形体并使身体成分和机能保持在最佳状态的作用。轻器械操将各种力量训练的基本动作组编成操并配合适宜的音乐，会使锻炼变得更加生动、有趣，能够吸引更多的健身者投入锻炼。轻器械操既是健美操课的补充，又能提高健美操练习的效果。

3.3.1 拉拉带训练

拉拉带训练是通过拉带的阻力作用,增大运动负荷,从而有效地加强身体机能,促进青少年的体能增强,使形体更健美;同时对于体型肥胖的人,通过拉拉带的锻炼,能够快速、有效地消除体内多余的脂肪,达到减肥的目的。

1. 上肢训练1(8×8拍)

(1) 预备姿势:直立,两手握拉带两头,自然下垂。

(2) 动作做法:

① 1×8拍。

- 第1拍:屈膝并立,双手胸前平拉拉带至两侧。
- 第2拍:直立,并双腿双手胸前屈肘。
- 第3~4拍:动作同第1~2拍。
- 第5拍:屈膝并立,左手上举,右手下举拉带。
- 第6拍:并腿直立,左手经侧至下举,右手经侧至上举。
- 第7~8拍:动作同第5~6拍。

② 反复练习8×8拍。

(3) 动作要求:

① 手拉带时,肘关节要拉直。

② 前4×8拍可以两拍一动,后4×8拍一拍一动,膝的屈伸要有弹性和节奏。

2. 上肢训练2(8×8拍)

(1) 预备姿势:直立,两臂屈肘,手握拉带于后背肩部。

(2) 动作做法:

① 1×8拍。

- 第1拍:两腿并拢直立,双手拉带,两臂伸直侧举。
- 第2拍:还原预备姿势。
- 第3~4拍:动作同第1~2拍。
- 第5拍:右脚向右前斜方一小步,同时左脚跟上,在右下虚点地,双手直臂下压拉带。
- 第6拍:左脚向左斜后方退一小步,右脚跟上,在右前斜方虚点地,双手直臂压拉带。
- 第7~8拍动作同第5~6拍。

② 2×8拍。

- 第1×4拍动作同1×8拍的第1~4拍。
- 第5~8拍动作与1×8拍的第5~8拍相同,方向相反。

③ 反复练习8×8拍。

(3) 动作要求:

① 直立时抬头挺胸,拉拉带时用力伸直肘关节。

② 注意配合呼吸,有节奏地屈伸。

3. 上肢训练3(8×8拍)

(1) 预备姿势:直立,双手拉带于体侧自然下垂。

(2) 动作做法:

① 1×8拍。

- 第1拍:左脚向左侧一步成左侧弓步,双手拉带,左手胸前平屈,右手前平举,同时转体拧腰成右肩正对前方。
- 第2拍:还原成预备姿势。
- 第3~4拍:动作同第1~2拍。
- 第5~8拍:左脚向左前方跨出一步,两臂体前交叉将拉带在胸前绕一"8"字上举至头顶,伸直双臂同时用力向两侧拉拉带一次。

② 2×8拍动作同1×8拍,方向相反。

③ 反复练习8×8拍。

4. 上肢训练4(8×8拍)

(1) 预备姿势:直立,双手拉带于体侧自然下垂。

(2) 动作做法:

① 1×8拍。

- 第1拍:右脚提踵,直立的同时左脚弹踢小腿,双手体前直臂平拉拉带。
- 第2拍:屈腰并腿,双手拉带自然下垂。
- 第3~4拍:动作同第1~2拍。
- 第5拍:两脚为屈伸步,双手体侧直臂拉带。
- 第6拍:还原到双臂自然下垂,双膝并步屈膝。
- 第7~8拍:动作同第5~6拍。

② 2×8拍动作同1×8拍,方向相反。

③ 反复练习8×8拍。

5. 上肢训练5(8×8拍)

(1) 预备姿势:直立,两手拉带自然下垂。

(2) 动作做法:

① 1×8拍。

- 第1拍:左脚向左横跨一步,成左侧弓步;同时左手胸前平屈,右手侧平举拉带(射箭状)。
- 第2拍:还原成预备姿势。
- 第3拍:动作同第1拍。
- 第4拍:两脚并立,双手上举拉带。
- 第5~6拍:左脚在前的并步,双手伸直,右手在前,前后拉带。
- 第7~8拍:右脚在前的并步,双手伸直,左手在前,前后拉带。

② 2×8拍动作同1×8拍作,方向相反。

③ 反复练习8×8拍。

6. 坐撑四肢训练(8×8拍)

(1) 预备姿势：屈膝坐撑于垫上成90°，拉带一端套在左脚尖上，另一端握在左手上，屈肘约70°，右手在体左后方撑垫。

(2) 动作做法：

① 1×8拍。

- 第1拍：左腿伸直前举，左臂屈肘用力向后拉带。
- 第2拍：停顿1拍。
- 第3～4拍：左腿落下，手臂放松还原成预备姿势。
- 第5～8拍：动作同第1～4拍。

② 2×8拍动作同1×8拍，但2拍伸腿一次。

③ 3×8拍动作同1×8拍。

④ 4×8拍动作同2×8拍。

⑤ 5×8拍～8×8拍换右脚和右手练习。

7. 俯撑四肢运动(8×8拍)

(1) 预备姿势：屈肘俯撑于垫上，两腿伸直，拉带一端套在脚踝关节上，另一端握在左手上，屈肘支撑。

(2) 动作做法：

① 1×8拍。

- 第1拍：左腿伸直后举，左手臂伸直前拉。
- 第2拍：停顿1拍。
- 第3～4拍：左手臂伸直前压下，左脚还原成预备姿势。
- 第5～8拍：动作同第1～4拍动作。

② 2×8拍动作同1×8拍，但为一拍一动。

③ 反复练习8×8拍，换右脚和右手练习。

8. 踢腿运动(8×8拍)

(1) 预备姿势：两手扶后脑部在垫上仰卧，双脚踝关节套上单拉带，伸直双腿。

(2) 动作做法：

① 1×8拍。

- 第1拍：左腿前踢，踢腿脚尖绷直。
- 第2拍：还原成预备姿势。
- 第3～4拍：动作同第1～2拍动作。
- 第5～8拍：动作同第1～4拍动作。

② 2×8拍。

- 第1拍：身体向右转90°成左手胸前撑垫，右手扶头后侧成侧卧，同时左腿侧踢一次。
- 第2拍：左腿放下成侧卧。
- 第3～4拍：动作同第1～2拍。
- 第5～8拍：动作同第1～4拍。

③ 3×8拍。

- 第1拍：身体向右转90°成两肘撑垫的俯撑状，右脚后踢。

- 第 2 拍:右腿放下还原成俯撑。
- 第 3~4 拍:动作同第 1~2 拍。
- 第 5~8 拍:动作同第 1~4 拍。

④ 4×8 拍~6×8 拍动作同 1×8 拍~3×8 拍,换脚练习。

9. 跳跃训练(6×8 拍)

(1) 预备姿势:立正两手叉腰,双脚踝关节套上单拉带。

(2) 动作做法:

① 1×8 拍。
- 第 1 拍:跳起成左脚在前的前后开立姿势。
- 第 2 拍:跳起成右脚屈膝,左脚收回成左脚侧伸的脚尖点地姿势。
- 第 3~4 拍重复第 1~2 拍。
- 第 5~8 拍重复第 1~2 拍动作,两拍一动。

② 2×8 拍。
- 第 1 拍:跳起成左腿侧摆的单腿站立。
- 第 2 拍:同第 1 拍,方向相反,侧摆右腿。
- 第 3~4 拍:动作同第 1~2 拍。
- 第 5~8 拍:动作同第 1~4 拍。

③ 2×8 拍。
- 第 1 拍:跳起成左腿在前的交叉步。
- 第 2 拍还原预备姿势。
- 第 3~4 拍:动作同第 1~2 拍,右腿在前。
- 第 5~8 拍:动作同第 1~4 拍。

④ 反复练习 6×8 拍,换脚练习。

3.3.2 踏板操

踏板是大众进行健身、健美训练时使用的一种特有的专门性器械,长 100 厘米、宽 45 厘米、高 10 厘米(可调节高度,每加一块增高 10 厘米)。踏板操是在踏板上进行锻炼的有氧运动。通过踏板训练可以提高锻炼强度,增强心肺功能,减少腹部脂肪,发展腿部肌肉力量,培养动作的协调性;同时配合各种手臂训练,使身体得到全面发展。踏板操是在音乐伴奏下进行的身体训练,通过上板、下板的各种脚步动作变化及变换不同的踏板高度,可以丰富训练内容,提高初学者的兴趣,达到良好的锻炼效果。踏板的高度及动作的速度应根据个人的不同情况来确定。一般初学者尽量用低板,动作不宜过快,手臂变化也不要太多;当初学者体能及熟练程度提高后,再逐渐增加高度、动作的变化,加快动作速度。

1. 基本动作

踏板操包括横板和纵板练习,动作方向有前、后、左、右,其方向应根据身体方向的变化而确定。一般来说胸的方向为前,背的方向为后,自身的左为左侧,右为右侧,当动作发生变化时,应按照变化后胸的方向重新确定。踏板操基本动作包括上板、下板、过板三个部分。

(1) 上板:一脚蹬地,另一脚踏板,重心移至板上。

(2) 下板:重心由板上移到地面支撑腿。

上板、下板组成踏板操的最基本动作。一般包括左脚上板、左脚下板、右脚上板、右脚下板。

(3) 过板:从板的一端通过板上到板的另一端。包括并步过板、转体过板等基本动作。横纵板动作相同。

2. 踏板操的组合

(1) 预备姿势:面对横板站立,两臂自然下垂。

(2) 动作做法:

① 组合一——左侧 4×8 拍。

a. 第 1~4 拍左脚上板踏步,第 5~8 拍左脚下板踏步,手臂自然摆动(图 3-54 和图 3-55)。

b. 第 1~8 拍左脚上板基本步(上上下下),手臂自然摆动。

c. 第 1~2 拍左脚上板,右脚点板,第 3~4 拍还原,第 5~8 拍反方向,手臂自然摆动(图 3-56 和图 3-57)。

d. 第 1~4 拍左侧 45°同 C 动作,5~8 拍反方向,手臂自然摆动(图 3-58 和图 3-59)。

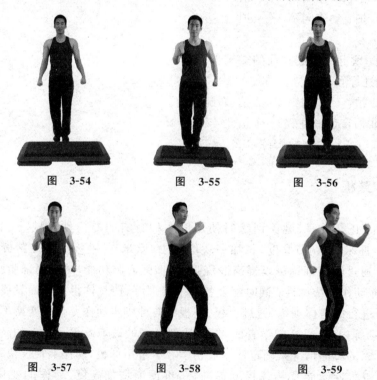

图 3-54　　　　图 3-55　　　　图 3-56

图 3-57　　　　图 3-58　　　　图 3-59

右侧 4×8 拍右脚起,动作同左侧。

② 组合二——左侧 4×8 拍

a. 第 1~4 拍左脚上板 V 字步,双臂自然摆动。第 5~8 拍动作同第 1~4 拍。第 7~8 拍双脚落于踏板左后方(图 3-60~图 3-63)。

图 3-60　　　　　图 3-61　　　　　图 3-62　　　　　图 3-63

b. 第1～4拍左脚上板翻转V字步，落于踏板右后方，双臂自然摆动。第5～8拍动作同第1～4拍反方向（图3-64～图3-67）。

图 3-64　　　　　图 3-65　　　　　图 3-66　　　　　图 3-67

c. 第1～4拍左脚上板推进翻转V字步（第1～2拍做三个动作：左脚板上点，右脚点地跟进，左脚板上点。左手前平举，右手叉腰）。落于踏板右后方。第5～8拍动作同第1～4拍反方向（图3-68～图3-71）。

图 3-68　　　　　图 3-69　　　　　图 3-70　　　　　图 3-71

d. 第1拍左脚上板，手臂胸前平屈。第2拍身体右转90°侧踢腿，双臂斜上展开，第3～4拍还原。第5～8拍反方向（图3-72～图3-74）。

图 3-72　　　　　图 3-73　　　　　图 3-74

右侧4×8拍右脚起,动作同左侧。

③ 组合三——左侧4×8拍。

a. 第1~2拍左脚上板吸腿,手臂自然摆动,第3~4拍还原。第5~8拍动作同第1~4拍反方向(图3-75和图3-76)。

b. 第1~2拍左脚上板踢腿,踢右腿左臂出拳,第3~4拍还原。第5~8拍动作同第1~4拍反方向(图3-77)。

c. 第1~2拍左脚上板后屈腿跑,手臂自然摆动,第3~4拍还原。第5~8拍动作同第1~4拍(图3-78)。

d. 第1~2拍左脚上板45°吸腿跳,左臂上举,右臂叉腰,第3~4拍还原。第5~8拍动作同第1~4拍反方向(图3-79和图3-80)。

右侧4×8拍右脚起,动作同左侧。

图 3-75　　　　图 3-76　　　　图 3-77

图 3-78　　　　图 3-79　　　　图 3-80

思考与练习

1. 什么是健美操?
2. 健美操的分类有哪些?
3. 根据健美操基本技术与动作编排组合。
4. 试订一套适合自身的肌肉形体塑造的计划,并总结锻炼实效。

第 4 章
形体瑜伽

学习目标

瑜伽是适合大学生练习的一种既自然又平衡的健身法,它可以让人的整个身体、心理、精神层面达到健康和谐。练习瑜伽可保持身体健康,同时还具有塑身及改善姿态的功效。本章着重介绍瑜伽的基础知识、修持方法及瑜伽基本功法。通过学习,学生可以了解和掌握瑜伽的理论知识,并在基本功法的基础上学习形体瑜伽套路,从而塑造优美的体型、培养良好的气质,达到身心平衡。

瑜伽经过数千年历史长河的洗礼,经过无数人的亲身验证,现在已成为世界公认的一种可以预防疾病的体育活动。经常练习瑜伽可以维持良好的身体形态,增强体质,预防疾病,促进康复期患者机能的恢复。从单纯的物质层面讲,通过系统的学习和练习瑜伽,可以获得力量、柔韧性和平衡能力,改善心肺功能,有效地减脂、塑形,缓解压力和紧张感,提高身体能量和精神力量,有效地排毒养颜,增加活力,增强生命力和延长寿命,开发创造力、增强记忆力、提高思维能力、集中注意力。

4.1 瑜伽基础知识

4.1.1 瑜伽简介

1. 瑜伽的含义

瑜伽一词源于梵文 Yoga。瑜伽起源于古印度,是印度先贤运用古老而易于掌握的技巧,改善人们生理、心理、情感和精神方面的状态,从而达到身体、心灵与精神和谐统一的运动方式。从广义上讲,瑜伽是哲学;从狭义上讲,瑜伽特指印度六派正统哲学之一的瑜伽派和以《瑜伽经》为核心的古典瑜伽体系。现代瑜伽的含义为结合、联系、平衡、统一。在印度,瑜伽是一个关于解脱、追求、道德修养以至日常生活的总称。在我国,瑜伽是通过体位法、呼吸与冥想等训练,帮助人们舒缓压力、提高注意力、维持健康状态、提升潜能发挥,以达到身心平衡和谐的方法。

2. 瑜伽的分类

1）瑜伽体系

正统的印度瑜伽可分为五大体系，它们是智瑜伽、业瑜伽、信仰瑜伽、哈他瑜伽、王瑜伽。

（1）智瑜伽：寻求生命真谛。"智"是研究、发明、创造的意思。智瑜伽是一个探讨哲学、进行思辨的体系。它要求修行者潜心研究，以探求知识和人生的真理。智瑜伽所寻求的知识，要求修行者透过事物的本质，去体验和理解生命的真谛。

（2）业瑜伽：又称为实践瑜伽，是指通过苦修，引导更完善的行为。业瑜伽认为，行为是生命的第一表现，如衣食、起居、言谈、举止等。业瑜伽倡导通过极度克制的苦行，将精力集中于内心的世界，从而引导更加完善的行为。

（3）信仰瑜伽：又称为爱心瑜伽。信仰瑜伽认为，智、业、信仰是相互联系的：知识是生活的基础，行为是生活的表现。人没有知识就会陷入盲目，行为也会失去依托，但知识和行为都应该受到信仰之心的指导。

（4）哈他瑜伽：哈他意为日月，哈他瑜伽强调体位法和调息，认为人的生活如果无序、混乱就会导致身心方面的疾病。而体位法可以平复身体的混乱，消除不安定的因素；调息可清除体内神经系统的滞障，控制身体的能量并加以利用。

（5）王瑜伽：又称为八分支瑜伽，是瑜伽的最高等级。哈他瑜伽重在体位法和调息，而王瑜伽则偏于意念和调息，通常使用莲花坐等一些入定体式进行冥想，摒弃了大多数严格的体位法。

2）瑜伽流派

现今的瑜伽更是遍地开花，发展出了许多类型，下面介绍几种目前较为流行也比较受欢迎的瑜伽流派。

（1）流瑜伽：目前国际上非常流行的一种瑜伽，动作组合如流水般流畅，姿态优美柔韧，体式之间的衔接给人一气呵成之感，同时结合强有力的呼吸法来强健身体。它侧重伸展性、力量性、柔韧性、耐力、平衡性和专注力的全面锻炼，强调运动与呼吸的和谐。与普通瑜伽相比，流瑜伽强度较大，一般不建议瑜伽初学者以及体能不好的人先练习此流派。

（2）力量瑜伽：一般是指阿斯汤伽瑜伽的西方版本，阿斯汤伽瑜伽因各体式间快速的动作转变而闻名，其动作较偏重肌肉训练的加强，重视身体耐力的训练。但实际上，目前大众所练习的力量瑜伽已经从其他流派借鉴了最主要的元素而形成了自己的特点。

（3）昆达利尼瑜伽：也称蟠龙瑜伽、蛇王瑜伽。它发展了王瑜伽的气脉学说，提出人体周身遍布 72 000 条气脉，七大轮穴，一根主通道和一条休眠的巨大蟠龙。现在练习昆达利尼瑜伽的人相当少，因为昆达利尼对练习者的要求很高，是瑜伽中较难练习的一种，只有持之以恒方可获得力量。

（4）高温瑜伽：创立至今只有三四十年的历史，是指在 35～38℃ 的环境下练习的瑜伽，包括 26 个固定体位法和呼吸法。高温瑜伽在美国非常受欢迎，美国乐坛巨星麦当娜、NBA 球星乔丹等都是高温瑜伽的拥趸者，是一种极好的保持青春的运动。

以上所讲解的瑜伽各个流派的差异，旨在帮助同学们更好地理解瑜伽的特点。这些特点使各个流派的瑜伽格外生动，然而瑜伽在真正意义上又是不可划分的。每种瑜伽流派都有相通之处，具有瑜伽的共通性。它们都是通往精神世界的工具。

3. 瑜伽的作用

瑜伽的作用有很多，除了生理方面，它在心理及精神方面的影响力也很显著。对于学生练习者来说，体位法的功效更为实际，其主要作用如下。

(1) 排毒、瘦身、延缓衰老。身体长年积存大量毒素，导致身体肥胖、面色晦暗、加速衰老等。坚持练习体位法，可以控制和调节内分泌系统，促进腺体分泌出适量激素，病变的器官可以被修复，重新发挥正常功能。肌肉、骨骼、脑和神经系统、消化系统、呼吸系统、心脏和循环系统更容易相互调节，适应外部环境的变化，身体健康和精神状态得到改善，人自然变得更青春、更有活力。

(2) 健康理疗，治病强身。瑜伽对于降低血压，减轻背痛、关节疼痛等效果显著。通过柔和地伸展肌肉、按摩内脏、调节神经与内分泌等循环系统，练习者的身体状况得到改善。许多疾病也可减轻或治愈，如糖尿病、高血压、关节炎、动脉硬化、静脉曲张、哮喘等慢性疾病。经验显示，长期练习瑜伽的人比普通人更懂得控制自身的体温、心跳和血压。

(3) 醒脑提神。每一个体位都有令身心舒畅、提升元气的作用。体位练习始终强调呼吸的配合，在充分锻炼呼吸机能的同时，也为脑部提供更多氧气，令精神状态变得平静和积极，保持头脑冷静，精力集中。

(4) 平和身心。腺体分泌的激素对身心有巨大影响，生长发育、消化能力、精力、情绪等，都受此影响。体位法通过挤压、扭转、伸拉等动作，压迫和按摩腺体，使内分泌恢复平衡，并调节神经系统，心灵也变得宁静，使人处在松弛又平和的状态中。在生活中保持这种状态，人际关系会变得和谐，对周遭的一切会更宽容，心灵也变得更加豁达和坚强。

(5) 使人坚强，获得力量。瑜伽体位练习使人变得更坚强，力量、意志力、平衡能力和注意力得到发展，在面对痛苦和不幸时，表现得更为坚韧，能平静地面对悲伤、焦虑等情绪问题，精神的稳定性发展了，处理问题更加专注，生活变得轻松，困难成为精神健康的垫脚石。练习瑜伽体式调整腺体的分泌，增进心理的平衡，释放人体自身潜力，挑战自我，增强了人们的自信心。

(6) 唤醒心灵潜能。在哈他瑜伽中，体位法为达到高级的心灵技法做准备，旨在用体式来净化身体。东方瑜伽认为，虽然体式本身不能使心灵彻悟，却是通向心灵之路的一个阶段。有些人误认为体式只是对身体有益，这是片面的。因为体式对所有的心灵追求者几乎是一种需要，以唤起心灵潜能，因为健康的心理存在于健康的生理中。

4.1.2 瑜伽修持方法

1. 瑜伽八分支法

瑜伽的修持方法分八个阶段进行。

(1) 道德规范。道德是第一位的。没有道德任何功法都练不好。必须以德为指导，德为成功之母，德为成功之源。瑜伽道德基本内容：非暴力、真实、不偷盗、节欲、无欲。这是瑜伽修持首先要遵守的道德规范。

(2) 自身的内外净化。外净化为端正行为习惯，努力美化周围环境；内净化为根绝欲望、愤怒、贪欲、狂乱、迷恋、恶意、嫉妒等恶习。

(3) 体位法。体位法是姿势的锻炼,能净化身心、保护身心、治疗身心。体位法种类繁多,它们分别对肌肉、消化器官、腺体、神经系统和其他组织起良好作用。不仅可以提高身体素质,还可以提高精神素质,使肉体、精神达到平衡。

(4) 呼吸法。这是指有意识地延长吸气、屏气、呼气的时间。吸气是接受宇宙能量的动作,屏气是使宇宙能量活化,呼气是去除一切思考和情感,同时排除体内废气、浊气,使身心得到安定。

(5) 制感。精神在任何时候都处于两个相反的矛盾活动中,欲望和感情相纠缠。制感就是抑制欲望,使感情平和下来。

(6) 专注。专注是完全集中于一点或全身心投入一项任务中,抑制同自我相联系的活动,从而使精神安定平静。

(7) 冥想、静定状态。冥想、静定状态只有通过实际体验去理解。

(8) 入定。修持者进入"忘我"状态,即意识不到自己的肉体在呼吸,意识不到自我精神和智性的存在,已进入了无限广阔的宁静世界。

以上八个阶段综合起来即瑜伽。八个阶段又分四个步骤来实现。

第 1 和 2 阶段是思想基础、思想准备。

第 3 和 4 阶段是肉体训练,通过各种姿势训练达到驱病强身的目的。

第 5 和 6 阶段进行初步静坐修持静功。

第 7 和 8 阶段是高层次修持,进行冥想、静定。

2. 瑜伽练习注意事项

(1) 瑜伽练习要遵循循序渐进的原则,即在安全的范围内缓慢地完成动作,做到自己的极限,切不可有逞强和攀比心理。

(2) 瑜伽练习要保持空气新鲜、通风好,这对于调息练习尤为重要,要养成经常开窗通风的习惯。一定要在瑜伽专用的垫子上进行,切记地面一定不要打滑。

(3) 瑜伽练习可以在任何时间,只要你有空闲。不同的时间可以选择不同的技法进行练习。当然,相比较而言,清晨日出和傍晚日落是最佳练习时间。

(4) 瑜伽练习后不宜马上洗澡,结束练习时,每个毛孔都处于舒张的状态,忽冷忽热的刺激会伤害身体。

(5) 瑜伽练习前后 1 小时尽量保持空腹。练习前排空体内便尿。如果练习前有较强的饥饿感,可以喝一杯牛奶或吃点流质、易消化的食物。练习后要休息至少半个小时再吃东西。

(6) 瑜伽练习没有固定的服装要求,只要较为合身舒适即可,不宜穿太紧。建议采用上紧下松的造型。最好穿长裤,以减少对膝盖的伤害。为了便于练习,最好不穿鞋,可以视情况着棉袜,并应避免戴手表、首饰、发饰等饰物。

(7) 高血压、心脏病、眩晕症、经期练习须谨慎,上体往下的倒立姿势、强度大的姿势不要做。

(8) 如果在练习瑜伽的过程中出现体力不支或身体颤抖,请即刻收功还原,不要勉强。

(9) 在练习瑜伽时应将注意力放在动作使自己的体内产生的感觉上,在练习中,除非另有说明,自始至终要用鼻子呼吸。

3. 瑜伽练习误区

瑜伽练习者特别是初级练习者,在没有获得正确引导的情况下,很容易走入瑜伽练习的误区，不但影响练习效果，还对身心健康造成负面影响。以下是几种瑜伽练习误区，对此必须有正确的认识。

（1）瑜伽是类似柔软体操的运动。瑜伽体位法中的确有很多都是高难度的，但多数还是简单易学、循序渐进的。瑜伽中的呼吸更能平静思绪，专注意识，将身心融为一体，享受平和与宁静。但作为练习的效果之一，瑜伽的确有改善身体柔韧性的效果。

（2）瑜伽只适合女士练习。瑜伽具有美容、排毒、减肥、塑形等众多功效，因此深受女士的欢迎。但实际情况是，男士比女士更需要瑜伽。在欧美国家，45%～60%的瑜伽练习者均为男士。瑜伽在减压、健身方面的功效是广为人知的。另外，瑜伽具有显著的理疗功效，所以适合各个年龄段的人练习。

（3）自己在家练习就可以。许多瑜伽爱好者喜欢在家里按照非专业光盘或书籍展示的图片依葫芦画瓢练习，这是不可取的，特别是对于刚入门的初学者。正确的方法是，首先通过正确途径了解相关的瑜伽知识，掌握正确的呼吸法以及运动中呼吸规律的应用，关注身心感受，逐渐体验并理解瑜伽。

（4）练习不出汗，效果就不好。很多练习者在瑜伽课后觉得不累，没有出汗，特别是入门阶段的学习。其实，正确入门后，瑜伽课程的强度是可以自行控制的。瑜伽体式的练习目的在于发展身体、精神和心灵的和谐，强调用意念来控制动作，强调呼吸方法。最好的效果是练习后觉得神清气爽，内心充满美好和幸福之感。

（5）练习瑜伽可以增高。练习瑜伽以后，你会发现自己变化很大，身边的人也会觉得你较过去长高了。事实上，瑜伽练习帮助你舒展了没有充分伸展的肌肉，增加肌肉弹性，提高身体的柔韧性。加上瑜伽体位对加强脊椎健康非常有益，有助于培养抬头挺胸的正确姿态，所以使你看上去长高了。

（6）练习体位过于追求完美。瑜伽不是竞技运动，"享受快乐，并尽力而为""今天的我较昨天的我有所进步就可以了"是最好的状态。刻意追求完美则很难真正体验到精神上的快乐。瑜伽的美感是通过长时间锻炼慢慢达到的，瑜伽练习应该在身体很协调、很舒服的状态下完成，无论动作到不到位，都能达到运动的效果。

（7）瑜伽不减肥。瑜伽的魅力之一就在于它的减肥塑身功效，但也有很多人练习后并没有马上看到瘦身效果。必须强调的是，瑜伽塑身减肥的效果是毋庸置疑的，且方式健康，效果持久。但前提是，正确入门后，随着深入学习，生活习惯有所调整，心性自然改变，饮食习惯跟着改变，加上培养了瑜伽练习的习惯，无疑为自己选择了适合的运动方式，懂得掌控自我，减肥塑身效果自然持久。

4.2 瑜伽基本功法

4.2.1 瑜伽的呼吸与调息

正确的瑜伽练习必须先从呼吸的练习开始，而不是先从体位法开始。瑜伽呼吸法是通过各种不同的呼吸方式有效地按摩内脏，刺激各生理腺体良性的分泌，激活脉、轮的潜在力量，更好地清洁身体，从而为更高级的精神修养和灵性的开发奠定基础。瑜伽呼吸最常用的主要有以下几种方法。

1. 胸式呼吸法

慢慢吸气时，把气体吸入胸部区域，胸骨、肋骨向外扩张，腹部应保持平坦。当吸气量加深时，腹部应向内收紧。呼气时，缓慢地把肺内浊气排出体外，肋骨和胸部回复原位。

2. 腹式呼吸法

吸气时，用鼻子把新鲜的空气缓慢、深长地吸入肺的底部，随着吸气量的加深，胸部和腹部之间的横膈膜就向下降，腹内脏器官下移，小腹会像气球一样慢慢鼓起。呼气时，腹部向内、朝脊椎方向收紧，横膈膜自然而然地升起，把肺内的浊气完全排出体外，内脏器官回复原位。

3. 完全呼吸法

完全呼吸法是把胸式呼吸和腹式呼吸结合在一起完成的正确、自然的呼吸方法。轻轻吸气时，首先把空气吸入到肺的底部，腹部区域起涨，然后是空气充满肺的中部、上部，这时，就是从腹式呼吸过渡到胸式呼吸。当你已经吸入到双肺的最大容量时，会发觉腹壁和肋骨下部向外推出，胸部只有些微移动。呼气，按相反的顺序，首先放松胸部，然后放松腹部，尽量把气吐尽，然后有意识地使腹肌向内收紧，并温和地收缩肺部。整个呼吸非常顺畅，就像一个波浪轻轻从腹部波及胸膛中部再波及胸膛的上半部，然后减弱消失。

4. 喉呼吸法

喉呼吸法也称胜利式呼吸法，采用两鼻孔呼吸，吸气和呼气时收缩喉头声门，发出类似睡眠时鼾声。通过两鼻孔吸气，声门半开半闭，发出类似鼾声。做喉呼吸时，通常以深呼吸来进行。

4.2.2 瑜伽的基本体位

1. 站立式体位

（1）山式（图 4-1）：大脚趾相碰，足跟稍微分开，抬起并展开脚趾，使重心均匀地放在两脚上。收紧踝骨，收紧膝盖向上提升，提拉大腿后部肌肉。收腹，并有意识地向肚脐方向抬高耻骨，使尾骨变长。肩胛骨向内，扩展肩膀向背部下沉。挺胸，脊椎骨向上伸展，展开锁骨，颈部挺直。手臂垂放于身体的两侧。头顶直线垂直于骨盆，下巴平行于地面。放松喉部，让舌头放松地平铺在下颚上，放松眼睛，自然呼吸。

（2）侧三角式（图 4-2）：山式站立，呼气，侧跨一步使两腿分开约 3 个半脚的距离。两臂侧平举，掌心朝下。呼气，把右脚向右转 90°，左脚也稍向右。呼气，弯曲右膝盖，使右大腿与小腿成直角；右小腿与地面垂直。保持左脚跟在地面上，呼气，将身体右侧面向下至右大腿根部。将右手的指尖按于右脚外侧的地面。用膝盖顶住手臂的内侧。呼气，左手臂伸直向上，然后将手掌朝下，呼气，伸展手臂向左耳靠近，转头看向左臂。

（3）战士二式（图 4-3）：山式站立，呼气，跨步使双脚分开约 3 个半脚的距离。双臂侧平举,右脚向左转 45°;左脚向左转 90°。使右足跟对准左足跟。稳定大腿,并将左大腿向外。呼气,弯曲右膝盖不超过右脚踝,小腿与地面垂直,尽量使大腿与地面平行。把头转向右侧并且注视手指前方。

图 4-1　　　　　　　　图 4-2　　　　　　　　图 4-3

2. 座位式体位

(1) 莲花坐(图4-4):双腿伸直,挺拔腰背地坐立。将左脚放在右大腿根部,脚跟抵右侧小腹。将右脚脚心向天,尽量放在左大腿根部,脚跟抵左侧小腹。尽量将双膝贴向地面,并在极限边缘尽量长时间保持姿势,双手合十于胸口。交换双腿位置,重复练习。初级练习者可从单莲花坐练起。

(2) 金刚坐(图4-5):坐在垫上,两腿向前伸展,双脚自然放松,身体稍稍偏向一侧同时弯曲双膝,将双脚从一侧放在臀部下,然后坐在脚跟上。放松肩部,收紧下巴,挺直脊背。双手重叠,自然而放松地放在两腿上。

(3) 牛面式(图4-6):坐立,双腿伸直向前两手撑地,抬起臀部左膝盖弯曲左腿向后,坐在左脚上。抬起右腿,右腿放在左大腿上,两膝盖上下重叠。抬起臀部,在双手的帮助下,把双脚的脚踝和脚跟相靠。放松脚踝,脚趾向后,抬起左手臂,弯曲肘部,把左手由上向下放在背后颈部以下两肩之间的位置。右手则右下向上抬起直到两手紧扣。

图 4-4　　　　　　　　图 4-5　　　　　　　　图 4-6

3. 前屈式体位

(1) 背部前屈伸展坐式(图 4-7)：坐在地面上，双腿向前伸直。把手掌放在臀部两侧的地面上，伸展双手尽量向前放在腿的两侧。伸展脊椎，试着使背部向下凹，让前额贴近膝盖。逐步把双肘放在地面上，伸展颈部和躯干，用鼻子贴近膝盖，均匀地呼吸。

图 4-7

(2) 圣玛哲里琪一式(图 4-8)：坐在地面上，双腿向前伸直，弯曲左膝盖，把左脚脚跟靠近会阴处，左脚内侧应该碰到伸展的右大腿内侧、左肩向前伸展到左腋抵住垂直于地面的左腿胫骨。弯曲左肘，把左臂由前向后环绕左腿胫骨和左大腿，一直到接近腰的高度。然后右手向后在背后抓住左手手腕，脊椎向左后方扭转，保持伸出的右腿始终绷直。保持这个姿势时注视伸出的右脚大脚趾，上身弯曲向前倾，依次把前额、鼻子、嘴唇、下巴靠在右膝盖上。

(3) 坐广角式(图 4-9)：坐立，腰背挺直，眼望前方。双腿保持蹬直，并慢慢向两侧打开。根据自己的柔韧度尽量打开双腿，保持大腿背部紧贴地面，脚跟向前，膝盖及脚趾指向上。吸气，提起双臂，两手掌平行向内，手指指向天花板。一边呼气，一边由下盆带动，将上身慢慢向前向下伸展。腹部、胸部、依次下巴贴在地面上。

图 4-8

图 4-9

4. 后弯式体位

(1) 上犬式(图 4-10)：俯卧，双腿向后伸展，脚趾直指向后。弯曲肘关节，把张开手掌的双手放在腰侧的地板上，手指指向前方。前臂与地板地面相对垂直。吸气，双手平稳地用力推地，略微向后推，再一次吸气时完全伸展手臂，同时抬起上身并收紧双腿的肌肉，使两腿伸直并将两膝离地。大腿略向内侧收，肘部臂弯面转向前方。夹紧臀部，腿部绷直，膝盖绷紧，不要把膝盖放在地面上。身体的重量只放在脚趾和手掌上。稳固两肩，肩胛骨内收。将胸骨向上挺，直视前方或者略微将头顶向后，不要挤压后颈部或耸肩。

图 4-10

（2）桥式（图4-11）：仰卧，屈膝，双脚靠近臀部踩在地上，保持双脚及两膝盖平行并与胯部同宽，手臂伸直，置于靠近身体两侧的地面，手掌朝向地面，双脚及手臂用力压地，将臀部抬离地面，将双手在身体下方十指相扣互握并伸直手臂贴紧地面，并尽可能地将两肩膀向内相互靠近，抬高臀部使其与地面平行，由膝盖至脚踝与地面垂直，然后将身体重心向肩膀方向移动。尽可能地将胸骨推近下颌。

（3）弓式（图4-12）：俯卧，屈膝，脚掌向上，双手向后握住脚踝，左手勾左脚踝，右手勾右脚踝。先吸气准备，吐气时，肩膀、胸部及双腿同时上抬，仅留腹部在地面，让身体呈现U字形。双腿向内夹紧，挺胸，手尽量伸直，头尽量抬高，脚也要抬高，感觉自己是一张弓。

图　4-11　　　　　　　　　　　　图　4-12

5．扭转式体位

（1）脊椎扭转式（图4-13）：坐立，双腿向前伸直，弯曲左腿放在右大腿上，脚心朝上。呼气，左臂前伸，左手抓住右脚脚趾，上身转向右边，将右臂收向背部，将右手揽住腰的左侧。吸气，然后呼气，同时头部和上身躯干尽量向右转，保持自然呼吸，换另一侧练习。

（2）仰卧脊椎扭转式（图4-14）：仰卧，平展两臂，掌心贴地，两腿并拢，抬起右脚将脚跟置于左脚立起的脚尖上方。以脊柱为轴线，随着呼气，同时用腿带动身体向左侧扭转，头部和颈部向右侧扭转。停留后随着吸气身体转回、带正，落回右脚。同样的方法做另一侧。

（3）圣哲玛里琪三式（图4-15）：坐立，双腿向前伸直，把右脚放在左大腿根部，右脚脚跟应该抵住脐部中心，脚趾伸展。右腿胫骨与地面垂直，使右大腿和右小腿相互碰到，右脚跟碰到会阴，脊椎向右扭转90°，使左腋窝抵住右大腿外侧、把左肩越过右膝，弯曲左肘，把左手放在腰后。右膝紧紧地固定的左腋窝下。在背后扭转右臂，右手握住左手，胸部伸展，脊椎向上伸展保持这个姿势。

图　4-13　　　　　　　图　4-14　　　　　　　图　4-15

6. 平衡式体位

(1) 树式(图4-16)：站立在地上，身体保持正直，站稳。右腿站立，左腿自膝盖处弯曲，把左脚抬至右侧大腿上，双手从身体两侧向头部抬起，双手合十，手掌放在头上。目视前方，站立的右腿绷紧，全身处于紧张状态，正常呼吸，保持这一姿势。

(2) 鹰式(图4-17)：以山式站立，弯曲右膝盖左腿由前向后绕过右膝，叠放在右大腿上。左脚勾在右小腿后，使左腿胫骨紧贴右小腿，左脚大脚趾刚好勾住右脚脚踝内侧上方。左腿完全绕在右腿上。保持平衡在右腿上。弯曲肘部，让右肘叠放在左肘上，使双肘在胸前上下重叠，两手臂相绕，小手臂垂直于地面，两掌合拢，手指伸直并拢指向天空。

(3) 战士三式(图4-18)：以山式站立，弯曲右膝盖，左腿向后跨一大步，把双手放在右膝盖上，右手放在膝盖的外侧，左手放在内侧。用手压膝盖，稍微将身体抬起一些，呼气，将重心放在右腿上，向前伸直手臂，并使手臂与地面水平，手掌相对。伸直前面的腿并抬起后面的腿。

图 4-16　　　　　图 4-17　　　　　图 4-18

7. 倒立式体位

(1) 肩倒立(图4-19)：平躺，双腿伸直。双手放在腿的两侧，手掌向下。弯曲膝盖，膝盖朝腹部移动直到大腿靠到腹部。由肩膀顶部作为支点，抬起臀部和躯干，弯曲肘部，把手放在臀部下方，用手托住背部，双肘支撑在地面上，尽量缩小两肘间距离，确保不压迫颈部。两腿不断抬高伸直，直至垂直，大腿肌肉微微内收，保持两腿并拢，呼吸均匀。

(2) 犁式(图4-20)：完成肩倒立第一式后，下巴锁定；躯干放低，把手臂和大腿向后伸过头部，将脚趾放在地面上，拉伸大腿后部的肌肉，绷紧膝盖，把躯干抬起，把双手放在背部中央，双手托好躯干，使躯干与地面垂直，把手臂向腿的反方向伸直，手臂、手掌靠地。

(3) 头倒立(图4-21)：跪在地上，十指交叉相扣，屈身向前，将两肘靠地。两肘须与肩膀同宽。头顶着地于双手间。吸气，两膝盖离地，小心地移动两腿向两肘靠近，使臀部为最高点类似一个倒转的V字，呼气，腹部和下背部用力抬起两腿离开地面。保持脊椎的直线而不后弯,两腿并拢,微微将尾骨内收而使身体向上提升,试将肋骨向内收拢并同时将肩膀远离双耳。均匀呼吸,初学者可背靠墙练习。

图 4-19　　　　　图 4-20　　　　　图 4-21

8. 仰卧与俯卧式体位

(1) 婴儿式(图4-22):膝盖靠地,双脚大脚趾相碰,坐在脚跟上,分开膝盖与臀部同宽。呼气,躯干向前靠在大腿上,前额贴地。手臂垂放于身体两侧,手掌向上,手背靠地。让肩膀放松,自然下沉。这是一个休息的姿势,可以保持此姿势30秒乃至几分钟。

(2) 卧英雄式(图4-23):以英雄式坐下。呼气,身体向后,双肘依次放在地面上。然后根据身体的承受能力,在安全的前提下逐渐放低上半身,令其接近或平躺到地面。如有需要,可将折叠的毯子置于背部下方来垫高上半身。

(3) 仰尸式(图4-24):完全躺平在地面上,两手臂置于身体两侧约45°位置的地面上,掌心向上,两腿略微分开,确保脚跟、两腿、臀部、背部和双手都均匀地平放于地面,后脑勺靠地而不要将头部偏向一边,闭上双眼,完全放松腹部,让呼吸变得平静轻柔,持续5~20分钟。

图 4-22　　　　　图 4-23　　　　　图 4-24

4.2.3 瑜伽冥想

1. 冥想的含义

冥就是泯灭,想就是思维、思虑,冥想就是把你要想的念头、思虑给去掉,找到感知。冥想,大家都误认为只有坐在那里才是冥想,甚至还专门为冥想设立了一堂课程,实际上随时随地可以进入无思虑的状态。先解释可控和非可控的概念:可控是指如移动身体、眨眼、吸气、闭气,是可以控制的;非可控是指如指甲、头发的生长是无法指挥、不能够控制的。冥想是从身体的可控部分为入口,利用身体可控的部分切断思维,如呼吸,很多老师会教呼气、吸气、屏气。我们来实验一下,深吸一口气后屏息,在屏息的一瞬间头脑进入真空状态,无法进行思维,就进入了冥想。感知和思维是很难同时存在的,当思维活跃时感知就会消失,当思维切断时,有一种能量自动流淌,就进入冥想。

2. 冥想的方法

冥想练习一般选择一个专门的地点,一个固定的时间——清晨和傍晚比较理想,利用相同的时间和地点,会让精神更快地放松下来。坐下来后,最好用莲花坐的姿势让背部、颈部和头部保持在同一条直接上,面向北方或者东方。在冥想的过程中,保持身体温暖,引导你的意识保持平静。让你的呼吸有规律地进行——先做 5 分钟的深呼吸,然后让呼吸平稳下来,并建立一个有节奏的呼吸结构——吸气 3 秒,然后呼气 3 秒。安静下来以后,让意识停留在一个固定的目标上,可以在眉心或者心脏的位置。利用你选择的冥想技巧进入冥想状态。在非常纯净的冥想状态到来之前,不要强迫,让游离的状态继续自然地存在。经过一段时间的练习,游离的思想状态会慢慢消失,最终进入纯净三摩地。

4.2.4 双人瑜伽纠型训练

双人瑜伽纠型训练是由两位同学一起练习的瑜伽,练习双人瑜伽纠型时,最重要的是在身体和精神上理解对方,交换彼此的意见,给对方一些外力来纠正姿态与体型,不给对方身体造成太大的负担,舒适地完成动作。练习双人瑜伽纠型能提高柔韧性、力量、注意力、控制力,以愉快的心情练习更会效果倍增,而且一个人不容易完成的动作可借助对方的帮助,轻松练习,消除身体和心理的紧张,同时在练习过程中享受快速提高的喜悦和满足感。

在练习双人瑜伽纠型时,要注意选择与自己身材和柔韧性相仿的人练习,尽量关怀对方,用心练习,用正确的姿势和呼吸,协调配合,辅助者要根据实施者关节的可运动范围来进行控制,注意力要求集中,不要被外界的声音打扰。

1. 双人胸部训练

(1) 半月式(图 4-25):两人间隔 1 米面对面站立,双脚分开至与骨盆同宽,抓住伙伴的手腕。在准备姿势的基础上将骨盆向前推,慢慢后仰上体,直到双臂伸直,让骨盆和自己的大脚趾成一条直线,完成动作后保持半分钟。在练习过程中,注意身体重心不能偏向一侧,用全身的力量支撑,保持平衡。半月式可纠正颈部不良姿态,提高腰部柔软性。

(2) 上犬式辅助式(图 4-26):一人趴在地上,双手抬起抓住另一手肘放在后脑勺位置,辅助者分腿横跨站立于实施者腰部位置旁,双手抓住实施者的手肘。慢慢辅助抬起实施者的上体,双膝慢慢下压实施者的肩膀,并保持半分钟。在练习过程中,辅助者要注意力度的控制,以免受伤。上犬式辅助式可矫正弯曲的背部和肩膀,塑造美丽的肩膀和背部曲线。

图　4-25

图　4-26

（3）坐式加强开肩式（图4-27）：两人一前一后坐,实施者双手叉腰盘腿而坐,辅助者将脚掌放在实施者的肩胛骨位置上,双收握住实施者手肘,然后慢慢将脚伸直,手用力后拉,保持姿势半分钟。在练习过程中,辅助者要根据情况调节力度,并挺直腰部,实施者要注意挺胸。坐式加强开肩式能纠正含胸驼背的不良姿态,有助于矫正身姿。

（4）鱼式辅助式（图4-28）：一人仰卧,双手臂向上伸展至头顶合掌,辅助者分腿横跨于实施者的腰两侧,双手从背部将其抬起,使其头部后仰头顶着地,胸部尽量向上抬起,双腿并拢绷直,保持半分钟。在练习过程中,地面的实施者要尽量抬起腹部和胸部,放松颈部。鱼式辅助式可以纠正含胸的不良姿态。

图　4-27

图　4-28

（5）猫式辅助式（图4-29）：一人先趴在地上,臀部坐在脚跟成跪坐姿势,双手平伸慢慢往前,使胸部和手臂尽量靠近地面,辅助者在一旁,先检查其大小腿是否成90°,再用双手压其肩膀,使实施者尽可能地胸着地面,保持半分钟。在练习过程中,实施者要求尾骨上提,脊椎拉长,辅助者动作要缓慢、轻柔。

（6）双人辅助半桥式（图4-30和图4-31）：一人双膝跪地,与肩同宽,辅助者在前扶住胯部,实施者向后下胸腰,双手撑脚跟,头后仰,辅助者将胯朝自己方向拉。

图　4-29

图 4-30

图 4-31

（7）勇士式（图 4-32 和图 4-33）：两人双腿前后分开一米左右，两人将一脚相贴，身体背对，双手在后面相握，直腿站立，前膝慢慢弯曲成弓步，头尽量抬起来，尽可能扩展胸部，抓紧对方的手保持姿态，完成动作保持半分钟。练习时注意手脚在一条直线上，夹紧括约肌，不要被对方牵引，身体重心放在身体前侧，不要让左右骨盆弯曲，髋朝向正前方。勇士式可纠正弯曲的背部和肩膀，提高肩部的柔韧性。

图 4-32

图 4-33

2. 双人平衡训练

（1）双人树式（图 4-34 和图 4-35）：两人并排站立，相距一拳间距，外侧的腿屈曲，脚掌放在内侧腿大腿根部，内侧的手伸至头顶合掌，外侧的手在胸前合掌，保持一分钟。合于胸前的两手五指相握，两人向外侧弯腰，胯相顶，保持平衡一分钟。

图 4-34

图 4-35

（2）双人 W 式（图 4-36 和图 4-37）：两人相对而坐，屈膝，双手相握，脚掌相对，依次将腿由屈伸直，背部挺直，保持平衡。

图 4-36

图 4-37

3. 双人柔韧训练

（1）半扭拧式（图 4-38）：两人相对而坐，双腿膝盖和对方的膝盖相贴，身体向前同时倾斜，左臂在前，右臂在后，抓住对方的手。做好准备姿势后，保持双手相握，伸直脊椎，身体向一侧打开，向前伸展的胳膊抓住对方的手，后侧的胳膊与上体一起扭拧，完成动作后保持半分钟。练习时尽量打开肩膀和手肘，挺直脊椎，视线随身体扭拧方向转移。半扭拧式有助于脊椎的矫正，使肩关节变得柔韧。

图 4-38

（2）加强式直脚坐压腿（图 4-39 和图 4-40）：两人一人直腿坐、一人站在其背后，双手抓住对方手腕，并用手慢慢朝自己方向拉实施者，完成动作保持半分钟，辅助者慢慢推实施者的背朝大腿方向拉伸。在练习过程中，注意动作要缓慢，拉伸过度会造成对方肌肉损伤。加强式直脚坐压腿能提高腿部、骨盆、腰部的柔韧性。

图 4-39

图 4-40

（3）地面蝴蝶式辅助（图 4-41）：一人仰卧，屈膝，脚掌相对，膝外开，辅助者双手放在实施者的双膝上下压，帮助开胯。

（4）双人拉坐式体前曲（图 4-42）：两人相对而坐，一人直腿，一人曲腿，脚掌相对，双手相握，曲腿的辅助者将对方往自己方向拉伸。

图 4-41

图 4-42

4.3 瑜伽形体套路(组合)

4.3.1 姿态瑜伽套路

姿态瑜伽是主要针对胸、腰、腹、臀部的练习,使脊椎得到舒缓伸展,能矫正身形、挺身姿态、改善塑造完美曲线。姿态瑜伽在塑造外在形象的同时,还给人一种来自内心的力量,让人青春永驻。

1. 头碰膝前曲式(图 4-43)

双腿伸直,挺直腰背,双手上举,向前屈身,双手抓住脚尖,上身尽量拉伸。上身前屈贴于腿部,双手抱脚,脚踝拉向身体,膝盖伸直。

2. 苍鹭式(图 4-44)

坐立,弯曲左膝,左脚向后移动,把左脚放在右侧髋关节处,脚趾朝后,放在地面上。左小腿内侧碰到左大腿外侧,膝盖尽量并拢,弯曲右膝盖,用双手抱住右脚,垂直向上抬起右腿,右腿完全伸展,背部挺直。头和躯干向前的同时,试着把右腿向身体靠近,把下巴放在右膝盖上。

图 4-43

图 4-44

3. 牛面式变式(图 4-45)

吸气,两膝盖叠加在一起,双手握住脚掌,呼气,上体前屈,腹部要贴于大腿上,两边肘部的高度要对称。

4. 头碰膝侧屈式(图 4-46)

左脚伸直,右脚弯曲,脚跟放到会阴处,左手抓左脚,右手从身后绕到左大腿的外侧,尽量打开上体和肩膀。右臂伸直抓左脚。

图 4-45

图 4-46

5. 蝴蝶式（图 4-47）

两脚掌相对，挺直腰背，吸气，两手抓住脚，上体前屈，用肘向下压双腿。

6. 鸽子准备式（图 4-48）

右腿膝弯，让前脚靠向腹股沟，脚趾打开，脚背压向地面。左脚保持脚趾点地，骨盆贴于地面，上身前屈至地面，双手往前伸直，额头贴于地面。

图 4-47

图 4-48

7. 牛面式（图 4-49）

两膝盖上下重叠。双手背后紧扣，伸直脊柱，收紧腹部，脚后跟抵在臀部。

8. 反台式变式（图 4-50）

屈膝坐在地上，双手放在距离臀后10厘米的位置，双手与肩宽，臀部和腰部尽量抬起，头往后仰。

图 4-49

图 4-50

9. 英雄式变式（图 4-51）

屈膝坐在地上，双手扣紧向上拉伸，臀部向右侧地面坐下，上体侧屈，左手抓右手，尽量往侧屈方向拉伸。

10. 半鱼式（图 4-52）

坐在地面上，弯曲双膝，双脚踩地。将左侧膝盖弯曲放在右侧的腿部下方，右侧脚跟尽可能地和左侧落地的膝盖保持在同一条直线上。左侧肘部顶在右侧膝盖的外侧，让它们形成一个对抗的力，小臂与手同时垂直于天花板的方向，右手绕在身体的后方。将头部向右侧后方转动,然后转动肩部、上体直到腰部。

图 4-51

图 4-52

11. 猫式(图4-53)

跪在地上,两膝打开与臀同宽,小腿及脚背紧贴在地上,脚心朝天。双手往前伸,下颚和胸部贴于地面,尾骨向上提,大腿垂直地面。

12. 眼镜蛇式(图4-54)

趴在地上,双手放在胸部两侧,上体抬起,头抬起,肘部贴腰部,肩膀下压,上体完全抬起,胳膊伸直,头后仰。

图 4-53

图 4-54

13. 卧扭转式变式(图4-55)

趴在地上,双腿并拢,双手伸直,下巴抵在地面上,右脚抬起,转向反方向,左手抓右脚,撑地起,右手臂伸展。

14. 弓式变式(图4-56)

左腿弯曲,右手抓左脚踝,左手往前伸展,鼻子贴地,呼气,上体和下肢同时抬起。

图 4-55

图 4-56

15. 弓式（图4-57）

整个身体趴在地板上，屈膝，脚掌向上，双手向后握住脚踝，先吸气准备。吐气时，肩膀、胸部及双腿同时上抬，使身体向上拱起，让身体呈现U字形。

16. 蝗虫式（图4-58）

俯卧在地上，双手手掌朝下置于身体下。双脚并拢，用力向后伸展，感觉整个身体被拉长了。收紧臀部及大腿肌肉。尾椎内收然后指向脚跟。利用腰背的力量将肋骨部位尽量向上抬，只剩下盆骨和腹部在地上支撑身体，利用两手手掌撑地。

图 4-57

图 4-58

17. 抱膝压腹式（图4-59）

仰卧，右腿弯曲，两手紧扣放于膝盖以下5厘米处，将膝盖拉向胸部。

18. 骨盆缓解姿势1（图4-60）

仰卧，两手水平打开，右脚放在左膝上，双手抓住左大腿，把左膝盖慢慢往胸部拉。

图 4-59

图 4-60

19. 骨盆缓解姿势2（图4-61）

仰卧，两手水平打开，弯曲左膝盖，把脚放在臀外侧，右脚放在左膝盖上，两膝盖尽量贴于地面，反方向也如此。

20. 弯曲式变式（图4-62）

仰卧，平展两臂，掌心贴地，两腿并拢，抬起右脚，将右脚放于反方向，视线朝向右手指尖，左手压住右脚踝。

图 4-61

图 4-62

21. 桥式(图 4-63)

仰卧,保持双脚及两膝盖平行,并与胯部同宽,手臂伸直,双脚及手臂用力压地,将臀部抬离地面,将双手在身体下方十指相扣互握并伸直手臂贴紧地面,抬高臀部,尽可能地将胸骨推近下颌。

22. 鱼式(图 4-64)

仰卧,双手放在臀部下,抬起上体,头顶放在地面上,用肘部支撑身体。

图 4-63

图 4-64

23. 犁式(图 4-65)

仰卧,双手托着腰部,抬起臀部,将脚趾放在头顶上方,双臂伸直,双手扣紧放在地面上。

24. 半月式变式(图 4-66)

双腿并拢,吸气,双手在头顶合十,呼气,身体向一侧弯曲,体重集中在两脚掌上。

图 4-65

图 4-66

25. 扭转幻椅式(图 4-67)

弯曲膝盖,两手在胸前合十,脊柱伸直,集中力量在脚后跟,左手压住右手,上体尽量扭转。

26. 三角式(图 4-68)

两腿分开至肩膀的两倍,双臂水平伸直,右脚不动,左脚外展,呼气,上体向左边慢慢弯曲,左手抓左脚踝,右手向上伸展。

27. 尸体放松式(图 4-69)

仰卧,两手臂置于身体两侧约45°位置的地面上,掌心向上,两腿略微分开,确保脚跟、两腿、臀部、背部和双手都均匀地平放于地面,后脑勺靠地而不要将头部偏向一边,闭上双眼,完全放松。

图 4-67　　　　　　　　图 4-68　　　　　　　　图 4-69

4.3.2　力量瑜伽套路

力量瑜伽的构成要素是柔韧性、注意力、呼吸法、平衡法、力量、持久性、自制力、控制力等。力量瑜伽是肌肉拉长状态下运动的瑜伽,所以练习力量瑜伽不会出现大而厚的肌肉,而是细而长的肌肉,令身形更加协调,同时能消除不必要的脂肪,使全身肌肉均衡地发展,这些要素再结合有氧运动练习会让你拥有由内到外的健康美感。

1. 脊椎前屈伸展式(图 4-70)

站立,双手在头顶合十,上体前屈,手抓脚趾,尽量拉伸脊柱,让上体和下肢接近。

2. 三角式(图 4-71)

两腿分开至肩膀的两倍,双臂水平伸直,右脚不动,左脚外展,与手臂平行。呼气,上体向左边慢慢侧屈,左手抓左脚踝,右手向上伸展,左手撑地,上体进一步拉伸。

图 4-70　　　　　　　　　　　图 4-71

3. 反转三角式(图 4-72)

两腿分开 1 米左右,双臂水平伸直,吸气,上体尽量往右腿方向扭转,呼气,左手放在右脚外侧的地面上,右手向上伸展。

4. 侧伸展三角式(图 4-73)

两腿分开约肩两倍的距离。两臂侧平举,掌心朝下。呼气,把右脚向右转 90°,左脚不动。吸气,弯曲右膝盖,使右大腿与小腿成直角,呼气,将右侧面身体向下至右大腿根部。将右手的指尖按于右脚前面的地面。左手臂伸直向上,向左耳靠近,转动头看左臂。

图 4-72

图 4-73

5. 三角扭转侧伸展式(图 4-74)

两腿分开 1.2 米左右,右膝盖成直角,身体尽量扭转,左手放在右脚外侧的地面上,右臂尽量贴近脸部。

6. 双角式第一式(图 4-75)

两腿分开 1 米左右,双臂水平伸直,脊柱在挺直的状态下前曲,用食指和中指抓大脚趾,弯曲手臂,额头着地。

图 4-74

图 4-75

7. 举手抓大脚趾式(图 4-76)

并腿站立,右腿弯曲,用右手抓住右脚趾,左手叉腰,保持平衡,右膝盖慢慢伸直,并向侧方打开,视线向左侧。

8. 树式(图 4-77)

并腿站立,抓住左脚踝贴于右大腿内侧,双手头顶合十。

9. 侧前屈伸展加强式(图 4-78)

两腿分开 1 米左右,侧转,双臂在背后合十,前屈,尽量让上体与下肢靠拢。

图 4-76　　　　　　　　图 4-77　　　　　　　　图 4-78

10. 脊椎前屈伸展式（坐）（图 4-79）

取坐位，双臂上举，上体前屈，手抓脚趾，尽量拉伸脊柱，让上体和下肢接近。

11. 上体后仰式（图 4-80）

双手分开与肩宽，手臂支撑，胸部和臀部尽量向上抬起，放松颈部，头后仰。

12. 头碰膝前屈式（图 4-81）

左脚弯曲至脚掌贴于右大腿内侧，右脚踝拉向身体，双臂上举，合十，手抓脚趾，尽量拉伸脊柱，让上体和下肢接近。

图 4-79　　　　　　　　图 4-80　　　　　　　　图 4-81

13. 头碰膝前屈式变式（图 4-82）

左腿向外弯曲，脚跟贴与左臀，右脚踝拉向身体，双臂上举，合十，手抓脚趾，尽量拉伸脊柱，让上体和下肢接近。

14. 蝙蝠式（图 4-83）

双腿分开，双手食指和中指抓住双脚的大脚趾，上体尽量前屈，下颚抵在地面上。

图 4-82　　　　　　　　图 4-83

15. 直立手抓脚伸展式(图 4-84)

坐立,弯曲双腿,双手抓住双脚的大脚趾,吸气,慢慢伸直膝盖,膝盖和脊柱都伸直,并将腿进一步拉向身体,保持平衡。

16. 鱼式(图 4-85)

全莲花姿势,手放在骨盆上,胸部尽量抬起,用肘部支持身体,头顶地面。

17. 鸽王式(图 4-86)

放松身体坐直于地面,深呼吸,两腿弯曲,往左边方向伸展,平放于地上,并且是两膝左右成一直线,将左臂弯勾住左脚背,右手伸往背后,绕过脖子,并将左、右手在背后相握。

图 4-84

图 4-85

图 4-86

18. 车轮式(图 4-87)

仰卧,脚跟贴近臀部,双手放在耳朵和肩膀之间,肘与肩同宽,呼气,臀部和腹部向上抬起,头顶着地,胳膊伸直,看向地面。

19. 握手抱腿式(图 4-88)

仰卧,左脚抬起,右手抓住左脚大脚趾,左手放在体侧,呼气,上体抬离地面尽量与左膝靠拢。

20. 犁式(图 4-89)

仰卧,吸气双腿抬起,双手撑着腰部,双脚放下来,双手紧扣放在地面上。

图 4-87

图 4-88

图 4-89

21. 拱背伸腿式(图 4-90)

仰卧,双臂弯曲,肘部贴于腰间,双手握拳,手肘下压,上体抬起,头后仰,头顶着地,双腿抬起,双臂在胸前伸展。

22. 肩倒立(图 4-91)

仰卧,双脚放在头顶上方,双肘撑地,双手托腰,吸气,右脚向上伸展,左脚也向上伸展,双腿并拢,肩膀和身体在一条直线上。

图 4-90

图 4-91

23. 头倒立(图 4-92)

膝盖着地,十指交叉相扣,将两肘靠地。两肘需与肩膀同宽。头顶着地于双手间。吸气,两膝盖离地,小心地移动两腿向两肘靠近,呼气,腹部和下背部用力抬起两腿离开地面。保持脊椎的直线而不后弯,两腿并拢,微微将尾骨内收而使身体向上提升。

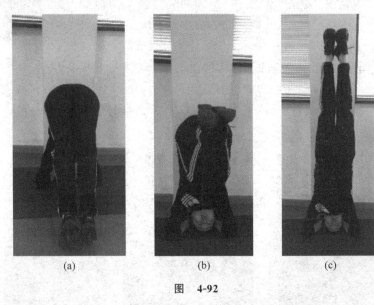

(a) (b) (c)

图 4-92

24. 起重机式(图 4-93)

膝盖放在腋下,膝盖弯曲,脚后跟抬起,用全身的力量来撑住,两脚抬起。

(a)   (b)

图　4-93

4.3.3　热力瑜伽套路

热力瑜伽保留了原始的哈达瑜伽的 26 式动作，按照人体肌肉、韧带与肌腱的特点，科学地安排出牵拉、加热的顺序。这一点和普通的瑜伽可以随意组合动作有所不同，练习时必须严格按照教练的指导依次进行，否则就难以达到热力瑜伽循序渐进的健身功效。

1. 站立式深呼吸（图 4-94）

保持站立姿势，双腿并拢，十指交叉放在下颌，吸气 6 秒，肘部尽量打开抬高，闭紧嘴，发出"哼"的声音。呼气 6 秒，头向后仰，手肘并拢，嘴张大发出"哈"的声音，同样的姿势反复十次。

2. 半月式（图 4-95）

身体保持直立，手指交叉紧握，食指伸直合并，双臂贴近耳朵，保持身体在同一个侧面，向左侧弯曲，保持 10～20 秒，然后上半身分别向右侧、向后弯曲，保持同样时间。向前弯曲时，身体下俯，让上半身与腿部贴紧，双手握住脚后跟，觉得难度大的可以弯曲膝盖。

图　4-94

(a)   (b)   (c)

图　4-95

3. 幻椅式（图4-96）

手臂向前伸展，与肩同宽，掌心向下，膝盖弯曲，直到大腿与地面平行，上半身挺直，保持10～20秒，然后身体慢慢恢复原位。

(a)

(b)

图 4-96

4. 鹰式（图4-97）

手臂伸直交叉，左手臂放在右手臂下，肘部弯曲，让小臂竖直，同时手掌转向让掌心相合。控制好平衡之后，重心放在右腿上，左腿从前面叠交，使左脚背勾住右侧小腿，慢慢下蹲，保持10秒。换另一侧，做相同的动作，保持同样时间。

5. 头触膝前曲式（图4-98）

站立，抬右腿至直角，用手抓住右脚脚心，手指交叉，拇指按住大脚趾。左膝伸直，让右腿与地面平行，手臂及上半身伸直，保持20秒。之后肘部弯曲，身体向前弯曲向腿部靠拢，保持10秒，换方向再做同样的动作。

6. 拉弓站立式（图4-99）

成山式站立，呼气时，将右小腿向后弯曲，左手握住右小腿。吸气时，右臂从侧面向上延伸。再次呼气时，以臀部为轴点，上半身向前倾，并提拉左腿向上，保持5秒，然后反方向练习。

图 4-97

图 4-98

图 4-99

7. 平衡木式(图 4-100)

站立,手指交叉相握,食指伸直并拢,手臂向上伸展,贴在耳边。向后抬左腿,身体向前俯,使左腿、身体、手臂在同一条直线上,保持 10 秒,然后换方向再做一遍。

8. 分腿站立头伸展式(图 4-101)

双腿分开大约肩宽的两倍,手臂向身体两侧水平打开,向下俯身,双手分别握住两侧的脚后跟,头向下,以额头触地,双腿保持伸展,保持 10 秒。

图 4-100

图 4-101

9. 三角式(图 4-102)

双腿分开大约肩宽的两倍,右侧膝盖弯曲使得大腿与地面平行,同时上半身向右侧弯曲,手指尖触大脚趾,掌心翻转向前。注意右腿蹬直,左侧手臂向上,保持其与地面垂直,均匀呼吸,保持 10 秒。换方向再做一遍。

10. 站立分腿头向膝式(图 4-103)

双手向上伸展并拢,上身下俯,头触右小腿或者膝盖,手触右脚前的地板。均匀呼吸,保持 10 秒,然后换方向做一遍。腿部一定要伸直,手臂保持伸直贴在耳边。

图 4-102

图 4-103

11. 树式(图 4-104)

双手抓住左腿的脚背和脚踝,脚后跟抬至肚脐。膝盖放下,脚掌朝正面,双手合十,保持平衡。完成动作后,反方向也如此。

12. 脚尖站立式(图 4-105)

在树式动作中,弯下上体,两手撑地,抬起脚后跟,慢慢蹲下,挺直上体,双手合十,保持平衡。完成动作后,反方向也如此。

图 4-104

图 4-105

13. 尸体放松式（图 4-106）

仰卧，背部完全贴地，双脚分开与骨盆同开，双手手掌朝上，放在身体两侧，做腹式呼吸，保持一分钟。

14. 抱膝压腹式（图 4-107）

仰卧，弯曲左腿，双手扣紧抓住膝盖以下 5 厘米处，双手扣紧，将左大腿和膝盖拉向胸部。反方向也如此。平躺于地面，双腿膝盖弯曲至胸部，双手扣紧，另一侧肘部放在膝盖上。

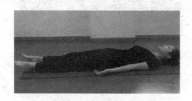
图 4-106

图 4-107

15. 仰卧式（图 4-108）

躺在垫子上，屈膝，抱腿靠向胸前。

16. 眼镜蛇式（图 4-109）

俯卧，双腿并拢，双手手掌放在胸部旁边，上体抬起一半，用腰部和胳膊的力量支撑完成动作。

图 4-108

图 4-109

17. 全蝗虫式（图 4-110）

趴在地面上，双臂水平伸直，尽量抬起上体和下肢。

图　4-110

18. 弓式（图 4-111）

俯卧，双手抓住脚踝，膝盖分开，与骨盆同宽。膝盖抬起的同时，将上体和下肢也一起抬起。

19. 定型式（图 4-112）

双脚放在臀部外侧，肘部放在地面上，背部贴到地面上，双手抓住另一侧的肘部，胸部尽量抬起，微收下巴。

图　4-111　　　　　　　　　　图　4-112

20. 半龟式（图 4-113）

跪坐地面，上臂上举，合十。伸直脊柱，头部前倾，上体慢慢前屈，手指尖和额头贴于地面，手臂尽量往前伸。

21. 骆驼式（图 4-114）

跪坐地面，双手放在髋部，骨盆往前推，上体后仰，双臂肘部尽量并拢。双手去抓脚后跟。

图　4-113　　　　　　　　　　图　4-114

22. 兔子式（图 4-115）

跪坐地面，双手抓住脚后跟，额头放在膝盖前的地面上，背部成拱形，臀部尽量抬起，将头顶在地面上。

23. 头至膝盖伸展式（图 4-116）

左脚脚掌贴于右大腿内侧，双臂上举，双手合十，上体前屈，额贴于膝盖，双手抓住脚掌。

图　4-115

图　4-116

24. 扭拧式（图 4-117）

左腿弯曲，放在地面上，右腿放在左腿膝盖外侧，左手向上抬起，从右腿外侧抓住右膝盖，右手放在身体右侧的地面上。

25. 圣光调息（图 4-118）

跪坐地面，双手放在大腿上，吸气时腹部膨胀，呼气时腹部收缩，连续完成五次。

图　4-117

图　4-118

思考与练习

1. 什么是瑜伽？什么是形体瑜伽？
2. 瑜伽最常用的呼吸法包括哪几种？
3. 请根据自身特点，为自己编排一套形体瑜伽锻炼组合，并加以练习。

第 5 章
健康减肥塑身法

学习目标

肥胖给人们带来了困扰,影响日常生活和工作。通过本章内容的学习,学生要了解肥胖的成因,掌握身体健康和健美的运动减肥方法,养成平衡膳食的良好习惯。

肥胖已成为一个全球性的问题。肥胖给人们带来的烦恼和威胁已越来越受到重视。那么何谓肥胖?肥胖是指摄入的食物所含的热量长期超过机体的需要,多余的热量就会以脂肪的形式储存起来。当人体内的脂肪储存超过正常人一般平均量时,体重增加,并引起机体代谢、生理、生化的异常变化。它不仅对人类的健康造成威胁,还严重影响人的形体美。

5.1 认识肥胖

5.1.1 肥胖的诊断

有人把体重较大看成是肥胖,这是片面的认识,因为决定是否肥胖的关键是体内脂肪的含量。在这里我们要弄清体重、祛脂体重和肥胖几个概念。

体重是指身体内各种成分的总重量,也就是一个人的裸体重量。

祛脂体重是指体内非脂肪组织的重量。测量祛脂体重现在已有非常科学的方法,就是水下称重法,让称重者进入一个装满水的容器里进行称量。祛脂体重对人体有重大的意义,祛脂体重增加说明肌肉增加了。美国学者说:"肥胖是脂肪问题,而非体重问题。通常令人误解的是:身体过重就是脂肪多。其实肌肉发达能增加体重,而肌肉发达者体内可能只有少量的脂肪。减肥的目标是除去过多的脂肪,而不是减少精瘦的肌肉组织——肌肉、骨骼及血液。"

肥胖就是体内储存过多的脂肪。

轻度肥胖——超过标准体重的24%~34%。

中度肥胖——超过标准体重的35%~49%。

重度肥胖——超过标准体重的50%以上。

下面介绍一组普遍采用的标准体重计算方法,供选用。

(1) 成年人:

$$[身高(cm)-100]×0.9=标准体重(kg)$$

(2) 男性:

$$身高(cm)-105=标准体重(kg)$$

女性:

$$身高(cm)-100=标准体重(kg)$$

另外,军事科学院还推出一种计算中国人理想体重的方法。

北方人:

$$[身高(cm)-150]×0.6+50=理想体重(kg)$$

南方人:

$$[身高(cm)-150]×0.6+48=理想体重(kg)$$

判断是否肥胖,单测体重不够确切,主要看脂肪在全身的比例。男性身体脂肪含量超过25%即为肥胖,女性身体脂肪含量超过30%即为肥胖。脂肪百分率大都利用生物电阻的方法测定。一些大型健身房和医院会有比较标准的身体脂肪含量测试仪器,但器材比较昂贵,一般都需要几万元。目前,市场上可以买到的廉价体脂称测出来的数据只能作为参考。

上述计算方法,可根据不同情况选用,国内外有关专家对不同性别、不同年龄、不同身高的人群进行调查测定,制定了各类标准体重表,各人可根据自己的身高查出标准的体重数。

在称体重时要注意尽量排除一些变异因素,以免影响称量的准确性。比如,应固定时间,大多数应选在早晨排尿后、进食前,穿最少的衣服进行体重测量,用这种方法测定的体重一般比较准确。

5.1.2 影响正常体重的因素

在大多数情况下,体重变化的原因与饮食习惯的改变和活动量的增减有关。当身体患上疾病时,也可能会影响体重。

1. 体重减轻

如果原因不明,在半年之内体重减轻量达到5%~10%时,则需要关注自己的健康,考虑体重变化是否由以下因素所引起。

(1) 饮食习惯改变。三餐不全;仓促进餐;脂肪摄取量显著减少;食物制备方法改变;用餐时间改变;单独进餐等。

(2) 活动量的变化。工作性质改变;走动机会增加;实施新的运动计划;烦琐的工作日程;季节的变化等。

(3) 服用药物。服用抗抑郁药或兴奋药,如咖啡因、凉茶、中药等。

(4) 情绪改变。焦虑、压力、抑郁都可能引起体重减轻。

(5) 其他疾病。牙病、糖尿病、消化系统失调,如吸收障碍、溃疡病、肠炎、克罗恩病(克隆病)、结肠炎、传染病(如 HIV 病毒、艾滋病毒、结核菌)、各种癌症等。

2. 体重增加

如果在半年内体重增加量达到 5%~10%,那么就该加以留意,分析是否由以下原因所造成。

(1) 饮食习惯改变。酒精或苏打的摄取量增多;高脂肪食物的增加,如雪糕、甜点、油炸食物、零食、小吃增多;日常饮食转向快餐或方便食品。

(2) 活动量减少。由于受伤而限制了活动;工作性质发生变化,走动机会减少;生活习惯发生改变,不再走楼梯或步行上班等。

(3) 服用药物。服用抗抑郁药及激素,如雌性激素、黄体酮、可的松等,都可能导致体重增加。

(4) 情绪改变。过度焦虑、压力和抑郁都能影响活动量及饮食习惯,如不活动、拼命喝酒、吃菜等。

(5) 体内液体潴留。某些疾病,如心脏病、肾脏功能衰竭、甲状腺疾病都可能导致液体潴留,即水肿,可能出现以下症状:身体组织肿胀,如感觉鞋子或身体佩戴饰物变紧;脚踝浮肿;不正常的呼吸短促;夜尿频数增多等。

5.1.3 肥胖类型及诱因剖析

肥胖是指人体脂肪积聚过多。当进食热量超过消耗量时,多余的热量便会转化为脂肪储存于各组织及皮下,使人体发胖。调查发现,有些肥胖者并不比一般人吃得多,有时甚至比一般人吃得少,尽管也参加一些运动,但体重仍不见减少,这主要是肥胖者的能量消耗低,即他们摄取的营养很少以热能的形式消耗掉,而是更多地把营养转化成能量储存起来了。

1. 肥胖的类型

终生性肥胖者体内脂肪细胞数为正常人的 3~5 倍,同时每个脂肪细胞内脂肪含量也较多。20 岁以后的成年型肥胖主要是脂肪细胞变大,而不是脂肪细胞数量增加。而终生性肥胖病人脂肪细胞数和体积都增加,体重减轻后,只是脂肪细胞皱缩,而无数量减少。肥胖症发生的情况之所以各不相同,主要是因为肥胖涉及遗传、年龄、性格、职业、内分泌等一些较为复杂的因素。临床上一般将肥胖分为两大类:单纯性肥胖和继发性肥胖。

(1) 单纯性肥胖属于非病理性肥胖,无明显内分泌代谢性疾病和特殊临床症状。它的发生与年龄、遗传、生活习惯及脂肪组织特征有关。这种肥胖主要是因为吃得多而消耗得少。根据肥胖特征不同,又可分为体质性肥胖和获得性肥胖。

(2) 继发性肥胖属于病理性肥胖,是因内分泌代谢异常而引起的,肥胖者大都呈特殊体态,症状较单纯性肥胖明显。根据不同病理特性可分为库欣综合征、垂体性肥胖、胰源性肥胖和性功能降低性肥胖四种。

① 库欣(柯兴)综合征主要表现为脸、颈部和躯干肥大,面颊及肩部由于脂肪堆积形成"满月脸"和"水牛肩",而四肢则脂肪不多。因此,这种肥胖者的躯干与四肢比例很不协调,故医学上又称为向心性肥胖。其主要病因是肾上腺皮质功能亢进,皮质醇分秘过多,

需要及时诊治。

② 垂体性肥胖主要表现为全身骨骼及软组织、内脏组织增生和肥大,患者面胖,下颌大,手掌、手指增厚、变宽等。这类肥胖者大多由于垂体肿瘤导致腺垂体分泌生长激素过多所致。

③ 胰源性肥胖主要是由胰岛素分泌过多、脂肪分解减少,而合成增加及代谢率降低等原因引起的全身肥胖。

④ 性功能降低性肥胖又称脑性肥胖病,其特征是乳房、下腹部和外生殖器附近肥胖明显,而面部和上肢不显肥胖,成年患者伴有性功能丧失或性欲减退等症状。

2. 肥胖症的诱因剖析

随着经济的不断发展,人们的生活水平不断提高,而劳动强度不断降低,体力消耗日趋减少,导致肥胖症发病率越来越高,已对人类健康构成了严重威胁。

有关资料表明,我国儿童期单纯性肥胖症发病率年平均增长达9.5%。随之而来的是心脑血管疾病、高血脂症、高血压病、糖尿病等的发病率和病死率急剧上升,使人们的健康水平普遍下降,这已成为严重的社会问题,必须予以高度重视。下面对引起肥胖的多种原因做简要介绍。

(1) 遗传因素:体形的胖瘦与遗传因素关系十分密切。有人研究发现,双亲都为肥胖者,其子女肥胖占70%,若双亲中有一人肥胖,则子女肥胖占40%,而双亲都为体格正常或较瘦者,其子女肥胖只占10%。可见遗传因素对肥胖起着较大的作用,但并不是唯一的决定因素。本书主要从后天因素剖析肥胖的原因,以便通过主观努力,使自己具有健美匀称的形体。

(2) 饮食因素:肥胖与饮食的关系也十分密切。有学者经分析研究,发现大批肥胖者与正常人每日总热量的摄入并无区别,对脂肪的摄取也不高,但他们进食糖类的比例较高,除了主食外,他们大多喜好甜品、糖果、糕点等,这就是导致肥胖的主要原因之一,因为糖类在体内可直接转化为三酰甘油。如果人消耗不了那么多能量,多余的糖类、脂肪等都会变成脂肪堆积体内,日积月累,便形成肥胖。所以饮食必须讲究平衡。当人体缺乏维生素B2、维生素B6及烟酸时,可导致脂肪组织转化为能量的过程受阻,从而也会使体内脂肪组织积蓄,形成肥胖的体形。喜欢饮酒,尤其是啤酒,以及喜欢吃夜宵的人都易引起肥胖。

(3) 运动因素:运动对人体来说是一种消耗能量的方式。当空腹运动时便会增加脂肪的分解,使体重减轻,但运动后,往往食欲大增,如果增加的食量超过了运动的消耗量,不仅达不到减肥效果,还会使体重增加。特别是在运动一段时期后突然中止运动,而饮食量却没有减少,造成摄取食物的能量明显超出自身能量的消耗,多余的能量以脂肪形式储存于体内,于是身体就明显地肥胖起来。所以,体育锻炼要持之以恒,如果因工作紧张、外出等原因而停止运动,则要注意控制饮食,只有当摄入量不超过消耗时,才可保持正常体重。此外,根据调查,凡在饮食行业工作的人,体形肥胖者高达60%,食品厂和酒厂的工人,肥胖体形的也高达44%,这都与摄入过多热量有关。

(4) 精神因素:人们常说"心宽体胖",精神因素也是引起肥胖的一个重要因素。人们在心情好时,吃得好,睡得香,吸收多,活动少,必然胖得快。因为大脑饮食中枢受制于精神状态,当精神高度紧张时交感神经兴奋,食欲便会受到抑制;而当迷走神经兴奋时,胰岛素分泌随之增多,此时食欲异常亢进便易引起肥胖。

(5) 社会因素:社会因素对肥胖病的发生影响很大,特别与社会经济的发展密切相关。有些人经常大吃大喝,控制不住自己的嘴,有的为了联络感情,需要请客吃饭,天天喝酒吃肉,出门坐车,上下楼乘电梯,严冬酷暑有空调,这样吃进去的食物难以转化为能量消耗掉,必然导致肥胖。当今,肥胖症的发病率正在直线上升。

(6) 地理环境因素:不同的地区和环境对肥胖的发生率也有着较大的影响。热带和亚热带地区人们一年四季都劳作,加上气候炎热,人的食欲欠佳,饮食多以蔬菜为主,所以这些区域的肥胖症发病率较低。相反,在寒冷地区,人们冬季不做工,平时流汗也较少,而寒冷又需要有充足的热能,自然增加了人的饥饿感。人们经常饮酒、食肉,用动物脂肪及乳酪来补充能量,故肥胖率也较高,所以我国南方人较矮小,肥胖者少,而北方人较高大,肥胖者多。又如,居住在山区的人活动量大,生活较贫困,饮食水平差,与平原上的人相比,其肥胖发病率要低很多。另外,资源贫乏地区比资源丰富地区的肥胖症发病率要低。同样,在世界范围内,靠近北极地区的挪威、瑞典等国与靠近赤道的非洲国家相比,其肥胖发病率要高一些。

(7) 性别和年龄因素:肥胖症发病率在不同性别和不同年龄中也不相同,说明肥胖与年龄和性别也有一定的关系。有人曾对3000多例肥胖者的年龄进行过分析,发现人的肥胖有两个高峰期,第一个高峰期是7～13岁儿童,占发病总人数的18.1%;第二个高峰期是老年人,其肥胖症发病率比年轻人高4～5倍,而在3000例肥胖者中,女性竟占了总数的67%。为什么会这样呢?这主要是因为在一般正常情况下,随着年龄的增长,甲状腺和性腺功能降低,体内脂肪代谢紊乱,脂肪分解速度减慢,而合成却在增多,并不断在体内积聚,加之随着年龄的增长,活动减少,故老年肥胖症发病率相应增加。至于女性肥胖者比男性肥胖者多,这是因为女性脂肪细胞多于男性,加上体内雌激素又高于男性,而雌激素能促进脂肪合成,这样便导致脂肪在体内蓄积过多,同时女性活动量较男性少,热量消耗也较少,女性还多有喜欢吃甜食和零食的习惯,尤其在妊娠和分娩期间,一味进补而又少动,进食过量的热量都转化为脂肪,因此,女性肥胖者明显多于男性。

5.2 减肥的误区

随着肥胖率的不断攀升,越来越多的人加入减肥大军的行列,减肥已渐成时尚。应运而生的众多减肥产业、减肥产品和五花八门的减肥方法让减肥者眼花缭乱、无所适从,很多人一不留神就走入了减肥的误区。有人对减肥群体采用何种方式减肥做过调查:在减肥人群中有一半以上的人不采用饮食和运动减肥方法,而采用药物、按摩、针灸、手术等其他方法;即使是考虑饮食减肥的人群中又有近一半的人只吃水果和蔬菜,或以动物性食物为主,不吃主食。由此看来,多数人未能真正采取科学的态度对待减肥、采用科学的方法来实施减肥。

下面是一些常见的减肥误区。

5.2.1 减肥为的是美观,而不是健康

追求美观是减肥的最大动力,有人对减肥产品做市场调查时进行过统计,大约 80% 的被访问者减肥为的是美观,只有约 20% 的人是为了自己的身体健康。

其实肥胖对健康的危害远比外表上的不美观要大得多。肥胖会引起许多疾病,从而缩短人的寿命。所以减肥不仅是为了外表的美观,更重要的是为了身体的健康。

在减肥群体中,有相当一部分人并不肥胖,但却热衷于减肥,这类人多见于年轻女性。她们认为越瘦越漂亮,崇尚"骨感"之美,并为此而有意识地节食。有些人甚至采取吃进去食物后再想办法吐出来的手段来减少体重。一些妙龄少女由于过度节食,患上神经性厌食症,严重地损害了身体,甚至威胁到生命。

因此,应该劝诫那些以"苗条"为时尚的女孩,瘦身要适可而止,千万不要因过度减重而损害健康。美丽建立在健康的基础上,没有了健康,美丽也将随之凋亡。

5.2.2 减肥速度越快,减肥效果越好

绝大多数人在选择减肥产品和减肥方法时更多地考虑的是减肥速度,希望能立竿见影。很多人认为减肥速度越快,减肥的效果越好。在一项关于减肥速度期望值的调查中,有 31% 的被访问者希望迅速减掉 10 公斤以上体重。

众所周知,肥胖不是一朝一夕形成的,而是脂肪长期积累的结果。同样,减肥也要经历缓慢、持久的过程,需要耐心和毅力,更需要正确的认识和科学的方法。其实,短时间内迅速减肥是不利于健康的。一方面,快速减肥,减去的并不都是脂肪,同时也丢失了体内的水分和蛋白质,影响身体的正常机能;另一方面,快速减肥无法长久坚持,一旦恢复原有的饮食方式,体重也必定会迅速反弹。实践证明,减肥越快,反弹越明显。世界卫生组织提出减肥速度应为每周 0.5~1 千克,过快将危害健康。

5.2.3 减肥跟着广告走

减肥能成为一种时尚,广告当然"功不可没",特别是在资讯发达的今天,人们每时每刻都接受着来自四面八方的减肥信息。网络、电视、广播、报纸、杂志等发布的诱人的减肥广告宣传,强烈地刺激着人们的视觉、听觉和大脑。很多人减肥都是跟着广告走,广告宣传什么方法,就跟着尝试什么方法,减肥茶、减肥药、电动脂肪运动机、减肥霜、减肥腰带、气功减肥、减肥足贴、辣椒减肥,等等。广告宣传的产品效果往往与实际产生的作用存在差距,很多人在使用一段时间以后才醒悟过来,于是放弃这种产品和方法,又开始尝试新的减肥方法。有调查数据显示,在减肥人群中有一半以上的人会频繁更换减肥产品和减肥方法,这也从另一个角度说明多数减肥产品的效果并不像广告宣传的那样神奇。

不久前,电视里热播的减肥排油足贴,就着实忽悠起不少人加入"足贴排油"一族。电

视中生动的画面,所谓的"使用者"或明星的现身说法,再冠以某某国外热销的品牌效应,让观众深信不疑。在广告的煽动下,许多人盲目跟风。到头来减少的不是身体里的脂肪,而是减肥者兜里的钱。

5.2.4 减肥先要减早餐

一些人认为,不吃早餐,机体没有得到能量来源,而上午的工作和学习任务又比较紧张,还要消耗机体内的一部分能量,这样就达到了减轻体重的目的。

其实不然,经过一夜的休息,晚餐中的食物已经在胃肠道中被完全消化、吸收了。此时胃已排空,消化道也做好了接受新食物的准备。由于早餐未吃,午餐时,饭菜的色、香、味刺激了中枢神经系统,表现出的是强烈的饥饿感,人们会在不知不觉中吃下更多的食物;此外,不吃早餐非常容易使人在午餐时偏爱吃油煎、油炸的食物。

食物的消化吸收是有规律的,这个规律也正是三餐的最佳摄入时间。一般来讲,混合性食物在胃内的停留时间为4～6个小时,只要遵守"早餐吃好,午餐吃饱,晚餐吃少"的饮食原则,注意控制每餐的摄入量,便可以有效地减肥。况且,早餐的摄入在三餐中起着非常重要的作用。尤其是我们的大脑,它工作需要直接利用的唯一能量是血中的葡萄糖(即血糖),血糖靠食物补充和肝糖原分解来供应。肝脏内储存糖原的数量是有限的,耗尽后,难以向大脑输送能源。不吃早餐或早餐中的能量和糖不够,都会造成血糖浓度降低,大脑细胞就得不到充足的血糖来供应能量,脑记忆和脑反应能力下降,注意力不集中,直接影响学习和工作的效率。为了保证充沛的精神和体力,提高工作和学习的效率,供给充足的能量和营养的早餐就显得尤为重要。

一日三餐是人类进化过程中形成的饮食调节规律。以此为基础,少吃一餐则会影响机体的正常调节,破坏规律,引起紊乱。事实上,少吃一餐无助于减肥。因为少吃一餐的人易在下一餐前产生显著的饥饿感,反而导致过量饮食。特别是晚餐,如增加了能量的摄取,更会促进体重增长。

因此,要控制体重或减肥,就必须一日三餐规律进食。重要的是限制每日进餐总量,特别要避免摄入含高能量、高脂肪的小食品,少吃或不吃零食。同时,有规律地参加体育锻炼,促进多余能量的消耗,维持体重稳定。

5.2.5 减肥就要用减肥药或减肥食品

肥胖是怎么形成的?怎样合理进行减肥?如何预防肥胖?对于这些问题,有些人全然不知,一看自己胖了,就开始吃减肥食品,并且频繁地更换;对于各种减肥药物,更是不惜以身试"法"逐一地进行试用。结果体重没减下来,反而因为用药不合理身体上出现了一些不良反应。肥胖是由多种因素造成的,减肥的过程也是一个综合治疗的过程,需要采取包括平衡膳食、适量运动、改变不良生活习惯及合理用药等综合的治疗措施。目前,不合格的减肥药品或减肥食品都存在两方面的问题,一是在广告中夸大减肥效果;二是某些产品中含有对人体有害的物质成分。因此,凡是需要采用药物减肥的肥胖者,千万不可随意购买减肥药,必须要在医生的建议指导下,合理地使用减肥药。即便选用了减肥药,也要在用药的同时注意平衡膳食、合理运动,否则减肥的目标也难以达到。

5.2.6 体型越苗条越好

肥胖是一种疾病,更是一些慢性疾病的罪魁祸首,必须科学地加以控制。但是,减肥是有一定尺度的,一些年轻的女性减肥者,担心肥胖会影响自己的身材,一味地追求"骨感美",不断地减肥,以为越苗条越好,甚至将原本很正常的体重降到了不正常,这种低于标准体重超过10%的人群,称为"消瘦型",属于体重不正常的人群。

如果一味地追求"骨感美",过度地节食,有可能会引起厌食症。一些调查资料显示,厌食症正在成为世界五种新的疾病之一,并日益严重地影响人们的身心健康。

厌食症以女性居多,刚开始的时候是想吃但怕胖,每次就餐前都精打细算,总是担心吃下的能量超标。在这种矛盾心理的长期影响下,病人胃肠道腺体萎缩,消化酶分泌减少,胃肠动力减弱,出现顽固性食欲不振和消化不良,由最初的不敢吃变成不愿吃而成为真正的厌食症。随着进食减少,体重逐渐下降,继而出现疲乏无力、精神抑郁、皮肤干燥、全身浮肿、贫血、低血压、骨质疏松等症状。过度节食对青春期的女性危害更大,由于总能量及蛋白质摄入不足,影响促性腺激素的合成分泌以及性器官的成熟,使女性初潮年龄推迟、月经周期紊乱、闭经乃至丧失生育能力。此外,由于全身营养极度缺乏,导致机体免疫功能严重下降而丧失抗病能力,极易发生严重感染及败血症。

此外,由于慢性疾病的发病率与体重的关系是呈 U 形曲线的,无论是超重,还是消瘦,都会增加患高血压、冠心病的危险。因此,苗条的身材要控制在正常体重的范围内是最健康的。

世界卫生组织(WHO)规定,减肥成功的标志包括以下几个方面:体重减轻、形体改变、自我感觉良好、外界评价好、并发症得到控制等。从中可以看出,减肥只是一方面,更重要的是要树立自信,改变健康状况。"环肥燕瘦,各有所长;春兰秋菊,各有芬芳"。女性的魅力不仅仅表现在身材和容貌上,丰富的思想内涵和优雅的气质风度更为重要。

5.2.7 吃得越少越好

为了使自己尽快地瘦下来,一些人给自己制订了异常严格的节食计划,而且认为吃得越少越好。这些人相信,严格的节食计划会使他们在短时间内达到减肥目标。可是许多资料表明,过度节食对健康不利,不加节制的节食不仅不会带来健美的效果,而且会因营养严重缺乏造成不良的后果。

如果一个青春期女性每天摄取的能量过少,那么她身体新陈代谢的速率会很快降低,而新陈代谢速率的降低则会导致其不仅不会减轻体重,而且会因缺乏营养和能量而感到疲劳,面部皮肤和头发也会变得干燥、毫无光泽。从临床减肥的统计资料上看,减肥者若摄入极低的能量,会使其在减肥初期减重很快。但是,除非能持之以恒,否则,一遇到可口的美食难免要大开"吃戒",难以坚持到底。

我们的建议是,当体重处在正常范围时,你所需要做的是保证每日摄入的食物的能量与消耗的能量保持平衡,维持目前的正常体重。如果过度节食,必然会导致蛋白质、脂肪、碳水化合物、维生素等营养物质及能量的摄入不足,体重降低,营养不良,自身抵抗力减弱,一些疾病会乘虚而入。

假如出现了以下情况,则应当适量减少能量的摄入。体重持续的增长,超过了标准体重,说明能量的摄入大于能量的支出;或者吃得并不多,但体重仍在增长,这种情况下就需要加强运动,如每天走路半小时以上,或是通过游泳、爬楼梯等运动方式加大能量支出。运动不仅可以消耗能量,也是保持全身各个器官健康的重要措施。

5.2.8 少吃主食就能减肥

不吃或少吃主食就能减肥的观点和做法是不可取的。米饭、馒头等谷类食物可为我们提供足够的能量和必需的营养素。在平衡膳食中,从数量上来看,谷类食物所提供的能量应占人体摄入总能量的60%左右,是能量供给的主要来源。谷类食品中含有丰富的、人体所需的膳食纤维、B族维生素等重要的物质,而这些物质对降低血脂、预防癌症都有一定的好处。

糖一般可分为单糖、双糖和多糖三大类。在米饭、馒头等谷类食物中含丰富的多糖,多糖不会使进食后的血糖升高过快,也不会使餐后很快出现低血糖。

其实,减肥是要在平衡膳食的基础上,减少全日摄入的总能量。也就是说,产生能量较高的食物都要适量减少,其中包括相应地减少谷类主食的数量,但不是只减主食或干脆不吃主食。单纯地减少一种食物,不但起不到减肥的作用,还有可能会造成营养摄入的不均衡。

5.2.9 少喝水也能减肥

水对人类生存的重要性仅次于氧气。首先,水是身体结构必不可少的材料,所有组织都含有水,如血液中含水高达90%;水在体内直接参加氧化还原反应,没有水就无法维持血液循环、呼吸、消化、吸收、分泌、排泄等各种生理活动;水是体内自备的润滑剂;水还可调节体温,无论寒暑,使体温都能保持恒定。正常成年人,每日至少要饮水1500毫升,饮水不足甚至不喝水,不仅达不到减肥目的,还可能会引起人体电解质的紊乱,严重者会导致循环衰竭,呼吸停止而死亡。

由此可见,靠减少饮水量来达到减肥的目的是不可取的。相反,水是减肥中不可缺少的物质,机体内脂肪分解的废物、蛋白质的残渣都会随尿液排出体外,水是排泄的载体,并且食物的消化、新陈代谢的正常进行都离不开水。如果每天还有一定量的运动,就更应该多补充水分,因为,一定运动量的运动后,出汗量较大,机体因此丢失大量体液,甚至引起脱水,此时体重会有所下降,看似起到了减肥的效果,实际上这只是一种脱水的表现。在机体大量出汗后,不补水,就以为体重真的下降了,这种做法对机体造成的危害是严重的。

人体在水分充足时，才能维持良好的细胞功能，获得最大的体力，当大量失水而又不及时补充水份，就可能使机体发生缺水，轻者会增加心血管系统的负担，影响体力；重者会导致体温升高、心率加快、循环衰竭甚至死亡。因此，减肥时不能缺水，特别是运动量大、出汗多时要及时补水。

5.2.10 减肥必须拒绝脂肪

脂肪在减肥过程中往往是充当反面角色。其实，这是一种错误的看法。减肥是应当限制总能量的摄入，而不仅仅是限制脂肪的摄入。能够供给能量的物质，我们称之为热源物质，包括碳水化合物、脂肪和蛋白质。脂肪是热源物质中能量最高的，1克脂肪在体内燃烧的生理有效能量为9千卡，糖和蛋白质为4千卡。三大热源物质的能量比，应当是碳水化合物55%～65%，脂肪不超过30%，蛋白质10%～15%，即使是在减肥期间，也不应过分更改上述比值。膳食中的脂肪在人体的新陈代谢过程中起着非常重要的作用，除供给能量外，还能构成身体组织，供给必需脂肪酸。脂肪还可以抑制胰岛素的分泌和胰岛血糖素的分泌，促进机体对脂肪的利用。如果拒绝脂肪，无异于阻断了人体内部正常代谢的中间环节。由于破坏了人体代谢的规律，节食者会经常患感冒，且口腔易患溃疡，身体处于亚健康状态，尽管减肥时要适量限制脂肪，但减肥不是必须要与脂肪"绝缘"。

蔬菜、水果虽然能量较低，但是只吃这些食物，会让营养失衡。大量摄入蔬菜而不摄入油脂类食物会导致"胃口"变大，而"胃口"一旦变大，就很难再恢复。当停止以蔬菜、水果做主餐时，就很容易感到肚子饿，继而找别的食物代替，最终导致体重回升。脂肪类食品耐消化，扛饿，食入后可减少对淀粉类食物以及零食的摄取，适量的脂肪也会使人产生饱腹感，使减肥者也较自然地接受低能量膳食，且不觉得饥饿难耐。因此，减肥者只要合理、适量地摄取脂肪，并不会影响减肥计划的实施。

5.2.11 吸脂减肥无须控制饮食

抽吸脂肪，重塑身材，已成为减肥新热点，爱美人士趋之若鹜。吸脂减肥是靠抽吸腹部、腰部、臀部、腿部等部位的多余脂肪，让身材更加完美。

所谓脂肪抽吸术，就是抽出身体某一部位多余的脂肪，减少局部脂肪细胞的数量。但是，脂肪抽吸术并不是人人可以实施的，它有严格手术指征，哪些人能做，哪些人不适宜做，须慎重对待。尽管脂肪抽吸术对深层神经、血管、腹腔内脏没有影响，是一种较为安全的手术，但少数人手术后也会出现皮下瘀血、血肿或局部皮肤麻木等现象，严重的还会发生皮肤坏死、局部凹凸不平以及脂肪栓塞、肺栓塞等并发症。

当然，吸脂是减肥方法中的一种，但吸脂后，如不控制饮食，使自己的体重维持在理想范围内，则难以获得长期效果，所以把吸脂作为减肥主要手段的做法是不值得提倡的。

5.2.12　长期素食有助减肥

素食者一般不食肉类，多以粮谷、蔬菜、水果、豆类为主，食用的脂肪多为不饱和脂肪酸，不易因胆固醇造成血管增厚变脆，而患心脏病、高血压等疾病。此外，素食可以得到更多的粗纤维，有助于清除血管壁上胆固醇的沉积和促进肠蠕动，以便及时排出废物。但素食中所提供的营养素毕竟有限，特别是蛋白质、磷脂和某些矿物质的质量，不足以满足人体生长发育和维护健康的需要。尤其是减肥者，除吃素食外，全日的总食量也受限制，这样一来，就更容易导致蛋白质摄入的数量不足，质量不高，使健康受到一定的影响，抵抗力也逐步降低。

素食与混合性食物的最大不同是蛋白质质量上的差别。构成蛋白质的氨基酸有20多种，其中有几种氨基酸身体不能合成，必须由食物供给，这几种氨基酸我们称之为必需氨基酸。素食中的植物性蛋白质除大豆以外，其他食物所含必需氨基酸的种类都不完全，比例不合理，质量较差；而混合性食物，肉类、蛋类、奶类中所获取的蛋白质都是完全蛋白质，必需氨基酸种类齐全，数量充足，比例合理，是优质蛋白质。所以素食蛋白质没有荤食蛋白质质量好。

动物性食物所含的钙比植物性食物要好。例如奶类含钙量不仅丰富，而且容易被人体吸收利用，是一切钙类最好的来源。而素食中虽也含有一定量的钙，但往往钙的吸收利用率低；素食中的植物多含维生素 C 和胡萝卜素，缺乏维生素 A 和维生素 D；而鱼类、肝类、蛋类则含有素食中所缺少的维生素 A 和维生素 D。另外，动物性食品还含有丰富的卵磷脂，卵磷脂是人体细胞的重要成分，对神经、大脑的发育和保健也有重要作用。

此外，由于粮谷、蔬菜、水果、豆类中脂肪含量偏低，菜肴的口感稍差，为了增加美味，在烹调时会增加烹调用油，从而导致总能量增加，反而不利于减肥计划的实施。

因此，长期素食，并不一定有助于减肥，还是应当遵循合理营养、平衡膳食的原则，在营养师和医生的指导下，合理、科学地进行减肥。

5.3　形体减肥瘦身法

5.3.1　局部减肥运动处方

1. 让你拥有强健手臂

1）打造强健手臂的绝招

如果你从不进行针对手臂的练习，手臂肌肉将以每年 225 克的速度消失，如此下去你的手臂将很快"衰老"。如果你不考虑为胖手臂减肥，每一次投向它们的视线都会被横向扩张，你看上去至少比实际体重"胖"2～4 千克。如果你不打算裸露手臂，你将遭遇被所有时装设计师抛弃的命运。你是否曾经梦想拥有漂亮的肌肉线条、有张力的手臂，或者东方式的圆润美臂？

下面两组动作能够调动手臂的有氧练习,可以让"胖"手臂变"瘦",坚持下去,你的梦想就会实现。

动作一:站姿拉力器肱二头肌弯举;站姿拉力器颈后臂屈伸;仰卧单臂哑铃臂屈伸。

注意:这组运动相当重要,力量训练容易使肌肉横向发展,而女性线条应该流畅而舒展,通过伸展运动,可以拉伸紧张的肌肉,塑造柔美的线条。

动作二:伸展运动,将刚刚锻炼过的肩膀(图 5-1)、肱二头肌(图 5-2)、肱三头肌(图 5-3)进行伸展。

图 5-1　　　　　　图 5-2　　　　　　图 5-3

锻炼强度:每组 20 次。

2) 完美手臂五大运动攻略

大方的长裤搭配无袖紧身上衣,既潇洒又别致,正是每个白领女性夏季的个性装扮。肥嘟嘟的手臂,往往会破坏整体美感。于是,向你推荐五大瘦臂运动攻略,帮你打造完美的形象。

(1) 毛巾攻略。

攻略道具:一条小毛巾。

运动场地:寝室。

刚开始做这个运动之前,最好准备一条小一点的毛巾做辅助工具,先在寝室里练。等到动作都熟练后,就可以不用毛巾而直接让两只手相握,并且可以在学习和工作的休息时间练习。

基本动作:

① 首先,右手握住毛巾向上伸直,手臂尽量接近头部,让毛巾垂位在头后。然后,从手肘部位向下弯曲,这时毛巾就会垂在你的后腰部位。

② 将左手从身后向上弯曲,也是从手肘部位,握住毛巾的另一端,两只手慢慢地往一起移动,直到右手握住左手。

③ 这时两只手都在身后,而右手的手肘会刚好放在后脑勺处,切记,不要低头,而要用力抵住右手肘,这时你会觉得右手被拉得很酸。

④ 坚持 20 秒,然后换左手在上右手在下,也做 20 秒。

⑤ 每天早晚各一次,每次左右手各做两遍,约 5 分钟。

攻略点评:这个妙方属于见效很快的那种,但是如果长时间不练习的话,还会恢复原样,如果你是边减肥边做这个动作,就不会变回原来的样子。

(2)矿泉水攻略。

攻略道具:一瓶矿泉水。

运动场地:寝室。

基本动作:

① 一只手握住一瓶矿泉水,向前伸直,之后向上举,贴紧耳朵,尽量向后摆臂4～5次。

② 缓缓往前放下,重复此动作15次。

③ 每天做45次左右。可以不同时完成。

攻略点评:道具简单,动作也不复杂,也适合在办公室练习。

(3)伸臂攻略。

攻略道具:无须道具。

运动场地:寝室。

基本动作:

① 将右手臂伸高,往身后左肩胛骨弯曲。

② 以左手压着右臂关节处,并触碰左肩胛骨,而后伸高。

③ 左右换边,如此动作每天做20次。

攻略点评:无须道具,动作也不复杂,适合在家里练习。

(4)画圆攻略。

攻略道具:无须道具。

运动场地:寝室。

基本动作:

① 双手向前伸直,两脚站立与肩同宽。

② 双手画圆,向外画圆20次。

③ 再向内画圆20次。

④ 画圆不用画得太大,用手臂的力量,而不是手掌。

攻略点评:坐在椅子上的话,比较适合在办公室练习。

(5)扩胸攻略。

攻略道具:无须道具。

运动场地:寝室。

基本动作:

① 身体站直,双脚打开与肩同宽,手臂向两边打开伸平,慢慢地向前划圈。

② 身体站直,双脚打开与肩同宽,手臂向两旁打开伸平,慢慢地向后划圈。

攻略点评:第一步是为了紧实手臂外上侧的肌肉;第二步是为了紧实手臂内侧肌肉,以及胸部的肌肉。

3)气质美女"臂"胜计划

你还在担心你的上臂会有多余的脂肪吗?这项针对上身的运动是专门为你设计的。它主要锻炼你的手臂、肩膀和胸部。用一个卷尺来观测你的运动效果吧。在你塑造肌肉的时候记住卷尺的刻度也许不会变,但是你会变得不一样。

(1) 锻炼计划。每项运动分做2组,每组做30秒,共做1分钟。做这个动作的时候要保持缓慢,有节奏的,每组之间休息30~60秒,每周做2~3次。为了达到更好的效果,你可以每天都做,如果你只是抬高身体,这对你来说也是安全的。

(2) 低位盘旋。跪在毯子上,双手径直放在肩膀下面,伸开双腿,用膝盖着地,这样身体就处于一个俯卧撑的位置,收紧腹部(图5-4)。

保持腹部收紧,把胳膊肘弯曲下来,放低身体,直到身体离地面只有几厘米。保持胳膊肘和手臂接近身体(图5-5)。

图 5-4

图 5-5

保持这个动作10~30秒。如果背部有问题,可以试一下简单的动作。

(3) 椅子上蘸地运动。坐在椅子上,双手掌根部放在椅子的边缘。把大腿从椅子上滑下来,用双手支撑体重。伸直右腿,左腿弯曲成90°。胳膊肘弯曲,慢慢地向地面方向放低大腿。保持胳膊肘弯曲,应该离开身体一段距离。把身体拉回来,直到手臂伸直,千万不要用脚来帮忙。每组做8~15次,左脚伸直,然后重新做一次。

(4) 三头肌伸展运动。把右臂径直抬过头顶,然后把它弯曲过你的脑后,朝向右肩膀后方。用左手抓住右胳膊肘,轻轻地把胳膊肘拉向左肩膀用来加深伸展。保持这个动作20秒,然后换左臂重复做(图5-6)。

(5) 寝室里的瘦臂小动作。

臂屈伸,训练手臂后侧肱三头肌:双手支撑在椅子上,肘关节向后,收紧腹部,双脚并拢。慢慢让肘关节弯曲,身体向下,注意重心在身体中心。然后慢慢还原。

提拉,肩部塑形:手臂垂直于身体两侧,呼气,让肘关节弯曲,提拉小臂在胸前,然后慢慢还原。注意肘关节不要超过肩膀。

推举,训练肩部三角肌中束:大臂与肩平行,小臂垂直于地面,呼气,小臂、大臂内角呈90°,慢慢向上推举到耳朵两侧,手臂伸直,然后吸气,慢慢放下。

图 5-6

弯举,训练手臂前侧肱二头肌:双手垂直在身体两侧,呼气,小臂慢慢向上,再匀速慢慢下降到起点。

颈后臂屈伸,训练手臂后侧肱三头肌:单手高举于头顶,大臂不动。

训练手臂后侧肱三头肌:小臂慢慢向后弯曲,呼气,慢慢向上伸直。

2. 让你拥有美丽胸部

1）五组运动塑造性感迷人的胸部

以下的五项运动充分利用生理优势,并能摆脱重力对胸部的影响,改善你的仪态。如果想突出你的胸部曲线,那么做这套运动再好不过了。它完全可以帮你实现梦想,使你拥有一个丰满、曲线分明的胸部。因为这些动作是从多个角度来锻炼你的胸部肌肉。为达到最佳效果,每周训练两次(在不同天做),保证运动前后的热身、放松和舒展运动。

（1）扩胸器。选择一个适合你的力量值的扩胸器。调整你的座椅高度,使你的手臂弯曲后刚好与胸部持平。将把手慢慢拉向胸前直到两个把手的距离与肩同宽,再慢慢地将两个把手拉到可以碰到胸前的位置,在这个位置保持两秒钟。然后缓慢地将把手回至原位。控制运动速度,每套动作做 15 个重复,每次完成 3 套动作。

（2）向下俯卧撑。两手撑地,将双脚撑在一个长凳上。脚尖并拢勾住长凳边缘,使身体向下垂直移动。移动时保持躯干和双腿的挺直。将手臂弯曲达到 90°,缓慢下降身躯直至胸部触到地板为止。你可以感受到胸部肌肉的伸张。然后缓缓向反方向返回至原位。为了保持胸部肌肉持续的紧张状态,在移动到最高点时不要完全挺直肘关节,试着慢慢做 8～12 个重复动作。如感到有困难,可把脚放在低一点的长凳或地板上。

（3）向上俯卧撑。将两手放在长凳上,并拢双脚,脚尖撑地。保持躯干和双腿的挺直,将躯干向下垂直移动。努力收缩腹部肌肉。将身体下移至手臂弯曲呈 90°,缓缓下移到你的胸部碰到长凳为止,你可以感受到胸部肌肉的伸展,然后缓缓向反方向返回至原位。确定在最高点你没有挺直肘关节。试着慢做 8～12 个重复动作。

（4）拉绳 21 次。在拉绳器每边放适量重物。双脚并拢垂直站立。将拉绳器绕过背后,双手抓住把手。肘关节弯曲,腹部收紧。慢慢将两个把手斜拉向下做弧线运动,使双手在小腹处交叉。用拉绳器的拉力将你的手臂向上、向外拉回到原位。重复 7 次。将手臂抬高使双手在胸部的位置相接触,挤压你的胸部肌肉使你感到乳沟处收缩。再缓缓回至原位。重复 7 次。做最后 7 个重复。这次双手抬高到双眼的位置再多做一套这个练习。

（5）仰卧飞鸟。平躺在长凳上,小腿自然下垂使脚触地,两手各拿一个 2.5～4 千克重的哑铃。向身体两侧伸展手臂。在运动过程中肘关节保持一定弯曲。在开始时抓紧哑铃,同时你的上臂与凳面平行。

慢慢向上举起哑铃。运动路线呈弧形,就好像你要拥抱一棵大树,在项部将哑铃碰到一起。然后缓缓沿原路线使手臂回到开始的位置。在手臂抬起和放下的过程中不要弯曲你的背部。控制运动速度,每套动作重复做 15 个,每次完成 3 套动作。

2）美丽丰胸养成计划

（1）紧实胸部。有一些适度的运动能帮助你达到收紧小腹、修饰双臂、结实胸部的目的,方法很简单,在寝室也能施行。

① 方法一：坐时背脊挺直,沿椅子边轻轻举高双腿,维持 20 秒,每天做 10 次,有收紧小腹的作用。

② 方法二：坐在桌前，双臂于胸前交叉，用手掌抵住另一只手的上臂，用力互推形成拉锯阻力，重复。如此可以强健双臂肌肉并使胸部紧实。

（2）丰胸时机要把握。丰胸行动在体内的雌激素分泌最旺盛时最有效。一般来说，在排卵期前三天，以及排卵期后与下次月经前就是最好的丰胸时机。在这期间可多做按摩，多吃有助紧实胸肌的食物，效果会更理想。

（3）丰胸美食。对美胸有效的食物包括西兰花、粟米、番茄、茄子、木瓜、牛奶、香蕉、苹果等。

3. 让你拥有结实美腰

1）练就"水蛇腰"宝典

如果想拥有迷人的"水蛇腰"，既要有时间锻炼，又要有"金石为开"的执着，记下这些少而精的方法，便可以着手练习了。

热身：练习前，在屋子内轻松地走几圈，时间以 3～5 分钟为宜。

（1）骨盆运动。

① 平躺时两腿平放在地板上（最好铺一张垫子），臀部放松，膝弯曲。

② 用力收小腹并轻轻地呼气，腰部着地，轻轻地向上抬臀部。

③ 重复以上动作 20 次。

（2）上腹运动。

① 平躺，两膝弯曲，使大腿、小腿形成一定的夹角。

② 收缩腹部肌肉，骨盆上提，腰部着地（图 5-7）。

③ 交叉两小腿。

④ 两手将头抱住，肘向上。

⑤ 轻轻地提肩，努力让肘部向膝靠拢，大腿保持不动（图 5-8）。

图 5-7

图 5-8

⑥ 保持小腿动作（如果实在支撑不住，可将小腿放在椅子上）。

⑦ 重复以上动作 10～20 次。

（3）下腹运动。

① 平躺时将两手放于身体的两侧。

② 收缩腹部肌肉，骨盆上提，腰部着地。

③ 朝脸部弯曲膝，上提小腿，使小腿与上身成一定的角度。

④ 两腿在踝关节处交叉。

⑤ 下腹肌肉收缩，上提臀部，膝向肩部轻轻移动。

⑥ 放低臀部，重复动作 10～15 次。

注意：想要使练习部位有效果，需要花费一些时间并坚持下去，这一动作可感觉发生在耻骨与下腹部这一部位，做起来不是很费劲。

(4) 上腹部和腰部运动。

① 与下腹部运动的体位一致,不同的是一条腿弯曲,另一条腿伸直。

② 扭动肩部,一侧肘与另一侧抬起的膝尽力靠拢(图 5-9)。

图 5-9

③ 以上动作由慢到快,要有节奏感,重复 10~20 次。

注意:打直小腿后让腹部肌肉负重更大,因此可在开始时让小腿抬高一些,随着练习次数的增加,再逐渐将小腿放平。

(5) 肌肉放松运动。

① 完成腹部运动后,为了放松肌肉,平躺时将膝收缩至脸部,腰部着地,手指交叉抱住膝。

② 缓慢而深深地吸几次气。

2) 摆脱"水桶腰"的终极挑战

你是否发现生活中一松懈,隐藏在腰部的赘肉又开始蠢蠢欲动了,原来婀娜多姿的小蛮腰不见了,每次都着急得很,要怎么摆脱"水桶腰"? 别急,时尚健身教练教你几招快速减肥法,保证你在一个月之内"以腰示人",成为曲线玲珑、姿态有致的美女。

(1) 什么样的腰最美。腰围较胸围小 20 厘米,是最美的腰围。不只要纤瘦,还要有结实的肌肉线条,才称得上完美。可惜的是,维持腰部曲线并不是件容易的事,你得趁现在开始锻炼。

(2) 为什么腰部最难瘦下来。当一个人开始发胖时,大多都是从腰腹开始的。因为在日常生活中,凡逛街、走路、跑步、爬楼梯、骑脚踏车等活动,都会有意无意地运动到身体各部位的肌群,像腿部、手部、臀部等,唯一例外的就是腰部,除非刻意锻炼,否则这里的肌群几乎没有机会动,脂肪当然就特别容易驻足。

(3) 如何进行瘦腰行动。下面这套运动完整地做下来需要 20 分钟,建议你在最近 1 个月内每 3 天练 1 次,避免肌肉过度疲劳。如果你在做的过程中感到体力不支,可每次只选择一个动作进行练习。

① 动作一:为了腰围数字再小点。

起始姿势:双脚分开站立,腰腿微曲,双臂向双侧水平伸展,与肩持平,上身挺直、收腹。

动作过程:上身连续向左右送出,同时保持胯部以下不动。

初级:将双手放在耳朵处,做 1~2 组即可。

中级:按照标准动作做 2 组,每组尽可能多做。

高级:手腕处负 1 千克重物,做 2~3 组,每组尽可能多做。

呼吸方法：上身向两侧送出时呼气，回位时吸气。

注意：保持胯部不动，腰部以上用力。

② 动作二：练纤腰的理想动作。

起始姿势：双手交叉握住松紧带的一端，手臂伸直，另一端固定在墙上，与胸部等高，身体侧转。

动作过程：双腿不动，双臂向回拉。

初级：可站得靠墙近些，将松紧带稍稍拉直即可，每侧做1组，每组尽可能多做。

中级：按照标准动作，每侧做2组，每组尽可能多做。

高级：站得离墙远些，将松紧带拉紧，每侧做2~3组，每组尽可能多做。

呼吸方法：手臂用力时呼气，放松时吸气。

注意：手臂先用力，上身随后配合用力。

③ 动作三：苗条的腰身看起来很舒服。

起始姿势：侧卧，右手托住头部，左手触地保持身体平衡，左脚交叉放在右脚上，双腿伸直，膝盖抬离垫子（图5-10）。

图 5-10

动作过程：双腿顺时针划圈，双脚始终并拢。

初级：开始时双脚可不交叉，每侧做1~2组，每组尽可能多做。

中级：按照标准动作，每侧至少做2组，每组尽可能多做。

高级：每划5圈换一个方向，每侧做2~3组，每组尽可能多做。

呼吸方法：双腿向上运动时呼气，向下运动时吸气。

注意：双脚脚尖指向水平方向，以便所有力量都作用于腰部。

④ 动作四：这个运动让你的腰肌力量升级。

起始姿势：侧卧，左前臂、左脚支撑身体，右臂垂直伸展，双脚并拢，双腿伸直。

动作过程：尽可能持久地保持起始姿势不动，腰部尽量抬高，两个支撑点（前臂和脚）不要移动。

初级：前臂和膝盖触地，每侧重复一次，尽可能延长动作时间。

中级：按照标准动作，每侧重复2次，尽可能延长动作时间。

高级：空的那只手放于胯部，每侧重复2~3次，尽可能延长动作时间。

呼吸方法：深吸一口气，然后慢慢呼气。

注意：不要在光滑的垫子或地板上做动作，否则身体支撑点易滑动。

3）气质女人的美腰秘籍

（1）左右压腿：取坐姿两腿分开（130°~150°），左手握左踝，右臂上举贴耳，以右臂带动上体向左侧压后还原。连续做8次，然后交换另侧，右手握右踝，左臂上举贴耳向右侧压8次。

注意：上举臂应一直保持伸直姿态并与躯干在同一平面内，防止手臂弯曲并落于体前。

（2）侧踢腿：侧卧，右小臂放平支撑上体，左手于体前辅助支撑。左右腿伸直并拢，上下重叠后，左腿直膝向侧上方踢（上踢腿与躯干在同一平面内，脚尖下绷，努力够头，上踢角度范畴在 90°～150°），上踢到最大角度后慢慢还原。连续踢 8 次，然后换另一侧，用同样的方法踢右腿 8 次。

（3）仰卧举腿：仰卧并腿，两臂上举，两手抓牢物体使上肢固定。两腿伸直，脚尖下绷后，收腹吸气，直膝上举两腿与地面垂直，然后呼气慢慢地、有控制地将腿还原，如此连续做 8 次。

（4）举腿交叉：并腿坐，上体后仰，两小臂支撑于体后。两腿伸直上举至 60°～80° 后，两腿分开 1～2 个肩宽，保持 2 秒，向内交叉使一腿在上，一腿在下，再保持 2 秒，如此分开交叉连续做 4 次后还原。

注意：做本节操时，要始终保持两腿伸直的姿态。最后给你一点提示：如果做完后没有感觉累，这说明运动量较小，可通过增加练习次数和时间来加大运动量；如果身体出现酸痛情况则可减小运动量，但不要停止练习，坚持一段时间，身体就会适应，然后再慢慢加大运动量。

4）简单收腹动作还你迷人腰身

拥有纤腰是每个女人的梦想，许多健身专家都有这样的结论：相对腿部而言，腰腹部是最容易瘦下去的。纤腰最实际的做法就是做运动，只要动作到位，并结合控制饮食，一个月就能有明显效果。

（1）简单收腹运动。这个运动虽然简单，但非常有效，躺在地上伸直双脚然后提升，放回，不要接触地面，重复 15 次。

运动密度：每日 3～4 次，每次 15 下。

（2）仰卧起坐练正腹肌。

① 膝盖屈曲成 60°，用枕头垫脚。

② 右手搭左膝，同时抬起身到肩膀离地，做 10 次，然后换手再做 10 次。

（3）呼吸练侧腹肌。

① 放松全身，用鼻吸进大量空气，再用嘴慢慢吐气，吐出约 7 成后，屏住呼吸；

② 缩起小腹，气上升至胸口上方，再鼓起腹部将气降到腹部；

③ 将气提到胸口，降到腹部，再慢慢用嘴吐气，重复做 5 次，共做两组。

（4）转身练内外斜肌。

① 左脚站立，提起右脚，双手相握用力扭转身体，左手肘碰右膝（图 5-11）；

② 左右交替进行 20 次。

4. 让你拥有修长美腿

1）"对症下药"搞定 3 种粗腿类型

了解自己的腿型，然后配合运动，只要持之以恒，保证你有一对靓丽

图 5-11

美腿。

(1) 肌肉型。你双腿的肌肉非常结实,想双腿变得细,首先要令双腿肌肉放松,而且要将腿筋拉长,双腿看上去自然会显得修长。

推荐练习:

① 因为肌肉结实最难减,所以运动以令肌肉放松为主,用拳头轻拍大腿前部分;再轻拍大腿后面及臀部。

② 坐于地上,双腿并拢,用拳头轻轻拍打双腿外侧;再将双腿张开,用拳头轻拍双腿内侧。

③ 双手平放在地下,与膝头大致平衡,前后腿跨大步骑好;将臀部向下压,成弓箭型,维持5秒后升起臀部再来一次。前后腿交换再做,每边做10次。可先完成一边再做另一边。注意后腿膝头要尽量伸直。

(2) 脂肪型。脂肪型的人缺少运动,容易令双腿积聚脂肪,所以燃烧脂肪对这类人很重要,同时要令双腿线条增加少许肌肉,这样双腿线条会变得优美。

推荐练习:

① 双手叉腰,背脊同双腿都要伸直,眼要直望;将双腿慢慢提升,只用脚尖点地,重复做10次,有助增加肌肉及拉长脚筋。

② 像海狮一样趴在地上,手肘屈曲平放,头、腰与地面成50°左右。用一条有弹性的橡皮筋绑住双腿;提起左腿,于空中停留1秒,然后换右腿,每边做10次。

③ 双腿伸直,腰要直,双手叉腰,向前直望;腰要继续伸直,其中一条腿向前踏,后腿向下屈曲成L形。左右腿各做5次。

(3) 浮肿型。浮肿型双腿是因为缺乏运动,双腿血气运行不畅,所以有肿胀现象。适当运动,令肌肉得到适量的锻炼,双腿自然会变得更有美感,便不会这么水肿啦!

推荐练习:

① 腰挺直,大力摆动双手,颈和头不要用力,以这个姿势步行,每日最少行走20分钟;步行的力由脚跟慢慢移动向脚尖,即步行先由脚跟开始。

② 躺下,双手、双脚提起,手、脚放松摇动。摇动动作约维持30秒,可以促进血液循环。

③ 躺下,双手平放,提高双脚打圈,好似踩单车一样,动作不需要太快。约做20次。

2) 睡前小动作轻松瘦双腿

(1) 睡前的大腿前侧健身操。

前侧运动一:尽量抬腿,并保持此姿势数秒钟,直到双脚感到疲乏为止。缓缓抬起脚保持这一姿势数秒钟。将小腿缓缓抬起,直到与大腿同高处,保持此姿势30秒后收腿。以10~15次为一组动作,不妨在做完一组动作后,再逐渐增加运动量。

前侧运动二:双腿脚踝交叉,同时弯曲膝盖,采取仰卧姿势,双手置于臀部下面,弯曲膝盖,脚踝交叉抬起双腿伸展膝盖,交叉的脚朝天花板抬起并尽量伸展双膝,以收缩大腿肌肉。以15~20次为一组动作,做1~3组。

(2) 睡前的大腿内侧健身操。双膝夹住枕头,合力向内挤压。坐在床上,将枕头对折后,夹在双膝间,用力挤压数十次。双腿的脚踝部夹住枕头,挤压。俯卧在床上,用手腕支撑下颌,双腿的脚踝夹住枕头,合力向内侧挤压。弯曲双膝,挤压。此动作要领为用力挤压枕头,做15次为一组动作,共做1~3组。

(3) 睡前的小腿、脚踝运动。双脚抬起,先后翘起,紧绷两只脚的脚尖。仰卧在床上,双手掌心朝下平放在臀部旁,抬起双腿,左右脚的脚尖轮流交替翘起、绷直。左右脚的动作在"1、2""1、2"的节奏下,做20~30次为一组动作,共做1~3组,直到小腿感到疲乏为止。

也可在一只脚的脚尖上套上毛巾,用力拉扯毛巾。双腿伸直坐在床上,在一只脚的脚尖上套上结成环状的毛巾,反手用力拉扯毛巾。翘起、绷直脚尖。这一动作要领为,脚尖翘起、绷直,一只脚做6~8次为一组动作;另一只脚的动作要领相同。每只脚各做1~3组。

3) 美腿速成的简单练习法

要练就迷人美腿,以下三种收紧大腿的简单练习,相信可以帮助你。每一动作分两组,每组重复15次,每星期练习3~5次。

(1) 侧向拉腿。双脚分立与肩同宽,脚趾向前,双膝微曲,双手置于腰间。右腿保持不动,左膝屈曲,身体靠向左边,须确保左膝没有超越脚尖位置。保持动作2秒,然后以左脚发力,恢复起始位置。转做右脚,重复以上动作。

(2) 臀部伸展。仰卧地上,右膝屈曲,脚掌着地,右膝屈曲成90°,左脚向上直伸,脚底向天。右脚用力,慢慢把臀部和下背尽量提离地面。然后慢慢地让下背刚刚离地,但不要贴地面。保持动作2秒,再次提高,继而恢复到起始位置,转做左脚,重复以上动作。

(3) 侧卧摆腿。靠左侧卧,双腿直伸,以左臂支撑头部,以右手着地支撑上身。左脚保持不动,把右脚提高约20厘米。接着右脚慢慢向前摆,摆得越远越好,保持动作1秒,然后向后摆,保持动作1秒。重复动作15次,再做右边。

5.3.2 时尚前卫的减肥处方

1. 稳重内敛的普拉提

1) 普拉提的定义

普拉提(pilates)是一套独特的均衡肌体的训练体系,它是由德国人Joseph Hubertus Pilates在结合多种运动项目的基础上创立并推广的,旨在通过呼吸与运动的配合改善人体的运动机能。普拉提最初用于康复治疗和芭蕾舞者的训练,后来在对其进行研究和实践的过程中,学者们不断将解剖学、生理学、生物力学等诸多学科知识融入其中,促使它的发展系统化、科学化,普拉提的锻炼效果也逐渐得到肯定,使其在全球范围内得到广泛的开展。该项目于2000年引进中国健身市场,作为一项科学、新颖的健身项目,普拉提因强身健体、塑形、缓解肌肉酸痛、康复运动损伤的功效,在中国掀起了一股练习的热潮。

普拉提分为垫上普拉提和器械普拉提,安全性强。普拉提在静动结合中练习,对肩颈、腰背、脊椎一系列因为肌肉不平衡而引起的问题都非常安全有效,适合人群广泛,在国外普拉提已经成为康复训练的一种训练方式。

2）普拉提的基本要素

（1）中心。Joseph Hubertus Pilates 认为躯干是所有运动的起点，即产生动作的中心，只有它强壮而稳定才能产生有效的力量，所以普拉提动作的设计都是以此作为认识基础的。"中心"又被称为"力量库"或"束腹部位的力量"。普拉提练习的首要目的就是加强人体的"力量库"，进而塑造良好的身体姿态。目前，对躯干中心部位的理解有两种：一种是指腰腹周围的深层肌群，即对腰椎—骨盆—髋骨起稳定作用的深层肌群；另一种是指整个躯干部位的深层稳定肌群，既包括对腰椎—骨盆—髋骨起稳定作用的深层肌肉群，还包括稳定肩带和肩胛骨的深层肌群。

（2）中立位。在普拉提理论中，中立位是指不管人体处于安静还是运动状态，附着于骨骼上的肌肉都处于平衡状态，从而维持构成关节的每一块骨骼都处于正确位置的身体姿态。安静状态下的中立位是指以解剖姿势站立时的骨骼排列姿势，运动状态下的中立位是指身体在运动过程中所维持的正确身体姿态，主要强调脊椎、骨盆和肩胛骨的中立位置。研究表明，当身体处于理想的中立位时，动力链产生的力就会通过各个关节的中心进行能量传递，使关节在任何一个面内的运动都是安全的，并且能够发挥最大的功效。因此，普拉提练习中针对力量和稳定性锻炼的动作，在运动前都要强调必须始终保持身体的理想中立位。

（3）控制。Joseph Hubertus Pilates 曾将普拉提这项运动命名为"控制学说"，他认为只有当整个身体都处于完美的控制下时，才能够获得并保持良好的身体姿态。因此，普拉提要求在整个练习中都要意识到身体，即把握好哪些肌肉需要放松、哪些肌肉需要紧张，合理地运用注意力，有控制地完成动作，使主动肌与对抗肌、中立肌和支持肌进行有效的协同工作。在完成动作的过程中不要出现动作的"自动化"，即不用力的惯性做动作，也不要盲目追求动作速度。对运动中的每一环节都应给予同样的重视，尤其对于那些较难的部分一定要轻柔、缓慢而优雅地进行。

（4）呼吸。普拉提的呼吸方式为腹式呼吸，也称作横向呼吸法，这是一种主动的、充分动用肺泡的呼吸方式，有利于形成稳定的动作模式。吸气时，横膈肌收缩使肺部扩张，同时肋间外肌收缩使肋骨上升，整个胸廓因此横向扩张，容积增大，引起肺内压下降从而低于大气压，空气在压力差的作用下被吸入肺部；呼气时，通过嘴用力呼出气体，同时腹肌肌群向心收缩将腹内脏器上推，加之横膈肌放松，肺容积大大减小，使在肺部交换的气体尽可能多地排出体外。通过有控制的主动呼气，可以有效地动员腹部肌群，在保持腹部深层肌群适当收缩的基础上，有利于腰椎—骨盆—髋骨周围的肌肉和组织等维持躯干的稳定性，同时刺激副交感神经系统，使人感到心神安定。因此，良好的呼吸方式不仅可以帮助稳定躯干，延长姿势的保持时间，减轻肌肉酸痛感，而且可以使练习者的肉体和心灵压力一扫而空。

（5）专注。普拉提是一种"思想的运动"，每一项练习都必须经过大脑的思考，每一个动作都必须全神贯注。练习时必须集中注意力，用意识来引导动作，即将注意力集中在所练习的动作上，通过精神的集中来感受肌肉的协调用力，用心聆听身体的感觉，尽量做到身心合二为一。

（6）精确。普拉提运动非常关注动作练习的质量，要求每一次都尽可能正确地完成，因为只有动作准确才能取得最佳的锻炼效果。如果仅仅是模仿观察到的动作,而不对身体如何运动进行了解,那么就有可能出现错误的肌肉运动顺序和呼吸模式,违背了普拉提的锻炼原则,导致无效运动。因此,在练习时必须认真遵循动作要领,关注每一个细节,配合连续的呼吸,恰到好处地完成动作的结构和力度。普拉提的精确性原则要求:如果动作要领的掌握出现错误或普拉提的任一原则遭到破坏,就要立即停止运动,重新调整后再继续练习。精确性原则保证正确运动记忆模式的建立以及自动化。

（7）流畅。普拉提运动要求所有参与的肌群协同做功,有节奏地完成一系列连贯的动作,而不是保持静止的姿势。普拉提是连贯动作的合成,动作流畅、速度均匀是练习时需要遵循的一个重要原则,同时,能否流畅地完成动作也是进行更高一级普拉提动作学习的判断标准。此外,呼吸也是普拉提运动中的一项重要内容,流畅性在呼吸过程中是指在吸气和呼气之间没有明显的停顿,完成动作时不能憋气。

（8）放松。放松是给身体一段时间为下一项活动或第二天补充能量,它起到与紧张状态相反的作用,同时又为做动作时肌肉能更好地收缩奠定基础。但是在进行普拉提练习的过程中,肌肉紧张和放松之间的平衡经常被忽视。在练习前,肌肉需要首先被放松、拉伸,否则,紧张的肌肉在运动中会变得更加紧张甚至僵硬,这样很容易导致错误的肌肉做功。一般在开始进行练习时,要花几分钟进行冥想,伴随深长缓慢的呼吸,放松身心。

（9）持久。在练习普拉提时,要关注需要锻炼的肌肉,尽量保持该部位较长时间的紧张感。但不要过于强迫自己,应该遵循循序渐进的原则。另外,想通过普拉提锻炼达到强身健体的作用,需要坚持不懈的练习。

2. 古老的武术精神——跆拳道

1）跆拳道的特点和功能

简单地说,跆拳道就是不用任何武器,赤手空拳与对手格斗保护自身的武术。说得更详细一些,跆拳道就是为了正当防卫,通过猛烈的精神和肉体训练,锻炼手、脚和身体各个部位的方法与技术。跆拳道不仅注重威力和技术,而且强调严格的纪律、高超的技术和强健的精神教育,以培养正义感、刚毅、果敢品质的独特武术。跆拳道不仅教给人们思考和生活的方式,而且培养人们的克制力和陶冶崇高的人格。所以不少人说它是一种近乎信仰的武术。从字面上解释,跆,意味着用脚踢、踏;拳,意味着用拳刺或破。这意味着朝古代圣贤铺平的路前进,也就是进行精神修养。总而言之,就是为了用空手赤足护身,把跳、踢、刺、挡、闪避等动作,敏捷而得当地适用于活动的目标,给对手以最大的打击的技术加精神修养的武道,确实,跆拳道使先天性体弱者,经过科学的锻炼,具有击败强敌的力量和自信心。但如果运用不当,无异于使用凶器,因此,必须经常强调精神教育,不能滥用它。

2）跆拳道与健康

跆拳道运动不同于显示力量的重量运动,不是调节大而突出的肌肉,而是使无力的脂肪组织变成肌肉,使身体变得轻盈敏捷。通过重量运动发达的肌肉使血管之间的间隙拉开,由于血管数不变,因此无法在扩张的血管之间补充新的血管,其结果是通过吸氧和血流排除人体内的排泄物的过程发生困难,而跆拳道把不必要的大肌肉锻炼成为柔韧的肌肉,使身体得到更多的血液,提高最大的持久力和促进健康。

练跆拳道是通过踢腿、闪腰、单手攻击或防御,将另一只手向相反方向拉的动作使下腹的肌肉更加强健。通过抬高、踢腿的动作,锻炼侧腰部和大腿内侧肌肉。

跆拳道对女性尤其有益。如上所述,跆拳道可以全面锻炼下腹和腰以及大腿,均匀发展全身肌肉,使女性保持青春和美丽。练跆拳道可以恢复女性分娩后下垂的腹部和腰,以及大腿内侧的肌肉,对重塑健康体型和均衡体形有与众不同的功效。如此看来,跆拳道是保持健康和女性美的最理想的武道。

跆拳道通过科学的修炼和广泛的全身运动,增加脉搏,长时间提高心脏和肺的氧需求量,有如下好处:①顺畅肺活动;②扩张血管,减少血流阻力,降低心脏扩张器的血压;③增加供血,尤其能增加红细胞和血红素;④供给更多氧气,使身体组织更加健康;⑤增强心脏,能够抵抗任何冲击;⑥使睡眠安稳,易于排除排泄物;⑦跆拳道不仅能使瘦弱的人增加肌肉,还能使肥胖的人减少脂肪、体重恢复正常。跆拳道不同于一般体育活动,做激烈的活动使每小时消耗600卡路里,减少体重约0.5千克要消耗3500卡路里,因此,一天练1个小时的话一个星期就能减少约0.5千克。

综上所述,跆拳道对改善感受性和集中力,视觉与肌肉发达,心脏与肺活动有很大帮助。而且,能比其他一般体育活动更加敏捷。因此,跆拳道被认为是男女老少皆宜的运动。学习跆拳道除了护身以外,为了健康上的益处,以及为了获得学习古代武术的满足感也应成为所有人生活中的一部分。

3. 完美的健康体验——舍宾

1) 舍宾的起源与发展

舍宾运动或简称形体运动,是一项源于苏联,盛行于俄罗斯、独联体和欧洲地区的身段健美运动。舍宾是英文SHAPING的译音,其含义就是形体整形、塑造或雕塑。主要是针对女性的生理特点,由许多致力于形体研究的运动学家、医学家、营养学家、美学家和计算机专家等经过多年的共同努力,全面研究了人类生命、健康、长寿、生长、发育以及肌肉、骨骼等领域,得出的一套人体标准体态和最佳气质的人体美化工程系统,创造性地开发出了一套人类形体的计算机测评系统和骨骼结构分类形体模型标准设计方法,是一套全新的形体雕塑和形象美化的科学方法,具有很强的综合性、科学性和针对性。

舍宾运动是一个完整的形体雕塑及形象设计系统,是世界上第一个把现代减肥美体理论及综合治理原则转变成具体的、可操作的、严密的系统工程体系,也是当今世界唯一形成专利体系及连锁俱乐部形式发展的国际性运动协会组织。舍宾形体运动设定的人体健美标准是形体的线条美和围度的比例美。为此,舍宾运动体系通过测量把人类体形分为九种不同的类型,建立各种体形类型的最佳模型标准,使每个参加者都能从舍宾系统中找到适合自己遗传条件的分类标准,并通过计算机形体测评了解自己的形体现状与标准模型间的差距,然后根据舍宾体系提供的运动处方和营养处方,在教练的指导下通过训练、调养来缩短、消除差距,达到一个围度比例日趋美好的形体。

舍宾运动对人体美的定义是健康、体形、动作、姿态、修养、服饰在个性基础上的协调和统一。因此舍宾运动不仅有效地对参加者进行形体雕塑,而且还通过多种练习使参加者身体健康、动作协调、姿态优美、举止文雅得体。舍宾体系的发型、化妆、服装参谋系统将对参加者提供合乎个人形体与气质的总体形象美化的指导。

舍宾运动因其独特的理论,先进科学的训练方法,有明显的减肥健美效果,一经推出便火爆都市,风靡世界,迅速成为现代都市女性追求的时尚。舍宾形体运动是塑造女性形体的过程,舍宾舞蹈是表现形体语言的过程。

2) 舍宾的减肥及保健作用

舍宾减肥通过一系列的人体功能和代谢平衡方面的计算机测评,测定个人的身体状况是否需要和能否减肥,以及体脂分布状况。舍宾专家参照每人的不同数据,分别制订一套准确率很高的肌肉和脂肪分布测评方案,为减肥和形体雕塑打下基础。然后通过与传统运动理念迥然不同的舍宾运动来训练,安全减肥是舍宾的重要原则。

舍宾除了要塑造女人健美的形体,最重要的,是要给予女人一个健康的心理、自信的气质。这应了哲学家里戈里的一句话"魅力等于内在美和外在美的总和"。这样来说,舍宾运动给予女人的不光是曲线,还有生命律动的活力。

舍宾的健身治疗,对于失眠症、神经衰弱、高血压、肠胃病、胃下垂、妇科病有明显的效果,一周进行两次舍宾运动,一次1~1.5小时,是最有效的健身方式之一。这比天天锻炼愉快得多。

3) 舍宾系统的分类

走进舍宾训练房,教练让你做的第一件事,是通过计算机测评系统来确定你的身体状况及体脂分布,对照"标准模型",找出各部位差距,同时对你进行体能测试和医学测试,将这些测试的信息输入计算机,最终给出一个只属于你的形体训练计划。

4) 舍宾系统的形体测评

舍宾系统的创造者用了近十年的时间,通过大量的人类形态数据的调查和处理,以人类不易改变的骨骼结构特征为依据,将人类分成九种不同的骨骼结构类型,从而解决了人类形体评价方面的世界性难题,并以此为划分基础,在不同类型的群体中取得标准模特数据。因此模型标准同样也具有广泛的代表性。每个骨骼结构类型的人在舍宾的模特中均能找到自己通过努力即可能达到的标准。

5) 舍宾系统的运动处方

进入舍宾系统的评测不只是形体测评。为了给出运动训练处方,还必须进行体能测试和医学测试,将上述测试的信息加上形体测评信息输入计算机,你将会得到一个只属于自己的,完全针对个人的形体训练计划。值得说明的是,舍宾运动,对脂肪的局部消耗和全身消耗兼而有之。因此,在舍宾的综合治理中,运动处于重要位置。此外,通过舍宾系统锻炼改善了肌肉内生化环境的人,由于消除或减轻了体内增肥因素,所以其反弹是在各种减肥方法中最少、最慢的。

6) 舍宾系统的营养处方

在舍宾的词典中没有"节食"二字,只有合理的营养调配,即舍宾营养处方。舍宾的营养处方不是一般的营养原则,也不是凭医生和专家经验得出的饮食配方,它是综合每个舍宾参加者的营养测评信息、身体测评及运动处方等信息后,针对每个人形体雕塑和基本健康需要而制定的科学化配餐表。其作用是与运动处方配合起到最佳的形体锻炼效果。舍宾的营养调配的另一指导思想就是以人类的自然饮食为基础,各种合成的减肥营养品都只能作为万不得已的辅助减肥用品,因为剥夺人的饮食乐趣是不可取的,也是任何人无法长期坚持的。

7) 舍宾的形体语言训练

从舍宾系统的角度看,人们仅有健康和静态的外形美是不够的,与静态的美相比,动态的美(包括步态、姿势、表情、动作优美协调等)更显现出人的气质和魅力。没有优美的动态是不可思议的,因而动态的训练在舍宾系统中占有十分重要的地位。舍宾为动态美练习设计了专门"舍宾形体语言教程"。这种教程特别强调步态、姿势、表情及形体训练的性别感、节奏感和优美感。该形体语言教程设计的过程相当复杂,所用资料也相当庞大。舍宾系统的创造者在形体雕塑程序训练中,为女子设计的形体雕塑动作均注意拥有女性化动态魅力。实践证明舍宾系统的动态美训练十分成功。参加过舍宾训练的模特、演员、选美小姐或普通的女性,无论少年、青年或中老年,她们的动态感均得到了不同程度的改善。

8) 舍宾系统的形象设计

舍宾系统的形象设计概念包括健康、形体、形体语言、气质、整体形象设计(服装、发型、美容化妆)以及与整体美有关的各种细节设计、养护以及教育。

4. 妙趣横生的体操——健身球

健身球是一个直径为66厘米的充气橡皮球,利用它作辅助工具来做健身操,既轻松有趣,又可以达到减肥健身的目的。它最早起源于瑞士,用于理疗康复,后来才发展为富有娱乐性的训练器械和健身体操并风靡欧美。

健身球是一项新兴、有趣、特殊的体育健身运动。健身球用途和优点多:它适合所有的人锻炼(包括需要康复治疗的人),它的健身效果良好(特别对脊柱和骨盆的锻炼),健身球有很好的损伤恢复和康复功能。健身球在锻炼时比较安全,不容易出现损伤,可以提高人的柔韧、力量、平衡、姿态、心肺功能。

1) 健身球的特点与功能

健身球一般采用对人体无害的 PVC 材料制成,直径为 60~70 厘米,内部为空心结构,需充气使用。这种健身球能承受高达 300 千克的压力,所以既柔软舒适又非常安全。

健身球拥有三大特点:①因球有弹性,可避免对关节造成强大冲击,避免运动伤害;②健身球操可以针对某个特定的部位进行准确的训练,减肥效果更直接;③因球有不稳定性。想要保持身体重心,就要求收紧全身每一块肌肉,所以球操运动量大却不激烈,是动力和静力结合最佳的一种运动。

健身球的主要作用是训练人体的平衡能力,增强人对肌肉的控制能力,提高人体的柔韧性和协调性。而普通运动都是在地面或稳定性很强的器材上进行,锻炼者不用太多地考虑身体的平衡问题。一般来说,人超过 20 岁后,缺乏力量训练的人每年会蒸发约 0.25 千克肌肉,但肌肉消失不只会影响力量,还会造成体重上升。将健身球加入健美动作中,例如卧推举及仰卧起坐,这些动作做起来会比以前困难,需要更多平衡力来稳定身体,但会增加力量。伸展运动对维持健康及充满活力的生活也十分重要,一般人认为力量训练和柔软度训练不可以并存,其实两者应该是相辅相成的,利用健身球就可以创造出很多伸展身体的运动。定期做伸展运动不但可以预防肌肉酸痛受伤,更会促进身心松弛。

值得一提的是，健身球还具有按摩作用，当人体与球接触时，健身球就会均匀地对人体进行按摩。

健身球操的适用群体很广泛，很多力量训练都不适合一些年龄较大、体质较弱的人，特别是那些心脏病、高血压患者，而做球操时运动者的心率保持在每分钟115~135次，人不会感到气喘，但消耗的热量却达到每45分钟3000~6000卡路里。

对于初学者来说，球操有一定难度。但一边玩球，一边健身，可以让你更快摸清健身球的特性，掌握球操的技巧。当然，想在球上保持造型非一日之功，需要好好练习才行。

2) 简单易学的健身球操

球操动作多样，完成全套动作需要45分钟左右，每周进行2~3次为宜。做球操可以帮助你锻炼全身肌肉，其中以腰、腹部的瘦身效果最为显著。

(1) 腿部及平衡能力训练。仰卧在健身球上，并保持身体平衡，把双手分放两侧，最好是以上背部接触健身球。然后慢慢抬起左腿，放下，慢慢抬右腿，放下。这项训练可以锻炼你的腿部肌肉和提高你的平衡能力。

(2) 手臂及肩部力量训练。将双腿放健身球上，双手支撑地面，成俯卧撑形，并保持身体呈直线。然后用双手做移动，还原，重复，另可以变形做俯卧撑练习。这项训练可以锻炼你手臂及肩部力量。

(3) 背部扩展训练1。动作过程：在开始训练之前应使膝部处于柔软位置以免受伤。腹部位于健身球上，把双手放于颈部，但不要把双手交叉结合，以免因为接触球时未掌握好平衡而滑倒。弓背挺起，上体尽量向上挺，到最高点时，静止1秒。然后慢慢回复。

呼吸方法：上体挺起时呼气，前屈时吸气。

注意要点：向上延伸时应尽力收缩骶脊肌，动作不要过快。

(4) 背部扩展训练2。在开始训练之前应使膝部处于柔软位置以免受伤，胸部放在球上，并将双手分别放在球两侧，慢慢移动球至腹部并使双手及腿部伸直，使背部拉伸尽量成一个L形。还原重复。这项训练可以有效锻炼背部肌肉。

(5) 大小腿力量训练。在地上坐好，以臀部为接触面，双手向后撑开与背部成35°。将整个身体的重心都放在后部，一腿前脚掌着地，另外一腿伸直，用外脚背做颠球运动，左右交替各练习10~15次。

呼吸方法：用鼻子深深吸气，使肺部尽量扩张，在腿抬起到下落的过程中用鼻子缓缓呼出。如此反复，呼吸的节奏要尽可能的舒缓均匀。

知心提示：要达到锻炼的效果，一定要注意绷紧脚背，使运动中的腿成一条直线，才能使运动中的腿部充分得到舒展。

5. 拳打脚踢的运动——有氧搏击操

1) 有氧搏击操的起源与发展

有氧搏击操的英文名为kick boxing，最早是由一名黑人搏击世界冠军创造的，近几年才在国内发展起来。其具体形式是将拳击、空手道、跆拳道、中国功夫，甚至一些舞蹈动作糅合在一起，在激烈的音乐中，进行一些拳击和跆拳道的基本拳法和腿法练习。在健身的过程中，随着音乐挥动双拳、踢腿，动作刚劲有力，让健身者尽情地发泄，尽情地出汗，并在不知不觉中减掉全身多余的脂肪。

2) 有氧搏击操的特点和功能

(1) 有氧搏击操的特点如下。

① 适合于生活压力巨大的现代人缓解身心压力,既好玩又不伤害任何人。因为健身者不是跟别人搏击,也无须任何器材,而是利用身体面对镜子向空中挥拳。

② 有氧搏击操结合拳击及武术的基本动作,强调运动者必须仿效拳击选手,保持灵活的下肢移动及左右挥拳的身手,运动量相当大,能够帮助健身者消耗卡路里,对促进心血管健康也有帮助。只要跳 15~20 分钟,就能让你累得满头大汗。

③ 有氧搏击操只需要做出许多不断重复的拳击、踢腿等快速动作,不需要全身动作协调,比韵律操更容易上手,所以越来越多的人爱上了它。

(2) 有氧搏击操的功能如下。

① 增强肌肉力量、弹性与身体柔韧性。有氧搏击操的动作在发力时要求迅速有力,而收缩时自然、放松、快捷。通过练习过程中动作速度的逐渐加快,大幅度的反复练习,肌纤维的反复收缩,使肌肉的力量与弹性得到增强,反应速度加快。各种踢腿对提高下肢的柔韧性也非常有效。

② 消耗大量热能,有助减肥。有氧搏击操采用了长时间中低强度的运动方式,因此需要动用体内大量的血糖与脂肪,非常有利于减脂,一节完整的有氧搏击操消耗的热量是健美操的两倍,尤其对侧腰、腹部、大腿、手臂、肩背减少脂肪非常有效果。

③ 收缩腰腹。有氧搏击操中的各种拳法与腿法都要求腰腹发力,可以说腰腹练习始终贯穿整个练习,大量的腰部摆动与腹肌的收缩,使锻炼者的腹部变得强健平坦。

④ 增强自信、放松心情。通过练习有氧搏击操,体质将得到提升,使人在日常生活和工作中更具活力与自信。一旦投入练习,你很快会被它的激情与热烈气氛感染,把一切不顺心的事看作一个假想敌,用重拳向它出击,释放你压抑的心情。

3) 有氧搏击操的基本技术特点

(1) 有氧搏击操动作多变,包括直拳、勾拳、摆拳、正踢、侧踢、侧蹬等搏击动作,而且在做每个动作时要求迅猛,有爆发力。

(2) 有氧搏击操运动在出拳时,要求腹肌收缩,大吼一声,不但可锻炼到平时不易使用的腰腹肌,用力出拳、大吼大叫都是缓解情绪的好办法,通过这种方法可以宣泄情绪、减轻压力。想象一个假想敌就在你面前,出拳、踢腿、发泄心中的不满,1 个小时之后,心情也会轻松不少,许多跳过搏击操的人都感觉畅快不已。

(3) 有氧搏击操动作简单易学,每个星期只要做 2~3 次,一个月之后,身体就会出现明显的变化。例如,加强关节活动能力、肌耐力,身体不再僵硬,消耗热量并增加肌肉量,进而减轻体重。

有氧搏击操由于瞬间爆发力强,肢体伸展幅度大,运动量比传统的健美操更大,适合脂肪堆积过多的年轻人,堪称是效果十足的瘦身运动。

有氧搏击操中的所有动作几乎都要求腰腹保持平衡并发力,所以一节课下来,对腰腹部的锻炼超过了任何其他健身方式,因此,非常适合长时间久坐、脂肪堆积在腰腹部的现代上班族。

5.4 健美形体的科学饮食

5.4.1 减脂饮食处方

减脂时到底能吃什么？我们来分析一下这个问题。减脂＝摄入热量＜消耗热量。所以即使猪肉很肥，米饭升糖指数很高，可是它们的总热量并没有超过一个人当天消耗的热量，所以没有多余的热量就没有多余的脂肪。也就是说，在减脂的时候什么都能吃，只要热量保证有赤字，这是一切减脂计划的前提。

但是，热量并非平等的。比如10克来自猪肉的脂肪和10克来自橄榄油的脂肪，虽然两者都是10克脂肪，可是前者是饱和脂肪酸占大多数，或者说是差的脂肪，对心血管健康不利，除了热量以外没有任何营养价值；而后者绝大多数属于单不饱和脂肪酸，是有益脂肪，有可以降低胆固醇等好处。尽管都是10克脂肪和90千卡的热量，但是相比之下，橄榄油来源的脂肪更好。如果我们的目标是减去脂肪，那么就要学会卡路里计算和食物量化。目前，最有效率的脱脂方法是美国 William D. Brink 博士发明的碳水化合物循环法，这个方法可以让我们在减少脂肪的同时最大限度地保持瘦体重。

首先谈食物来源。我们先需要戒掉油炸食品，不沾任何糖果、巧克力和任何白米白面，所有的碳水化合物只能来自蔬菜、少量的低糖水果（如草莓、西柚）和复合碳水化合物（糙米、燕麦、全麦制品）。

具体做法是：4天作为一个循环，前三天每斤体重只摄入0.8克碳水化合物，平均地分配到前五餐中（睡前加餐不吃碳水化合物），另外需要高达1.5克的蛋白质和0.5克脂肪。碳水化合物必须是复合碳水化合物。蛋白质要选择高 BV（biology value，生物学价值）的制品，如分离乳清蛋白、鸡胸肉、鸡蛋白、瘦牛肉、深海鱼。植物蛋白如大豆蛋白对修复肌肉组织的意义并不大。可以选择的食用油只能是橄榄油（主要成分 σ-9）和亚麻籽油/深海鱼油，并且要以后者为主，因为亚麻籽油/鱼油中含有最丰富的 σ-3 必须脂肪酸，而这种脂肪酸可以加速人体自身的脂肪分解代谢。花生也是不错的来源。所以假如一个人体重150斤，一天就需要摄入120克复合碳水化合物、225克高质量的蛋白质和75克健康脂肪。到第四天，加大碳水化合物的摄入量（每斤体重3克），蛋白质的摄入量每斤体重减少到1克，脂肪的摄入量不变。这样可以让他的身体解除碳水化合物缺乏状态，加速已经放缓的新陈代谢，从而在减脂的同时减少瘦体重损失。

大多数人都知道需要减少碳水化合物的摄入来燃烧脂肪，但长期使用低碳水化合物、低热量的饮食方式，最终可能会"适得其反"。起初，这的确会达到减重、减脂、改善身体成分的效果，但长期连续性的低碳水饮食不仅会抑制关键激素参与人的脂肪代谢，也会影响人的肌肉构建和维持。循环碳水化合物的饮食方式早已得到广泛的应用，它可以为我们的身体提供一个冲击期，增加促进蛋白质合成和脂肪氧化，以及重要的激素成分。

碳水化合物循环的原理在于，当我们遵循低碳水饮食的时候，身体会开始消耗肌糖原的存储，它是身体主要的能量来源，特别是在高强度训练后的消耗会增加。因此，身体会利用其他来源代替燃料，特别是体内存储的脂肪，身体甚至会增加线粒体-能量单元，以帮助增加能源需求-因为代谢脂肪酸作为燃料，要比从糖原获取能量慢得多。而增加线粒体的数量，有助于人体更快地产生ATP满足能源需求，让我们仍然能够继续训练，同时也促使身体燃烧更多的脂肪。这也正是我们遵循低碳水饮食希望达到的效果。

但是，当我们长时间遵循这个方式的时候，无论再怎么增加训练强度，身体开始变得很难再减少脂肪，并且继续保存肌肉质量。身体会开始寻找其他能源形式——比如肌肉，这就是运用碳水循环饮食的原因，循环碳水会给我们两个好处：一是在低碳水期间，身体将糖原耗尽，因此增加脂肪酸氧化。二是在高碳水日，身体会恢复肌肉糖原，同时提高激素分泌，刺激肌肉增加和脂肪燃烧。

具体实施是循环低碳水4~7天和高碳水一天（或者几天），我们的循环周期频率取决于身体的脂肪多少，以及我们获取糖原的形式和训练强度。如果运动量及强度较大，或者仅仅希望减脂，而不希望减重太多，增加循环的频率，每3~5天低碳水饮食后进行1次高碳水冲击。在进行一段时间如此循环后，燃烧碳水和糖原储存也将更快，可以增加频率到每2~4天低碳水后1次高碳水。

此外，还可以基于我们的碳水循环来安排运动形式。在低碳水日安排一些高强度训练，像短跑，增强式训练或者循环训练，这不仅会更快地消耗碳水化合物，而且能够更有效地训练身体使用脂肪供能。

就像我们的碳水循环频率一样，我们所需要碳水的量也会根据自身的情况而定。为了让我们能够通过燃烧糖原，使用脂肪作为燃料，需要降低碳水摄入量。首先，在低碳水化合物日，碳水需要占到身体总热量的20%或更少，脂肪以及蛋白质各占40%。而在高碳水化合物日，碳水则占到60%，蛋白质占到30%或以下，脂肪占到20%以下。

以下计划是基于一个体重80公斤、运动量较大的男性，希望减少身体脂肪和保存肌肉。

（1）低碳水化合物日。
- 热量：2200卡路里。
- 蛋白质：220g或880卡路里。
- 碳水化合物：110g或440卡路里。
- 脂肪：98g或880卡路里。

（2）高碳水化合物日。
- 热量：2200卡路里。
- 蛋白质：165g或660卡路里。
- 碳水化合物：275g或1100卡路里。
- 脂肪：48g或440卡路里。

我们可能对计算热量不太感兴趣，所以可以用简单一些的方式来进行碳水循环，比如以每天究竟需要多少卡路里的摄入量为基础，在此基础上来循环碳水，记住，减肥最重要的还是要创建热量赤字。每百克食物所含的成分如表5-1所示。

表 5-1

类别	食物名称	蛋白质(克)	脂肪(克)	碳水化合物(克)	热量(千卡)
谷类	大米	7.5	0.5	79	351
	小米	9.7	1.7	77	362
	高粱米	8.2	2.2	78	385

平衡膳食有助于控制肥胖。平衡膳食是指膳食中所含的能量及各种营养素的种类、数量、比例与人体生理需要之间保持平衡的膳食。简单地说，就是你吃进去的食物中的营养素跟你的身体对营养素的需求之间保持平衡。平衡膳食由多种类食物构成，每一类食物要达到一定数量和比例。只有各种食物搭配合理，才能最大限度地满足身体需要，从而达到促进健康的目的。

食物是生命的物质基础，平衡膳食是健康的保障。大量事实证明，膳食结构不平衡是导致肥胖的直接原因。因此，平衡膳食对健康的意义不仅在于满足人体对食物的需求，更重要的是它能让你摆脱肥胖和多种慢性疾病的困扰，为你的健康保驾护航。

5.4.2 平衡膳食要满足哪些要求

（1）膳食中包含丰富多样的食物。
（2）膳食所提供的各种营养素比例合适。
（3）食物与餐次的安排合理。

5.4.3 平衡膳食包括哪几类食物

食物是多种多样的，不同食物所含的营养成分也不相同。自然界中任何一种食物都不可能包含人体所需要的全部营养成分，只有通过平衡膳食将多种食物中的营养物质组合起来，才能满足人体对各种营养的需要。

平衡膳食包括五大类食物：谷薯类、动物性食物、豆类及豆制品、蔬菜水果类和纯能量食物。

谷薯类是能量和碳水化合物的主要来源；动物性食物、豆类及豆制品为我们提供充足的蛋白质；而蔬菜水果类是维生素、矿物质和膳食纤维的主要提供者；剩下的是包括油脂在内的纯能量食物，这类食物仅以提供能量为主。

1. 谷薯类食物的营养特点

谷类和薯类包括稻谷、小麦、大麦、燕麦、玉米、高粱、红薯等，以及由谷类制作的各种食品。这类食物主要为机体提供糖类、蛋白质、矿物质、纤维素和B族维生素，是身体能量供应的主要来源。一个人每天吃多少谷、薯类食物，主要取决于他的能量需求、生活习惯、劳动强度以及食品供应状况。正常情况下，从事中等劳动强度的健康成年人，每天需要500克左右的谷类食物。

粗杂粮与精细粮食相比,含有更多的膳食纤维、矿物质和维生素,不仅营养物质丰富,而且相对体积大、能量少、耐饥饿,在身体内的消化吸收过程较长,吸收率也低一些,这对于需要控制体重的超重、肥胖者来说是非常好的食物选择。

2. 动物性食物的营养特点

动物性食物包括以下种类。

(1) 畜肉:猪肉、牛肉、羊肉等。

(2) 禽类:鸡、鸭、鹅等。

(3) 鱼虾:鱼、虾、蟹等海产品。

(4) 内脏:肝、心、肾、肚、脑等。

(5) 乳类:牛奶、羊奶等。

动物性食物含丰富的蛋白质(一般为10%~20%),其氨基酸组成和人体蛋白质的结构接近,营养价值高。脂肪含量与肉的肥瘦程度有关,肥肉脂肪多,瘦肉蛋白质多。瘦肉含矿物质也较多,有磷、钾、钠、镁、氯等,红色瘦肉还含有铁。不过肉类缺少钙,乳类是钙的最好的食物来源。

肝、肾、心等动物内脏也是富含优质蛋白质的食品,并比一般肉类含有更多的矿物质和维生素。尤其是肝脏营养特别丰富,它含有维生素 A、维生素 B1、维生素 B2、维生素 B12、烟酸、叶酸等多种维生素,以及锌、铁、铜、钴等矿物质。肝脏的这些特点使它成为很好的补血食品,但由于它含有大量胆固醇,所以患有高胆固醇血症的人需要有所限制。

鱼类蛋白质的氨基酸组成及蛋白质含量与肉类相似;大多数鱼类中脂肪含量不多,一般只有 1%~3%,且多为不饱和脂肪酸;鱼肉的肌纤维短,肉质松软细嫩,易于人体消化。

鸡蛋所含的蛋白质是天然食物中最优良的蛋白质,蛋黄与蛋清的营养价值都极高,氨基酸的组成适合人体需要。蛋清几乎不含脂肪,所有脂肪集中在蛋黄里,且易于消化和吸收,并含有大量磷脂和胆固醇。一个中等大小的鸡蛋,约含胆固醇 250 毫克左右。鸡蛋所含的维生素和矿物质也主要集中在蛋黄中。

乳类所含营养素比较全面,营养价值很高又易于消化吸收。250 毫升鲜牛奶(强化维生素 A、D)可提供约 7 克蛋白质和将近 300 毫克钙。

动物性食物虽然有如此丰富的营养物质,但这类食物中含有一定量的动物脂肪,对于肥胖者来说还是适量食用为好。在适量范围内,尽量选择含脂肪少的瘦肉、鱼虾肉、鸡鸭肉、脱脂牛奶等。肥胖的人,特别是患有高胆固醇血症的肥胖者,每天吃鸡蛋最好不超过 1 个,尽量少吃动物内脏、肥肉,以减少脂肪和胆固醇摄入量,有利于控制体重和血脂。

3. 豆类及豆制品的营养特点

豆类按营养成分可分为大豆类(包括黄豆、黑豆、青豆等)和其他豆类(包括蚕豆、豌豆、绿豆和赤豆等)。大豆中蛋白质含量丰富(35%~40%)、脂肪含量很高,碳水化合物含量较低;其他豆类与谷类的营养成分相似,碳水化合物含量高,蛋白质(20%)较大豆低,脂肪含量很少。

大豆蛋白质属于优质蛋白质,可与肉类的蛋白质相媲美;脂肪中不饱和脂肪酸丰富。此外还含有约25%的碳水化合物,这些碳水化合物中有一半不被人体消化吸收,不会增加太多能量,再加上豆类产量丰富,食用方法多样,价格比动物性食物低廉,又不含胆固醇,很适合于肥胖患者选用。

4. 蔬菜水果类食物的营养特点

蔬菜的种类非常多,按植物的结构部位可分为以下几种。

(1) 叶菜类:大白菜、小白菜、油菜、菠菜等。

(2) 根茎类:萝卜、土豆、芋头、葱、蒜、藕等。

(3) 鲜豆类:扁豆、豌豆、蚕豆、豇豆、荷兰豆等。

(4) 瓜茄类:冬瓜、黄瓜、苦瓜、茄子、西红柿、青椒等。

新鲜蔬菜都含有大量水分,多数蔬菜的含水量在90%以上,碳水化合物的含量不高,蛋白质含量少,脂肪含量更低,因此不能作为能量和蛋白质的来源。但是它们在膳食中却非常重要,因为它们是矿物质、维生素和膳食纤维的重要来源。

蔬菜的颜色影响其营养素含量,凡绿色蔬菜和橙黄色蔬菜都含有较多的胡萝卜素;绿叶蔬菜还是维生素C的良好来源。不论什么品种和颜色的辣椒都含有极丰富的维生素C,并含有较多的β胡萝卜素。一般瓜类蔬菜的维生素C含量较低,但苦瓜例外,每100克可提供84毫克维生素C。

蔬菜含有丰富的膳食纤维,它能促进肠道蠕动,利于大便排泄、减少有害物质与肠黏膜的接触时间,还能降低血胆固醇,对预防控制动脉粥样硬化、糖尿病和肥胖都有好处。

鲜果类的营养价值与新鲜蔬菜相似,含有大量水分,很少的蛋白质和脂肪,但水果中的糖类与蔬菜不同,主要是果糖、葡萄糖、蔗糖,在未成熟的水果内则含有淀粉。水果所含的矿物质和维生素也不如蔬菜多。水果具有芬芳的香味、鲜艳的颜色,并含有多种有机酸,这些是蔬菜所不具备的特点。

蔬菜和水果都含有大量水分,相对其他食物来说体积大、能量低,从控制能量的角度考虑,超重和肥胖的人应该多吃一些这样的食物。

5. 纯能量食物的营养特点

纯能量食物包括各种动物、植物油脂、食用糖和酒类,含糖或酒精的饮料。这类食物营养素含量相对单一,仅以提供能量为主。由于此类食物体积小、热量大,很容易让人能量过剩而增加体重,所以体重超重或肥胖的人一定要注意少吃这类食物。另外,坚果类食物如核桃、花生、瓜子、榛子、芝麻,都富含锌、铁、锰、硒等多种微量元素。有人称坚果是微量元素的宝库,经常吃一些坚果的确对人体有好处。然而,坚果里的脂肪含量却着实不菲,通常达到40%以上。这样算来1.5~2个核桃或15~20粒花生米或一大把瓜子都相当于10毫升油的能量。生活中,人们常有这样的体会,吃坚果上瘾,一吃就停不住嘴,常常在不知不觉中吃进去很多,经常过量摄入坚果很容易导致肥胖。

为了避免过量吃坚果引起肥胖,同时又能满足身体和口欲对坚果的需要,可以采用限量食用的方法。在饮食不油腻的情况下,每天不超过 15 克或每周 50 克坚果仁,基本上能获得它们给你的健康带来的好处。

5.4.4 为什么要强调食物多样化和膳食中的营养按比例平衡搭配

维持人类生命健康需要六大类、几十种不同的营养素。而这些营养素不是几种食物就能包含的,必须通过摄入不同种类的食物才能获得,从而达到人体对营养素需求的平衡。如果你每天只吃很少的几种食物,则无法满足人体对多种营养素的需要。长期饮食单调对生长发育和身体健康十分不利,所以要强调食物多样化。

身体内的营养素与营养素之间并不是孤立存在的,它们彼此相互依赖、相互影响、相互制约,共同完成体内的各项生理活动。例如,充足的碳水化合物能节省蛋白质和防止脂肪过度氧化;钙和磷的比例恰当,能维持身体处于酸碱平衡状态;钙的消化吸收需要有维生素 D 的帮助,维生素 D 又需要脂肪来运输,而脂肪的消化吸收又离不开胆汁,胆汁的分泌又要靠肝脏。由此可见,各种营养素之间的吸收与利用是一环扣一环,有着非常密切的联系。若要使身体内的营养素充分发挥作用,不仅要保证营养素的种类,更要保证营养素之间的比例适当。所以,膳食中的营养素要按比例平衡搭配。

1. 中国传统的饮食结构更有益于健康

我们的祖先早在南北朝时期的《黄帝内经》中就提出了"五谷为养,五果为助,五畜为益,五菜为充",这种提法与我们现在倡导的平衡膳食基本吻合。传统饮食习惯将食物按主食和副食区分,前者主要指粮食,后者主要指鱼肉蛋奶等。以谷类食物为主,适当辅以动物性食品,这种模式与西方发达国家过多的食用动物性食物的饮食结构相比,引起肥胖、糖尿病等慢性疾病的危险性明显降低,更有益于健康。

然而,随着我国经济的发展,生活水平的提高,居民的膳食结构也发生了变化,膳食中的动物性食物所占比例越来越多,植物性食物越来越少。当人们背离传统的饮食结构而走向高能量、高脂肪、低膳食纤维的"西方化"饮食结构的时候,带来的结果就是一些与肥胖密切相关的慢性非传染性疾病的发病率迅速攀升。2003 年 10 月 12 日公布的中国居民营养与健康状况调查结果显示,城市居民的膳食结构不合理,谷类食物仅占供能比的 47%,明显低于 55%~65% 的合理范围;脂肪供能比达到 35%,超过世界卫生组织推荐的 30% 的上限;糖尿病、超重和肥胖等疾病患病率明显上升。这些数据表明,膳食结构的改变已经影响到我们的身体健康。

1997 年中国营养学会重新修订了"中国居民膳食指南",提出了八条要求:①食物多样、谷类为主;②多吃蔬菜、水果和薯类;③常吃奶类、豆类或其制品;④经常吃适量鱼、禽、蛋、瘦肉,少吃肥肉和荤油;⑤食量与体力活动要平衡,保持适宜体重;⑥吃清淡少盐的膳食;⑦如饮酒应限量;⑧吃清洁卫生、不变质的食物。

如果你的膳食能满足以上八条要求,可以说你基本上具备了良好的饮食、生活习惯和合理的膳食结构,并且在一定程度上能预防肥胖及与膳食相关的疾病发生。

2. 平衡膳食宝塔

为了更形象地表达膳食指南的原则,并使人们容易理解和掌握它,中国营养学会设计和制定了《中国居民平衡膳食宝塔》,提出了中国居民平均每天各类食物摄入量的参考值或范围。膳食宝塔具体、灵活、直观地告诉人们每天应吃食物的种类以及不同种类食物的比例和数量。

在日常膳食中应当包含宝塔中的各类食物,各类食物的比例也应基本同膳食宝塔一致。当然,这并不是要求你完全按照宝塔推荐的数量吃,你可以根据自己的具体情况做相应调整,但一定要遵循宝塔推荐的各类食物的大体比例。位于宝塔底部的是谷薯类食物,所占面积最大,说明应该吃得最多;倒数第二层是蔬菜和水果,所占比例也不小,要充足;第三层包括肉类、禽类、鱼虾、蛋类等动物性食物,不宜吃得太多,要适量;再向上是乳类和豆类,这些都是富含钙的食物,要经常吃;位于塔尖的是油脂类食物,要尽量少吃。不同能量膳食的各类食物参考摄入量(克/天)见表 5-2。

表 5-2

食物名称	低能量(小于 1800 千卡)	中等能量(小于 2400 千卡)	高能量(小于 2800 千卡)
谷类	300	400	500
蔬菜	400	450	500
水果	100	150	200
肉、禽	50	75	100
蛋类	25	40	50
鱼虾	50	50	50
豆类及豆制品	50	50	50
奶类及奶制品	100	100	100
油脂	25	25	25

《中国居民平衡膳食宝塔》建议的每人每日各类食物适宜摄入量范围适用于一般健康成人,使用时还要考虑到个体的身高、体重、年龄、性别、活动量等多方面的差异,具体到某个人使用时,应在此建议的基础上适量增加或减少摄入食物的数量。

- 体型肥胖者,应低于此建议的分量。
- 体型消瘦者,可在此建议的基础上,适当增加一些自己喜爱的食物。
- 身材中等偏下的女性,可以此建议的下限作为参考。
- 身材中等偏上的男性,可以此建议的上限作为参考。
- 活动量少时酌情减少食物数量,活动量大时则适量增加。
- 年轻人适当多吃主食,老年人可少吃些主食,并相应减少其他食物。

肥胖者只有减少能量才能减少体重,减少能量从某种意义上讲就意味着减少食物数量。但无论减少多少能量,切记不能离开平衡膳食宝塔的膳食模式。减体重膳食也一定要在平衡膳食的基础上按比例减少,而不应该单纯地减少其中某一类或几类食物。

3. 合理安排每日餐次

当你按照平衡膳食要求选择好一天的食物以后,还要把它们平均地搭配到每一餐中。

合理安排一日的餐次,两餐间隔的时间,以及每餐食物的数量和质量,使进餐与日常生活规律和身体状况相适应,和食物消化过程相协调,这些都属于平衡膳食的要求。膳食安排得当,可以帮助你保持良好的精神状态并提高工作、学习效率。

(1) 餐次间隔。正常情况下,一般每日三餐比较合理。两餐之间的间隔时间最好控制在4～6小时,因为食物一般在胃中停留4小时左右。若两餐间隔时间太长,加重了饥饿感,人会感觉心慌、没有精神,降低了学习和工作的效率。两餐间隔时间太短,胃还没来得及排空,下一餐的食物就迫不及待地又进来了,消化器官就没有休息和调整的机会,影响食欲和食物的消化。

(2) 每餐数量。每餐食物数量要与生活工作习惯相适应。"早吃好、午吃饱、晚吃少"是比较合理的分配方法。早餐占全天食物总能量的30%；午餐多吃一些,占到40%；晚餐不要吃得太多,占总能量的30%比较合适。因晚餐后活动很少,能量消耗不大,吃得太多,特别是吃太多不易消化的油腻食物,容易影响睡眠,增加心脑血管发病的危险。

当然你没有必要很教条地完全照搬上面的食物分配比例,可以根据自己的实际情况,灵活调整。比如你早上起得很晚,距离中午饭的时间比较短,你就可以少吃一些早餐；如果晚上睡得很晚,晚餐就可以稍微多一些,或在临睡前和晚餐之间来一点加餐。假如你的工作不是很紧张,时间也比较充裕,采用少量多餐的办法也不错。三个正餐都不要吃得太饱,匀出一些食物放在两餐之间吃更有利于控制体重。

特别要注意的是晚餐不宜过饱,否则容易引起肥胖。晚餐通常是许多家庭一天当中最丰盛的一餐,家人团聚,时间充裕,早、午餐的简单凑合,都是使得晚餐丰盛的原因。晚餐吃得丰富一些本无可厚非,但如果鸡、鸭、鱼、肉、各种美味菜肴一股脑儿地摆满餐桌,吃得油腻、吃得过饱,就带来了问题。因为大量食物进入身体后,血液中的血糖浓度升高刺激胰岛素大量分泌。再加上人们普遍没有晚餐后运动的习惯,餐后不是坐在沙发里看电视,就是躺在床上看书,要不就是坐在计算机前上网玩游戏,能量消耗很少。此时,多余的能量就会在胰岛素的作用下转变成脂肪储存在体内,久而久之人就变得肥胖。另外,油腻食物中的大量动物脂肪让你的血液变得黏稠,并容易附着在血管壁上,形成动脉粥样斑块。于是血管就像下水道被厚厚的油泥堵塞了一样,变得不通畅,并由此引发多种心脑血管疾病。

由此看来,晚餐吃得过饱、太油腻与肥胖、心脑血管疾病的发生有密切关系,所以要改变这种不良的生活习惯,晚餐应吃得清淡、量少,餐后休息半个小时后出去走走,增加些运动,可以有效避免或减少肥胖的发生。

一日多餐不容易肥胖。国内外调查研究发现,在一天内吃2～6顿饭的人中,无论是男性还是女性,进餐次数较少的人发生肥胖的机会和程度都高于进餐次数稍多的人。少量多餐与少餐多量相比,能获取更充分的营养,且不容易造成能量过剩。

国外有人做过调查：每日进餐少于三次者的肥胖率为57.2%,而坚持一日五餐或更多餐次者肥胖率仅为28.8%。

不过需要提醒你注意,一日多餐不容易引起肥胖的前提是多餐但不能多量,即少量多餐。在总量控制的前提下,增加餐次,才能达到控制体重的效果。

思考与练习

1. 人体肥胖的原因有哪些?
2. 在现实生活中常见的减肥误区有哪些?
3. 塑造强健手臂、美丽胸部、结实美腰和修长美腿的运动处方主要内容是什么?
4. 当今社会时尚前卫的减肥运动有哪些?它们有何特点和作用?
5. 何谓平衡膳食?
6. 为什么说中国传统的饮食结构更有益于健康?

第6章 形象塑造

学习目标

形象是当今社会的核心概念之一,人们对形象的依赖已经成为一种生存状态。本章介绍个人形象塑造的基本内容,帮助每个人找到适合自身的服饰、妆容、最佳色,掌握色彩的搭配规律,掌握个人形象塑造的技巧。

美已成为一种文化、一门科学、一种生活的态度和艺术。人们在对美的不断追求中了解自己,学会呵护自己,又在捕捉和创造美时让生活升华。在日常生活中,一个人的衣着打扮、美容化妆、发型的梳理和言谈举止、仪态风度等结合在一起,构成了这个人独特的外部形象。一个人的外部形象反映了他的民族、职业、性格和品位、素质、审美情趣的特点。

商业心理学的研究表明,人与人之间的沟通所产生的影响力和信任度来自语言、语调和形象三个方面,其中语言只占7%,语调占38%,形象(视觉)占55%。由此可见,形象的确是一种征服人心的利器。在现实生活中这一客观事实也得到证实,如许多人力资源部门在招聘员工时,对应聘者职业形象的关注程度要远远高于我们的预估。他们需要所在单位的职员有较好的身体和气质,以及超强的公关能力,来适应现代社会的发展需要。由此可见,形象礼仪越来越重要和关键,而塑造良好的职业形象与礼仪风度是每个现代职场人士都必须具备的一种基本能力。

6.1 表　　情

表情是指通过面部姿态变化来表达内心思想情感。从运动生理学的角度来理解,面部肌肉收缩牵拉皮肤而形成不同的皱纹,赋予面部各种表情。在日常生活中,表情的表现形式多彩多姿。对于一个从事旅游服务的工作人员来说,除了用自己精湛的技术为顾客服务之外,还应该充分贴切地运用面部表情来准确表达自己的意图,用个人魅力来赢得顾客的信任与好感,这不仅能让你的工作充满乐趣,也是一个优秀的旅游服务工作者应该具备的基本素养和立足之本。其实要让人信任你也很简单,那就是学会运用柔和、友好的眼神和亲切自然的笑容。因为,美好的感觉往往是从一个表情、一个眼神传达出来的,它是最具礼仪功能与表现力的表情。

6.1.1 眼神

眼睛是心灵的窗户,一个公正无私的人,他的心底就像一方晴朗的天空,清澈、洁净、透明,从他眼神中流露出来的是公正、公平的力量;一个与人为善的人,眼神中流动着的是鼓励和肯定;一个充满爱心的人,眼神也一定充满爱意,严肃中透着慈祥,平静中充满期盼。在与顾客的交流中,目光交流总是处于第一位的,学会运用眼神语言,表情的变化将无穷无尽,因此,你要做的是尽量让自己的目光看起来柔和、友好。在与人谈话时,目光的允许空间为上至对方的额头,下至对方上衣的第二粒扣子(胸部)以上,左右不超过两肩。此外,注视他人时,以对方鼻子为圆心,以鼻子到肩膀的距离为半径,画一个"圆",这个视线范围是目光礼仪的交流圈。要注意的是,在和别人说话时,忌讳的是眼睛闪烁、狠狠盯住对方看或斜眼看人。目光游移不定,给人的感觉是心神不定;两眼无神或不敢正视对方,就会使人感到你缺乏自信,甚至无能。这些都会使对方产生不信任感。

6.1.2 笑容

笑容是表情中最能赋予人好感,增加友善和沟通,愉悦心情的表情。服务性行业一直在追求能达到最佳效果的微笑;素昧平生甚至语言不通的人们也希望以微笑作为沟通的桥梁。那么,究竟怎样笑才是最完美的微笑呢?

1. 微笑的标准

美国洛马琳达大学牙科学院博士、加利福尼亚州牙科医生尼古斯·戴维斯等科学家通过数据分析,制定出一套完美笑容的衡量标准。科学家们认为,合适的牙齿颜色是完美笑容的第一要素。因为人们观察微笑时,最先注意到牙齿颜色。最好牙齿颜色与白眼球颜色一致。完美笑容标准除了牙齿颜色外,还包括诸多因素,如脸部形状和尺寸、每颗牙齿的宽度、尺寸、弧度和形状以及嘴唇的宽度均有严格的数学比例。微笑表情作为旅游行业的职业标准,应该是统一的。其具体要求如下。

(1) 嘴唇:上、下嘴唇应以脸部中间线为基准对称。

(2) 牙齿:整齐,没有明显修补痕迹。大部分上排牙齿外露,而把下排牙齿隐藏在唇内。

(3) 宽度:嘴唇咧开宽度应达到脸部的二分之一。

(4) 牙龈:尽量少露出,如果露出牙龈,应在 2 毫米以内。牙龈的颜色最好是健康的淡粉色。

2. 微笑表情的肌肉运动

要达到这个标准,首先要了解、掌握面部表情肌肉的运动规律和肌肉收缩力的程度,然后进行训练,掌握微笑表情的方法和技巧。微笑表情面部肌肉运动要领:额肌收缩力相应加大,使整个眉位提高、眼轮匝肌放松;鼻子两侧上唇方肌和颧肌收缩,鼻稍隆起呈球状;面两侧笑肌收缩,有侧下拉的感觉;下唇方肌、颏肌和口轮匝肌放松;嘴角含笑。

头面部肌肉如图 6-1 所示。

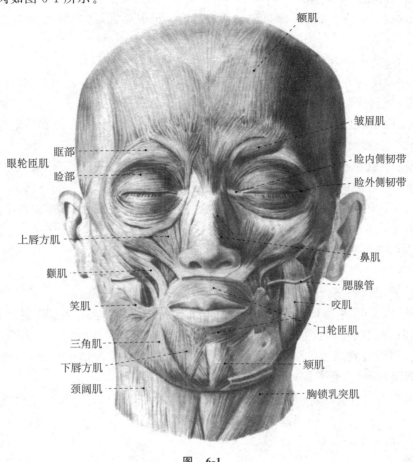

图 6-1

6.1.3 表情自我训练方法

1. 眼神训练方法

1）定眼

定眼即眼睛盯着一个目标，分正定法和斜定法两种。

（1）正定法。在前方 2~3 米远的明亮处，选一个点，点的高度与眼睛或眉基本相平，最好找一个不太显眼的标记。进行定眼训练时，眼睛要自然睁大，但眼轮匝肌不宜收得太紧。双眼正视前方目标上的标记，目光要集中，不然就会散神。注视一定时间后可以双眼微闭休息，再猛然睁开眼，立刻盯住目标，进行反复练习。

（2）斜定法。要求与正定法相同。只是所视目标与眼睛成 25°斜角，训练要领同正定法。

2）转眼

转眼即眼珠在眼眶里上、下、左、右来回转动，包括定向转眼、慢转眼、快转眼、左转眼、右转眼等。

(1) 定向转眼的训练如下。

① 眼球由正前方开始,眼球移到左眼角,再回到正前方,然后再移到右眼角。反复练习。

② 眼球由正前方开始,眼球由左移到右,由右移到左。反复练习。

③ 眼球由正前方开始,眼球移到上(不抬眉),回到前;移到右,回到前;移到下,回到前;移到左,回到前。反复练习。

④ 眼球由正前方开始,由上、右、下、左各做顺时针转动,每个角度都要定住。眼球转的路线要到位。然后再做逆时针转动,反复练习。

(2) 慢转:眼球按同一方向顺序慢转,在每个位置、角度上都不要停留,要连续转。

(3) 快转:方向同慢转,不同的是速度加快。

(4) 左转:眼球由正前方开始,由上向左按顺序快速转一圈后,眼球立即定在正前方。

(5) 右转:同左转,方向相反。

以上训练开始时一拍一次,一拍二次,逐渐加快,正反都要练。

3) 扫眼

扫眼即眼睛像扫把一样,视线经过路线上的东西要全部看清。

(1) 慢扫眼。在离眼睛 2～3 米处,放一张画或其他物。头不动,眼睑抬起,由左向右,做放射状缓缓横扫,再由右向左,四拍一次,进行练习。视线扫过所有东西,尽量一次全部看清。眼球转到两边位置时,眼睛一定要定住。逐渐扩大扫视长度,两边可增视斜 25°,头可随眼走动,但要平视。

(2) 快扫眼。要求同慢扫眼,但速度加快。由两拍到位,加快至一拍到位。两边定眼。

2. 微笑训练方法

1) 对镜微笑训练法

这是一种常见、有效、最具形象趣味的训练方法。端坐镜前,衣装整洁,以轻松愉快的心情调整呼吸自然顺畅:静心 3 秒钟,开始微笑,双唇轻闭,使嘴角微微翘起,面部肌肉舒展开来,口中念"七""E"可帮助笑肌和嘴角往上提;同时注意眼神的配合,使之达到眉目舒展的微笑面容。如此反复多次。自我对镜微笑训练时间长度随意。为了使效果明显,可播放背景音乐(较欢快的节奏)。

2) 模拟微笑训练法

(1) 第一步,轻合双唇。

(2) 第二步,两手食指伸出(其余四指自然并拢),指尖对接,放在嘴前 15～20 厘米处。

(3) 第三步,两食指尖缓慢匀速地分别向左右移动,使之拉开 5～10 厘米的距离。同时嘴唇随两食指移动而同步加大唇角的展开度,并在意念中形成美丽的微笑,让微笑停留数秒钟。

(4) 第四步,两食指再缓慢匀速地向中间靠拢,直至两食指尖相接;同时,微笑的唇角开始以两指移动的速度同步缓缓收回。需要注意的是,训练微笑缓缓收住,切忌不能让微笑突然停止。

如此反复开合训练 20~30 次。

3）情绪诱导法

情绪诱导法就是设法寻求外界物的诱导、刺激，以求引起情绪的愉悦和兴奋，从而唤起微笑的方法。诸如，翻看使你高兴的照片、画册，回想过去开心的生活片断等，在欣赏和回忆中引发快乐和微笑。

4）含箸法

含箸法是日式训练法。选用一根洁净、光滑的圆柱形筷子，横放在嘴中，用牙轻轻咬住（含住），以观察微笑状态。

6.2 色彩与形象美

人人都有爱美之心，在视觉美学的体系中就包含了一个最基本、最核心的要素——色彩。色彩是无处不在的，无论是大自然的斑斓还是城市中的五光十色，不同的色彩给人带来不同的心理感受。如今，色彩在现代社会生产和生活领域的应用也随着时代的进步而逐渐占据着越来越重要的地位。有人曾做过一个实验，一个人从远处走来，首先进入观察者眼帘的是服装的色彩，然后才是人的轮廓、面目。色彩以 67% 的比例决定每个人的形象品位，可见视觉色彩形成了人的第一印象。

6.2.1 色彩的基础知识

色彩是光作用于物体所产生的一种物理现象，人们通过视觉器官来感觉各种色彩。各种物体由于吸收和反射光量的程度不同，使物体呈现出五彩缤纷的颜色。没有光，就没有色彩。三棱镜可将光分成赤、橙、黄、绿、青、蓝、紫七种颜色，它们的排列是有规律的，在两色之间都有过渡色，因而形成一条美丽的色带。在这条色带中，红、黄、蓝这三种颜色是不能用其他颜色调配出来的，因此称这三种颜色为三原色。两种原色调配出的颜色称为间色，多种间色调配出的颜色叫复色。而三原色相加混合成为黑色。

1. 色彩的三属性

（1）色相。色相是指色彩的相貌，是区分色彩种类的名称。为了便于区别颜色，分别给它们起个名字，如大红、橘红、中绿、翠绿、浅蓝、湖蓝、青莲、紫罗兰等。我们经常使用的色相名是日本色彩研究所的 PCCS 配色体系中的色相名称，共分 24 个色相。每个色相因其所含紫红、黄、蓝绿的比例成分不同而呈现出不同的相貌。这些色彩在人们的视觉中是有差别的，为了研究方便，色彩学上把颜色按光谱顺序排列成环状体，起名为色环，也称色轮。

（2）明度。明度是指色彩的明暗（深和浅）程度。对于物体色来说，也就是指深浅程度。如果我们把颜色归列一个明度表，就会发现：色彩浅一些的，其明度就高一些；色彩深一些的，明度就低一些。如黄色在色彩中属明度最亮，也最浅，其次是橙色和绿色，再其次是红色和蓝色，而紫色最深，明度也最暗。此外，每一种颜色也可以调配成深、浅多种不同的明度色。如一种红色不断加入白色,会产生不同明度的粉红色,白色加得越多,色彩的明度越高;反之,红色加入黑色,会产生暗红色(深红色),黑色加得越多,明度就越来越暗。在颜料中混入白色,明度就会提高;在颜料中混入黑色,明度就会降低。较深的颜色给人带来坚硬、厚重的感觉,较浅的颜色给人的感觉是轻松、单薄的。

(3) 纯度。纯度是指色彩的"干净程度",也称色彩的"饱和度"。任何一个标准的纯色一旦混合黑、白、灰色,就会降低它的纯度。色彩有纯色和不纯色之分。色与色之间的混合越复杂,所调出的色纯度越低,如我们常见的各种灰色和一些色相含蓄的颜色。而不加入任何颜色的色,如大红、橘红、中黄、草绿、深绿、群绿、群青、普蓝等色均为纯度色,或称饱和色。

凡是色彩,都有色相、明度和纯度这三种属性,无论色彩怎么变化,总离不开这三种属性。正确认识和识别色彩也应从这三方面考虑,很好地把握它。

2. 色彩语汇

代表性的色彩是那些自身带有可以渗透到人内心的、具有一定象征意义的色彩。无意识地选择和使用色彩时,我们可以感受到色彩内部的象征。服饰的色彩是抽象的语言,传递特定的讯息,让对方产生相关的联想,甚至引起某些细微的反应。

(1) 黑色。黑色是最暗的颜色,总能让人联想到一些消极的东西,诸如夜、恐怖、黑暗、不安、罪恶等。黑色表达着一种向周围的压抑和桎梏反抗的情绪。

(2) 白色。白色象征纯洁、神圣、善良、信任与开放。

(3) 灰色。白到黑之间构成了灰,从浅灰到暗灰有若干种灰色,它给人宁静、高雅的印象,同时还给人以朴素、孤寂的感觉。

(4) 红色。红色是让人感觉火热、充满力量和富有能量的颜色,它象征热情、性感、权威、自信。不过有时候也会给人血腥、暴力、忌妒、控制的印象,容易造成心理压力。

(5) 粉红色。粉红象征温柔、甜美、浪漫、没有压力,可以软化攻击、安抚浮躁。比粉红色更深一点的桃红色则象征着女性化的热情,比起粉红色的浪漫,桃红色是更为洒脱、大方的色彩。

(6) 绿色。绿色给人无限的安全感受,使人联想到大自然中的美丽,是一种会令人放松、解除疲劳的色彩。它宛如新生的嫩芽,象征着生命的和平与安全。黄绿色给人清新、有活力、快乐的感受;明度较低的草绿、墨绿、橄榄绿则给人沉稳的印象。

(7) 橙色。橙色不如红色那么强烈,是传达活泼、健康、亲切、坦率、开朗感觉的开放性色彩。介于橙色和粉红色之间的粉橘色,则是浪漫中带着成熟的色彩,让人感到安适、放心。

(8) 黄色。黄色是洋溢喜悦与轻快的色彩。让人感觉到由内向外蓬勃的生命力。它像隐藏了某种倾吐的欲求,又像是遥遥之外希望引人注目的色彩,艳黄色象征信心、聪明、希望;淡黄色显得天真、浪漫、娇嫩。但艳黄色有不稳定、招摇,甚至挑衅的味道。

(9) 褐色、棕色、咖啡色系。典雅中蕴含安定、沉静、平和、亲切等意象,给人情绪稳定、容易相处的感觉。如搭配不当,会让人感到沉闷、单调、老气、缺乏活力。

(10) 蓝色。蓝色是使人心绪稳定的色彩,是灵性知性兼具的色彩,在色彩心理学的测试中发现几乎没有人对蓝色反感。明亮的天空蓝,象征希望、理想、独立;暗沉的蓝,意味着诚实、信赖与权威。正蓝、宝蓝在热情中带着坚定与智能;淡蓝、粉蓝可以让自己、也让对方完全放松。蓝色是最没有禁忌的颜色。

(11) 海军蓝(深蓝色)。海军蓝象征权威、保守、中规中矩与务实。

(12) 紫色。紫色是优雅、浪漫,并且具有哲学家气质的颜色。紫色的光波最短,在自然界中较少见到,所以被引申为象征高贵的色彩。淡紫色的浪漫像隔着一层薄纱,带有高贵、神秘、优雅、高不可攀的感觉。

6.2.2 个人色彩诊断技巧

早在 20 世纪 80 年代的美国,就出现了以研究人与服饰色彩为主的"色彩四季理论",被誉为"色彩第一夫人"的卡罗尔·杰克逊女士经过多年研究,将人们穿衣常用的色彩分为了"春""夏""秋""冬"四组色群,而这些色群是对应每一个个体的,让人们可以轻轻松松购买衣物,简简单单扮出美丽。

1. 色彩四季基本理论

我们的身体是有颜色的,你相信吗?每个人的肤色、发色、眼珠色以及唇色,会因为身体内黑色素、血红素比例的不同而呈现不同的色彩,就算因为游泳等户外运动晒黑了,皮肤天生的冷暖色调仍不会改变。这是因为每个人的DNA(遗传基因)不同。构成DNA的三个重要元素是黑色素、血红素和胡萝卜素,血液中这三种物质的比例决定了一个人的肤色,黑色素决定皮肤的黑与白、深与浅,血色素和胡萝卜素决定皮肤的冷与暖。因此,身体色特征也会分成冷暖调子。只要仔细观察,任何人都能看出每一个人的肤色、发色、唇色、瞳孔色等都存在着差别,有的非常明显,有的却不明显,但无论是怎样的差别,都足以影响穿衣和化妆的色彩,是让服装与人和谐统一、达到完美的关键。

1) 冷暖色调的认识

色彩无所不在,每天都以不同的形式闯入我们的视线,一般大家会认为红、橙、黄是暖色调,蓝、绿、紫是冷色调,其实这是不确切的。在庞大的色彩体系中,除了黑色是冷色调,橙色是暖色调之外,其他的颜色都有冷暖之分,也就是说,红、黄、绿、蓝、紫都有冷暖色调之分。接下来介绍一个简单易学的方法。

这组色标是以黄为底调的,看上去有一种温暖的感觉,它属于暖色调(图 6-2)。

图 6-2

这组色标是以蓝为底调的,看上去有一种凉爽的感觉,它属于冷色调(图 6-3)。

图　6-3

再以红、绿、蓝为例,色调的冷暖就很清晰了(图 6-4)。

图　6-4

2) 皮肤冷暖的认识

虽然我们同是黄皮肤、黑头发、黑眼睛的亚洲人,但是仔细观察你会发现一类人跟一类人肤色的调子是不一样的,甚至笑起来脸上的红晕也不一样,冷色系的人皮肤呈蓝色(玫瑰红)调,以粉红、蓝青、暗紫红、灰褐色为主;暖色系的人皮肤呈黄色调,以象牙色、金黄色、褐色、金褐色为主。暖色调的人的身体色特征以黄为主调,冷色调的人的身体色特征以蓝为主调,皮肤的色彩倾向决定穿衣用色要按色彩的冷暖调来划分。

3) 个人色彩诊断步骤

(1) 第一步:测试皮肤的冷暖。

① 比较春、夏季型的色布。

② 比较秋、冬季型的色布。

通过四组色布的比较,初步判断出自己所属的色调是冷色调还是暖色调。

(2) 第二步:测试皮肤的色重量(即确定皮肤所属的季型)。对于皮肤季型特征不是十分明显的人,可先分别涂上冷、暖色调的口红,观察肤色变化,再快速翻三十色大色布,准确地定出所属的季型。

(3) 第三步:涂上适合季型的口红,使用适合季型的丝巾或色布作最佳造型。

(4) 第四步:翻适合季型的三十色色布,找出最适合的着装、化妆颜色。

4) 色彩诊断测试基础色布

每个人诊断自己的季型最关键、最准确的方法是使用基础测试布对自己的皮肤进行比较。专用的基础测试布共分春、夏、秋、冬四组,每组有五块代表颜色,一共二十块。

(1) 春季型。珊瑚粉、鹅黄、葱心绿、热松绿、石蓝(图6-5)。

身体色特征：大多数人的肤色都呈现象牙调的浅色皮肤，皮肤很薄，有容易过敏的感觉，通常都容易出现腮红，头发细软而偏黄，棕黄的眼睛明亮而晶莹，整体给人年轻、开朗的印象。

(2) 夏季型。水粉、青黄、玫瑰红、中绿、天空蓝(图6-6)。

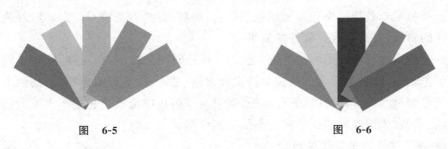

图 6-5　　　　　　　　　　图 6-6

身体色特征：肤色类型较多，有极白皙的皮肤也有较暗的肤色，但通常都泛着淡淡的玫瑰粉色腮红，发色的类型也较多，有黑色、深褐、深棕色等，黑棕色的眼睛透着沉稳，唇色一般呈现玫瑰粉色。

(3) 秋季型。肉粉、芥末、黄铁锈红、苔绿、凫蓝(图6-7)。

身体色特征：肤质极为匀整，肤色有不同深浅的象牙色，也有较深的棕色等，多数人都不易出现腮红，棕黄的头发、稳重的目光，整体给人成熟、稳重的感觉。

(4) 冬季型。倒挂金钟紫、明黄、正红、正绿、宝石蓝(图6-8)。

图 6-7　　　　　　　　　　图 6-8

身体色特征：多数人的肤色较暗，无论肤色深浅都有略略发青色的感觉，头发、眉毛都较为浓重，眼珠与眼白对比较为分明，目光锐利。

随着人们审美水平的提高，越来越多的人崇尚个性化的美丽，因此，在找到属于自己的色彩后，在这些能与肤色相辅相成的色彩中，挑选与个性较吻合的颜色来进行二次搭配，即使是同一色彩季型的人也会塑造出各不相同的美丽——春的活力、夏的柔美、秋的妩媚、冬的亮丽。

2. 色彩搭配的技巧

要使服饰具有色彩美，就要根据对颜色系列的认识和掌握，了解配色的基本方法。颜色一般分为无色系列和有色系列，前者如灰、白和各种深浅不一的颜色，后者如光谱分析中得到的红、橙、黄、绿、蓝、紫、黑七色。服装配色就是根据以上两个系列的色调来搭配的。

总的来说,服装的色彩搭配分为两大类:一类是对比色搭配;另一类则是协调色搭配。其中对比色搭配又分为强烈色配合和补色配合两种。强烈色配合是指两个相隔较远的颜色相配,如黄色与紫色、红色与青绿色,这种配色比较强烈。在日常生活中,我们常看到的是黑、白、灰与其他颜色的搭配。黑、白、灰为无色系,所以,无论它们与哪种颜色搭配,都不会出现大的问题。一般来说,如果同一个色与白色搭配时,会显得明亮;与黑色搭配时就显得昏暗。因此在进行服饰色彩搭配时应先衡量一下,你是为了突出哪个部分的服饰。补色配合是指两个相对的颜色的配合,如红与绿、青与橙、黑与白等,补色相配能形成鲜明的对比,有时会收到较好的效果。

协调色搭配也有两种不同的搭配方法:一种是同类色搭配,指深浅、明暗不同的两种同一类颜色相配,同类色配合的服装显得柔和文雅;另一种是近似色相配,指两个比较接近的颜色相配,如红色与橙红或紫红相配,黄色与草绿色或橙黄色相配等。下面就根据不同的肤色、季型、体型等来谈谈如何选择服装的色彩。

1)根据皮肤颜色选择服装色彩

每个人都有自己的"皮肤色彩属性",就像人的血型一样,与生俱来,不可改变。不同"皮肤色彩属性"的人,所适合的服饰颜色也不相同,服装色彩整体美的重要因素之一,是人体肤色与服装色彩的默契配合。只要穿对了适合自己的颜色的服饰,就会使人产生良好的心理效应。

(1)白里透红。这是种最让人羡慕的肤色,和任何一种颜色的服装搭配都比较和谐,有很大的包容性。穿上暖色调的服装,显得温和、大方,如果再配上同类色的耳环和口红则更佳。配上冷色调的服装,显得文静、高雅,因为肤色和服色相互补充,使整体形象和谐、典雅。

(2)白里透青。红色系列服装对这种人来说是适宜的,扇贝红、大红、桃红是一系列不同色相的红色,单独使用,或恰到好处地配在一起,有一种豪华、文雅、热情的味道。当然,千万不要忽略了口红,口红的颜色应与服装的颜色和谐,这样能使青白的脸色显得柔和、健康。白里透青的肤色,忌穿偏灰、偏咖啡色、蓝色的服装,因为肤色为冷色调,这青和蓝两种邻近的搭配,不但不和谐,而且会使肤色显得病态。

(3)棕色皮肤。棕色皮肤和棕红色皮肤的配色原理是基本一致的,也是最忌和相近的颜色搭配,如咖啡色等。另外,深红色和绿色对棕色、棕红色皮肤也不适宜,只会使皮肤的颜色更暗。棕色皮肤宜穿乳白色和灰色的服装,因为乳白色和灰色能与棕色皮肤相互补充,较好地体现棕色皮肤的细腻、典雅,使皮肤的颜色显得浅一些。另外,棕色皮肤宜穿花纹图案边缘比较清晰、鲜明的服装,它会使肤色显得健康、干净。棕红色皮肤也应选用粉色系列,当然这一类颜色的纯度要高,不宜用漂白,因为漂白明度太高,对棕色、棕红色皮肤不合适。

(4)肤色偏黄。东方女性的肤色普遍偏黄,是那种黄里带红的颜色,属于暖色调。这类肤色不宜穿对比度大的服装,如绿色、紫色、玫红色等,黄皮肤可以穿乳白色或浅黄色服装,如果在浅黄色里融进浅灰色,不但不会使肤色显得黄,相反,浅黄色和浅灰色相互补充,会恰到好处地体现黄皮肤的清丽、古朴和柔美。

(5) 黄里带黑。黄里带黑的皮肤,忌穿灰色系列,因为灰色系列常常使用黄里带黑的皮肤显得更黑。当然我们说的灰色系列不是单指烟灰色,而是包括红灰、蓝灰、黄灰等在内的。黄里带黑的皮肤,也忌穿花纹图案模糊不清的服装,这类服装使肤色显得更暗。相反,花型简洁、明朗,图案边缘比较清晰的服装,会把黄里带黑的肤色衬托得明亮些。

我国服装传统审美观比较崇尚蓝色,其中很重要的一个原因就是蓝色能衬托黄种人的肤色。明度上较深暗的蓝色,能将黄种人肤色"推向"明度高的一边,而产生白皙感。蓝色作为冷色系列色,它又将黄肤色"推向"比肤色更暖的一边,因而能把人衬托得更加健康。

2) 根据皮肤季型选择服装色彩

(1) 春季型。适合的颜色:以黄色为主色的暖色调色彩群,但一定是浅淡明亮、干净的颜色,如浅黄、肉粉、淡绿、乳白、浅暖灰、驼色、米黄,等等。要避免紫色、黑色以及深重的颜色,这些颜色会让春天型人失去轻盈、健康的感觉。

搭配指南:春天型人适合对比的搭配,多种颜色穿着一身也会很好看,需要注意的是这些颜色都必须是春天型的颜色。

(2) 夏季型。适合的颜色:以蓝色、紫色为主的冷色调色彩群,但色彩必须是浅淡、模糊的混合色,如浅蓝、浅蓝灰、藕荷色、紫色、水粉、玫瑰红,等等。黄色系、咖啡色系等无论怎样流行都不要穿着在这些颜色的映衬下,夏天型人的肤色会显得黄暗无光。

搭配指南:夏天型人必须严格遵循同一色系或相邻色系的搭配原则,才能营造出飘逸、雅致的气质。要避免穿着过于对比的花色,以及全身衣服色彩反差过大,因此,在熟练掌握搭配要领之前,上下身的衣服最好购买成套的,再配以与之相同色系、不同深浅的衬衣、丝巾、鞋包等,这样才能穿出独特韵味。

(3) 秋季型。适合的颜色:以金色、黄色为主色的浑厚、浓重的暖色调色彩,如咖啡色、金棕色、砖红色、铁锈红色、苔绿色、芥末黄、橄榄绿,等等。这些混合的暖色群,与秋天型人的肤色相映生辉,会使得肤色更加健康而细腻。

搭配指南:全身服饰的色调要控制在不同深浅的同一色调或邻近色调中,较为对比的色彩只能作为小面积的点缀色来用,方能搭配出秋天型人特有的华丽及都市感。咖啡色是秋天型人职业装的主要用色,但为了穿出时尚感,打破咖啡色的沉闷感觉,在穿着咖啡色时,可搭配芥末黄的丝巾或衬衣,鞋子和包的颜色也要相对明亮一点,比如选择驼色,才能把普普通通的咖啡色搭配出流行感觉。

(4) 冬季型。适合的颜色:黑色、纯白色以及各种深浅不一的灰色,还有一切纯正的鲜艳色彩,比如正红、正绿、正蓝,等等。除此饱和的浓重色群外,浅淡发冷的冰色群也非常适合。

搭配指南:非常适合对比的搭配,只要掌握好色彩的面积比例,许多人认为不能搭配在一起的红和绿,也能穿出不一样的韵味。

3) 根据体形来选择服装色彩

人有高矮、宽窄、胖瘦之分,色彩有明暗、深淡、冷暖之别,服装穿着是否美观,与人的体型有很大关系,而服装色彩对修饰改变体型的弱点起着重要作用。因此,对自己的体态特征有一个明确客观的认识,慎重选择服装色彩,才能穿着得体。什么体型选用什么服装色彩,是有一定规律可循的。

一般来说,体型较肥胖者宜选用富于收缩感的深色、冷调,使人看起来显得瘦些,产生苗条感。如果穿浅淡色调,脸上的阴影很淡,人就显得更胖了。但是肌体细腻丰腴的女性,亮而暖的色调同样适宜。

体型瘦削的人在着装时如果服装选用富有膨胀、扩张感的淡色或沉稳的暖色调,会产生放大感使人显得丰满一些,而不能着清冷的蓝绿色调或高明度的明暖色,那会显得单薄透明、弱不禁风。胖体和瘦体还可利用衣料的花色条纹来调节。横色条纹能使瘦体型横向舒展、延伸,变得稍丰满;竖色条纹能使胖体型直向拉长,产生修长、苗条的感觉。

臀部过大的体型,上装用明色调,下装用暗色调,上下对照,突出上装,效果会好些。

腿短的人,上装的色彩和图案比下装华丽显眼一些,或者选择统一色调的套装,也可以增加高度;腿肚粗的人,不论穿短裙还是穿裤子,长、短袜都尽量用暗色调,以使腿显得细一点儿。

粗腰体型,束一条与衣服同色或近色的腰带,会产生细腰的效果。

肩窄的人,上装宜用浅色横条纹衣料,增加宽度感,下装宜用偏深的颜色,更加衬托出肩部的厚实感。

正常体型,选用服装色彩的自由度要大得多,亮而暖的色彩显得俏丽多姿,暗调、冷色系也可搭配得冷俊迷人,选用流行色更加富于时代色彩。但是也必须考虑穿着的时间、场合等,同时还要讲究色彩与款式、饰物的搭配协调,注意上、下装色彩的组合搭配。

3. 服装配色几种主要方式

(1) 呼应法。上下衣、上衣和帽子、鞋和提包等相呼应,如黑色裙子,上配黑白条或黑白花上衣,戴红帽子应配红挎包或红白花纺的上衣。这种呼应配色使人感到和谐又活泼,适合晚会,观看文艺演出及电影时穿着。

(2) 统一法。上下衣、帽、鞋采用一个色调,如全身白色调,全身黑色调等,这样配色法往往产生一种和谐的效果,一般适合婚礼及宴会。

(3) 陪衬法。上下衣,上衣和袖边,裙子和下摆,裙带,上衣和衣领等,用黑、白、红、黄等色相陪衬,用对比法显示出一种生动、活泼的色彩美,此种配色方法适合学生或青年人外出旅行时穿着。

(4) 对比法。上下衣,上衣的领子和袖子,上衣的某一部位和上衣整体,裙子和裤子的不同片,用不同的颜色相配,形成鲜明的反差,显示出鲜艳,活泼,明快的感觉。一般情况下,较适合儿童及运动员的着装。

(5) 点缀法。在统一色调的服装上点缀不同色或相反色的袖边、领口、口袋或装饰等,这种配色法显得文雅又庄重,作为职业女性穿着较为适宜。

总之,着装是通过搭配来体现美感的,搭配方面的技巧需要靠自己不断地摸索和练习,逐渐积累经验,从而形成自己的着装风格。

6.3 化妆与形象美

形象美的特征之一在于视觉性，人的身材、容貌、肤色等均衡、匀称、优美都是以人的视觉为尺度。形象美除了天赋和有目的的训练获得外，还可以根据皮肤的类型和特点借助化妆来美化自己。容貌美是形象美的基础条件，容貌美主要指细腻、红润、光洁的皮肤，优美的面部轮廓和匀称和谐的五官。化妆是生活中的一门艺术。它以个人的职业、年龄、性格及五官特点为基础，利用色彩造型原理来创造面部和谐的表情，强调个性美的肤色，使脸部更富有立体感，达到扬长避短的效果，从而创造出淡雅清秀、健康得体的自然美形象。

6.3.1 认识你的皮肤

皮肤是天然的最美的衣裳，也最珍贵和娇嫩的。皮肤的好坏，对我们的外表影响极大。健康、具有活力的皮肤是美的标准，每个人都想拥有一张细腻、富有弹性肌肤的脸蛋。可我们在日常生活中对自己的皮肤认识多少？注意了多少？俗话说"知之才能爱之"，掌握了基本的皮肤知识，可以帮你了解和分析自己的皮肤。

1. 皮肤的结构

皮肤是人体最大的组织，覆盖于整个体表，我们用肉眼只看到了皮肤的皮沟、皮丘、汗毛等，其实，皮肤由表皮、真皮以及皮下组织三层组成，每一层对维持皮肤的健康担当着不同的角色。

表皮是皮肤最外面的一层组织，其厚度因身体部位而不同，在手掌、脚掌处表皮最厚，在眼睑处最薄。表皮从外向内依次分作角质层、颗粒层、有机层和基底层。表皮层没有血管，但有许多神经末梢分布在表皮层的基底层，由基底细胞分裂繁殖，不断向外推移，将旧的细胞向外层推出，也就是说表皮层担负着细胞新陈代谢的功能。

真皮位于表皮的下面，是一层致密且具有弹性的组织。它可以为表皮和皮肤附属器官提供养分，对外界机械冲击达到缓冲作用。真皮主要由蛋白纤维结缔组织组成，包括胶原蛋白和弹性纤维，使皮肤有一定的抗拉性，显得柔韧和富有弹性。真皮层还包括皮脂腺、汗脂、毛囊组织、神经及供应表皮层养分的毛细血管。

皮下组织是指真皮下部延续下来的一层组织，由疏松的结缔组织及脂肪小叶构成，厚薄因个人营养及身体部位不同而异。它对外力等刺激具有软垫作用，而且皮下脂肪是很好的热绝缘体。

在皮肤的表面能找到皮沟、皮丘、外露的汗毛和毛孔。皮肤是否细腻，从皮沟的深浅和毛孔的大小可以判断，皮沟浅而毛孔细致，皮肤就显得细腻、光滑。皮沟深而毛孔粗大，皮肤则显得粗糙。

在皮肤表面还有一层肉眼看不见的膜，叫天然皮脂膜或天然保湿膜。皮脂膜 pH 值应维持在 4.5～6.5，呈弱酸性的状态，皮脂膜对皮肤乃至整个机体都有着重要的生理功能。

2. 皮肤的类型特征及护理

皮肤的类型大致可分为四类，包括干性皮肤、油性皮肤、中性皮肤和混合性皮肤。不同的皮肤类型表现出不同的特征。

（1）干性皮肤。干性皮肤的优点是肤质细腻白净，毛孔细小。由于皮脂分泌不足，皮肤无光泽，容易出现细纹、干裂、脱皮、雀斑或黄褐斑。日常护理需要重视滋润和防止水分流失，选择温和型的护肤产品，保护皮脂膜。白天要注意防晒。日常饮食要多摄取水分。

（2）油性皮肤。青年时期皮肤油脂分泌旺盛，呈油亮感。肤质较厚，毛孔粗大，容易长粉刺和暗疮，不易产生皱纹。日常护理需要控制皮肤油脂的分泌和保持皮肤的清洁，减少黑头、粉刺及暗疮的发生。在护肤时应适当增加去角质和深层清洁的步骤。白天做好防晒保湿。

（3）中性皮肤。中性皮肤可以说是最完美的皮肤。皮肤细腻娇嫩，毛孔细小，几乎没有瑕疵或细纹。油脂和水分分泌调和。整个面部充满光泽，且富有弹性。在日常护理中相对简单，只要做好清洁和基本保养。根据季节、气候和身体状况调整护肤品。保证生活作息正常，有充足的睡眠和健康饮食。这样就足以保持皮肤的最佳状态。

（4）混合性皮肤。混合性皮肤的油脂分泌不均衡，特点是 T 字区（指脸部的前额、鼻子及下巴）属于油性肤质，两颊、眼睛四周则属于中性或干性肤质。所以混合性皮肤的人大都同时具有干性及油性皮肤的特点，在同一张脸上会产生与干性皮肤或油性皮肤相同的问题。

3. 皮肤的检测方法

知道了皮肤的四种基本类型，那么在日常生活中如何简单地来识别呢？下面介绍两种简单的方法。

（1）方法一：用温和的香皂彻底清洁你的皮肤，你的皮肤有种紧绷的感觉，这是正常的反应，因为皮肤表面的皮脂膜被洗去了，还来不及分泌重新形成新的皮脂膜。此时，先不要抹任何护肤品，观察一下紧绷的感觉何时消失：如果在 20 分钟内已经消失，你就是油性皮肤；如果在 30 分钟左右消失，你就是中性皮肤或混合性皮肤；如果在 40 分钟以后才消失，你就是干性皮肤。

（2）方法二：想要进一步证实的话，请在临睡前清洁脸，不要使用任何护肤品，直到第二天早晨，取细软的纸巾，最好是吸油面纸，压拭整个脸部：油性皮肤，纸巾上会留下大片的油迹，使纸巾呈透明状；中性皮肤，纸巾上油迹面不大，纸巾呈微透明状；干性皮肤，纸巾上基本不沾油迹，纸巾几乎不透明；混合性皮肤，不同部位在纸巾上的反映不同。

6.3.2 影响皮肤的几个因素

影响皮肤的因素很多，概括起来可以分为外界因素和自身因素两种。外界因素我们难以控制，但美容护肤品可以起保护、维持和改善的作用；自身因素是指个人的生活习惯等，可以通过自身的努力和使用美容护肤品来帮助克服。

1. 外界因素

（1）时间。时间的流逝是谁都无法挽回的，皮肤的新陈代谢会随着时间的消逝从高峰渐渐滑落。这个分界大概出现在 25 岁，但每个人都有一定的个体差别，或迟或早。正确了解皮肤和年龄的关系，在不同的时候选择具有预防或者修护功能的护肤产品，延缓皮肤的老化过程,让皮肤保持最佳状态。

(2) 自然因素。随着岁月的流逝,皮肤的保护功能和自我修复功能都会逐渐减弱。自然因素包括日照、温度、湿度以及风。应付这些外来的刺激,最好的办法是加强日常保护和修复。例如,选用含防晒成分的日用乳霜,含丰富维生素的夜间护肤品,等等。每天点滴的呵护,有助于从根本上保持皮肤的良好状态。

(3) 污染。空气中各种化学漂浮物很多,当附着在皮肤上时,容易堵塞毛孔,甚至引起敏感。品质温和的清洁护肤品可以帮助清洁皮肤表面而不伤害皮脂膜,使毛孔保持通畅,自然可以减少粉刺、暗疮等皮肤问题发生的机会。

2. 自身因素

(1) 饮食习惯。水分是维持细胞新陈代谢的关键。每天饮水 6～8 杯,有利于体内循环,加速细胞生长。定期使用护肤保湿产品,有助于肌肤保持水嫩柔软。

吸烟、大量饮酒、进食煎炸食物、摄入药物,都会对皮肤产生负面影响,加速肌肤的老化。所以要戒除烟、酒等不良习惯,多吃蔬菜瓜果等营养食物,保持身心健康。

(2) 生活习惯。"美人是睡出来的",充足的睡眠对皮肤有很大的影响。在睡眠过程中,皮肤细胞的自我更新及修复日间损伤功能最活跃,所以在入睡前使用具有促进新陈代谢、修护皮肤、营养充足的护肤品,可使皮肤护理事半功倍。此外,适当的运动也可以帮助舒缓压力,促进血液循环和细胞新陈代谢。

3. 皮肤的日常护理方法

(1) 洁肤。洁净皮肤是美容的第一步。美容首要从清洁皮肤——洗脸开始。因为脸部皮肤表面的角质层,一般每 28 天左右会自然更换一次。在新陈代谢的过程中,每天都有老化的细胞产生,这些老化的细胞如不及时清除会阻塞毛孔,阻碍皮肤的正常生理功能,使皮肤无法吸收养分和排泄体内的废物。另外再加上空气中的尘埃和细菌,平时又化妆,如清洁不彻底会阻塞毛孔,就会不断出现暗疮、粉刺、黑头、皱纹、黑斑等。所以在日常生活中,不仅要每天洗脸,而且要掌握洗脸的方法,这是皮肤自我保养的最佳方法。

正确的洗脸方法是根据脸部肌肉的纹理走向洗——也就是由下往上。一般有清水洗、洗面奶洗或干洗等几种方法。如果脸上没有化妆,工作环境尚可,早晚洗脸时只需用 36℃～37℃ 的温水洗。化过妆的脸或油性、混合性皮肤必须每天用洗面奶洗脸。

(2) 爽肤。爽肤是指用洗面奶洗脸后,使用收缩水来调理肌肤或在用洗面奶洗脸后,再用冷水轻拍脸颊,也能起到收缩毛孔的作用。

(3) 润肤。在洁肤、爽肤后最关键的一步是润肤。就是在洗净的脸上涂抹护肤品,让肌肤有充足的营养。特别要注意的是选用的护肤品要适合自己的肤质。

6.3.3 化妆基础知识

1. 面部的组成

人的面部由额、颊、眉、鼻、眼、嘴组成,它们构成一个整体(图 6-9)。

2. 面部标准比例

一般人的脸型分为圆型、方型、心型、长方型、三角型等,而椭圆型脸被认为是标准

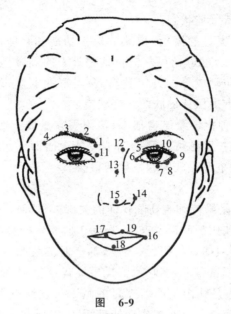

图 6-9

眉毛：1—眉头；2—眉腰；3—眉峰；4—眉尾
眼睛：5—上睫毛线；6—内眼睑；7—下眼睑；8—下睫毛线；9—外眼角；10—上眼睑；11—眼窝
鼻部：12—鼻根；13—鼻梁；14—鼻翼；15—鼻头
嘴唇：16—嘴角；17—上唇；18—下唇；19—唇峰

脸型，也就是面部的长与宽的比例为4：3，前额宽于下颚，突起的颧骨柔顺地向椭圆的下巴尖细下去。一个让人看着美丽的面庞，一定是五官与脸型比例适当、和谐的。在不同脸型中，人的五官有一个标准的比例，这个标准比例在很大程度上决定着美感。而化妆就是要把标准的比例作为和谐的尺度，找到自己的差距，在化妆各步骤中运用手法、色彩等来加以修饰，创造出具有独特个性的和谐美。这种测量整个脸部五官比例的方法叫作"三庭五眼"（图6-10）。

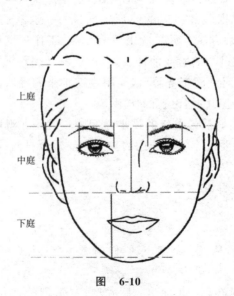

图 6-10

（1）三庭五眼。三庭是指前额发际开始至下颌底部纵向地分为三个部分：上庭、中庭、下庭。上庭指发际线至眉峰线，中庭指从眉峰线至鼻底线，下庭指从鼻底线至颌底线。面部纵向的比例关系是三庭长度相等。如果不等，则应用化妆来修饰。

五眼是指以一只眼睛的长度为衡量单位，从左耳到右耳横向分为五等份，这是面部横向的最佳比例关系。利用五眼的方法可以测量两眼之间的距离及两眼外侧距离是否协调。

三庭五眼是人的脸长与脸宽的一般标准比例，如不符合这个比例，就会与理想的脸型产生距离。

（2）三点一线。由眉头、内眼角、鼻翼三点构成一条垂直线。在修饰眉毛或画眼线时，三点一线的概念很重要。首先可从三庭五眼的比例中找出内眼角应在的位置，再用向上垂线找到眉头的所在位置，然后依据向下垂线找出鼻翼的宽窄距离。用此方法可以使自己的修饰更准确（图6-11）。

（3）眉的长度与眉峰。鼻翼至外眼角固定斜线的延伸处即是标准的眉形长度。确定眉峰的位置时，沿眼球外侧的垂直线向上与眉的交点处为标准的眉峰位置（图6-12）。

（4）嘴的长度。在目光平视时，嘴的长度应在嘴角与瞳孔形成的垂直线内。在脸部修饰中，嘴唇的大小很重要，要依据个人的脸型。小脸型的不适合画大嘴型，而大脸型也不适合画小嘴唇。适合的嘴唇长度可以用这条垂直线找出来（图6-13）。

 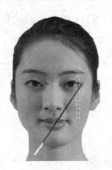 

图 6-11　　　　　　　　　图 6-12　　　　　　　　　图 6-13

3．肤色的类型

肤色在很大程度上决定着妆容的整体效果，化妆时应根据天然肤色来确定肤色基调，从而选择适当的颜色。亚洲人的肤色色调主要有两大类。

（1）黄色调。黄色调又分偏浅和偏深色调。偏浅色调的肤色比较苍白，以黄色为主；偏深色调的肤色偏深偏暗。

（2）红色调。红色调又分偏浅和偏深色调。偏浅色调的肤色是淡粉红色，红色以面颊最为显著；而偏深色调的肤色则是较深粉红色，两颊的肤色同样较深。

4．色彩与化妆的关系

现代人都注重运用色彩，无论是居住环境还是服饰化妆，人们都想得到一种理想的效果。在生活中人们把颜色分为暖色调和冷色调，协调地运用色彩反映了一个人的审美情趣和艺术修养。我们在了解颜色所起的作用后，根据自己的年龄、肤色、职业、场合、心情等选择和搭配颜色，从而使色彩和人完美地结合，塑造出一个更美丽、更得体的形象。

1) 化妆色彩搭配的方法

(1) 不同明度的色彩搭配。在化妆时利用深浅不同的颜色可使较平淡的五官显得醒目而具有立体感。明度高的颜色,感觉距离较近,会造成突出向前的感觉,具有扩散性;而明度较低的颜色,让人感觉后突深远,具有收缩性。

(2) 不同纯度的色彩搭配。纯度不同的色彩搭配可获得不同的对比效果。纯度越高,色彩越鲜艳,纯度对比越强,呈现的效果也就越鲜明艳丽;纯度对比弱,呈现的效果则含蓄、柔和。

(3) 同类色的搭配。同类色的搭配具有单纯、雅致的效果,但也会感到单调、平淡。

(4) 类似色的搭配。类似色的搭配的视觉效果和谐,对比柔和,避免了同类色的单调。

(5) 邻近色的搭配。邻近色的搭配是常用的色彩搭配,视觉效果既和谐又有变化。

(6) 对比色的搭配。对比色搭配起来对比强烈,视觉效果醒目、刺激,具有冲击力。

(7) 互补色的搭配。互补色的搭配具有最强烈、最刺激的视觉效果。

(8) 冷暖色的搭配。不同的色彩会使人在心理上产生不同的感觉。暖色具有扩张感,如红色艳丽、醒目,容易使人兴奋,感觉温暖。冷色具有收缩感,如绿色冷静、神秘,使人安静平和,感觉清爽。暖色搭配大多在日妆和秋冬使用,而冷色则在晚妆和春夏使用。暖色在冷色的衬托下,会显得更加温暖,冷色在暖色衬托下会显得更加冷艳。

2) 化妆中常用的颜色

眼影的色彩是化妆中最丰富的,在一般生活妆中常用蓝色、紫色、咖啡色、灰色、粉红色、黄色、绿色等。唇膏的颜色主要以红色调子为主,如大红色、玫瑰红、砖红、桃红、棕红等,这些颜色既能修饰唇色,又容易与面部整体和谐和统一。

在化妆中,肉色也是常用的颜色。粉饼色、粉底色、粉条色,用于改变肤色深浅不同。黑色与白色也常用,画眼线、涂睫毛、描眉都离不开黑色,白色则作为一种增加色彩明亮度的调和色。

6.3.4 基础化妆的基本步骤

1. 面部底妆

底妆是护肤的最后一步和完美化妆的第一步,可以掩饰面部皮肤的瑕疵,令肤色更均匀,还可以修饰、改善面部结构和鼻型,是获得清新、持久妆容的基础步骤。

(1) 打粉底。粉底有粉底液和干湿两用粉饼两类。粉底的作用主要是保护皮肤和弥补缺陷,对皮肤颜色不均匀及凹凸不平之处进行修整,同时突出自身皮肤的优点。粉底的颜色决定着整个化妆效果,一般来说,选择粉底时,不仅要考虑肤色的深浅,还需要考虑皮肤的色调,基本原则是与自己的肤色接近。如黄色调的肤色应该选择黄色调的粉底,红色调的肤色则应该选择略带淡红色的粉底。除此之外,还要考虑妆型(场合)的需要,淡妆在自然光线下选择与肤色接近的粉底颜色。浓妆可根据化妆造型的特殊需要选择,如晚妆可以选择比肤色稍亮的粉底。

打粉底的基本方法:用化妆海绵取适量粉底,用轻轻推抹和拍打的手法把整个脸部以左颊、右颊和额头为中心分三个区域由内向外将粉底推匀。特别要注意的是脸部最边缘的地方,要使皮肤(包括发际和颈部)自然、均匀地融合。

(2)定妆。在打好粉底后,用粉扑或散粉刷,在脸上扑上一层薄厚适度的散粉来定妆,这样可以使妆容更加持久、柔和细致。此外,也可在画好眉毛、涂了眼影、胭脂及唇膏后薄薄上一层散粉,起到定妆兼修饰的作用。

2. 眼部彩妆

脸部最动人之处是眼睛,通常眼妆被认为是化妆的灵魂。它不但可以增加眼部的立体感和美感,还能够烘托整个脸部形象,让妆容自然生动,张扬个性。

(1)画眉。作为眼睛的外框,眉在很大程度上勾勒着眼睛,影响着脸部的表情。画眉之前必须先修眉,用眉钳把远距眉的主干部分的疏落杂毛拔去,修眉后根据个性类型设计适合的眉型。

标准眉形的眉头位置在眼内角的正上方,眉峰在眉头到眉梢的 2/3 处,眉毛从眉头、眉峰过渡到眉梢,超过眼尾,正好与鼻翼拉成斜对直角。然后逐根修剪眉毛,将过长、笔直的或向下垂的眉毛修剪到适合的长度。然后用眉笔按眉毛生长的方向一根根地画,再用眉刷将画上去的眉和原来的眉毛融成一体。

脸型与眉形的配合如图 6-14 所示。

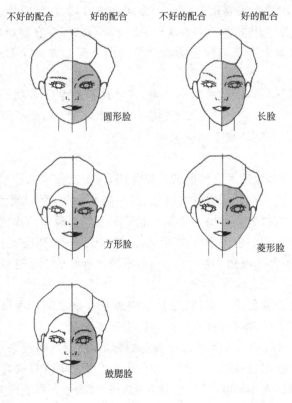

图 6-14

眉色的选择要根据妆型的要求和妆面的色调来决定,一般来说,眉毛不宜过深,最好比自己头发的颜色稍浅一些。

（2）涂眼影。眼影色彩可以塑造出层次感和立体感，使眼睛看起来生动而富有魅力。眼影的颜色有阴影色、亮色、强调色、装饰色等，将不同的颜色和谐地搭配起来才能显示妆容的效果。眼影可以单色运用，也可以多色运用，但在选择颜色时除了与皮肤协调以外，还必须考虑到脸部特征和服饰、场合等因素。

晕染是涂眼影的基本手法，晕染的技巧是决定眼影效果的关键。一种手法是水平晕染，即将眼影色在睫毛根部涂抹，并向上晕染，越向上越淡，色彩由深到浅渐变。另一种手法是纵向晕染，即将眼影由外眼角向眼睛前部晕染，或由内眼角向眼睛后部晕染，颜色逐渐变浅，过渡要自然。

（3）画眼线。眼线会使眼睑边缘清晰，给人以睫毛浓密、眼睛轮廓清晰的感觉，为眼部增加神韵。眼线的颜色可根据眼影色和妆型来选择。

画上眼线时，眼睛尽量向下看，然后用拇指在上眼睑处将皮肤轻轻向上提，让睫毛根部完全露出来。贴近睫毛的根部从眼梢处开始，向内眼角来回描画。画下眼线时，眼睛向上看，从外眼角向内眼角描画。但不要在外眼角处连接上下眼线，这样会使眼睛看起来较小。

（4）涂睫毛液。睫毛液可以使眼睫毛变得长而浓密，使眼睛看起来既大又有精神。在涂睫毛液之前，先用睫毛夹将睫毛卷曲。涂睫毛液时，先从睫毛中间部位开始涂，然后涂眼梢，最后涂内眼角。用手水平拿着睫毛刷，在睫毛根部左右轻轻摆动，一根一根从根部到梢部小心涂抹。睫毛颜色与眼部彩妆颜色和谐搭配。如果睫毛较短或稀少，可选用较亮丽的颜色。

涂上睫毛时，下巴微微抬起，眼睛向下看，然后用没有拿睫毛刷的那只手把眼皮向上提，使睫毛的根部露出来。涂下睫毛时，要将下巴向里收紧，眼睛从下向上看镜子，垂直拿着睫毛刷，在睫毛上左右摆动睫毛刷的尖端。

3. 涂胭脂

胭脂对化妆的格调、效果等方面起着重要作用，应根据皮肤和脸形的特点及妆型的基调来选择。较浅的粉底不宜使用太红的胭脂，脸部较窄小的，胭脂颜色也要淡些；反之胭脂可以深些。涂胭脂的位置是在做一个笑的表情时面颊能隆起的部位为中心点。用化妆刷蘸取适量的胭脂粉从中心由内向外向耳根轻轻涂抹。一般情况下，胭脂向上不高于外眼角的水平线，向下不低于嘴角的水平线，向内不超过眼睛的 1/2 垂直线。

4. 唇妆

唇部是面部中最强调美感的部位，是化妆中画龙点睛之笔。理想的唇型应有柔和的弧线，唇线分明，唇肌丰满，嘴角略向上翘，画唇要符合脸型。

（1）画唇线。用唇线笔勾勒和修饰出理想的唇形，使双唇看起来丰满立体，同时可以起到防止唇膏化开的作用，使唇形固定长久保留。唇线的颜色与唇膏相近或比唇膏的颜色稍深一些。画上唇线先画唇峰，然后由嘴角向中间描画；下唇线则先画唇底边，然后由嘴角向中间描画。

（2）涂唇膏。用唇刷蘸取一些唇膏或直接用唇膏涂抹。从上嘴唇中间向两边嘴角涂开，直至全部涂满，嘴大者，不要涂至嘴角，可离开嘴角一些距离。然后涂下嘴唇，同样从下唇中间向两边嘴角涂开。唇膏的颜色除了与自己的皮肤和妆容整体协调外，还要考虑季节变化，一般春夏颜色可稍浅些，秋冬颜色可稍深些。

6.3.5 化妆的原则

1. 化妆的原则

（1）化妆的目的不是画一张面具，而是要强调面部最美的部分，使其更加美丽；掩饰不足的部分，使其不太引人注意。

（2）化妆要求自然，但并非化妆很淡就一定会自然，而是有熟练的化妆技术，使用多种化妆品，各得其所。

（3）化妆要根据不同脸型特点做出具有个性美的设计，并根据不同场合、不同年龄、不同身份、发型、服装及饰物等做出不同的设计。

2. 化妆时应注意的事项

（1）化妆前必须注意清洁皮肤，睡前必须卸妆，不要让化妆品在脸上留太久，妨碍皮肤呼吸。

（2）有任何皮肤病时，要避免浓妆，化妆越淡越好。

（3）在粉底上下功夫。在洗脸后，敷上爽肤水及底层面霜，如干性皮肤则应在拍爽肤水后加涂乳液，将底层面霜均匀揉散再涂粉底，这样可使妆容既美而又能长久保留。在盛夏时，粉底必须选用耐热及干的粉饼，以防止妆容脱落。

（4）对面部缺点要修饰，但不要过分地遮饰。比如，在塌鼻的两侧刷上过多的鼻影，反而会使塌鼻成为注目之处。

（5）加强色彩的感觉。对于大多数黄棕皮肤的东方人来说，化妆的色彩不宜太鲜艳，防止出现强力的对比，应以柔和的颜色为好。一般化妆品应采用与自己的肤色接近或协调的颜色。

（6）化妆后要仔细检查。头发和睫毛上是否沾有粉迹；眉毛和眼睛是否对称，有无粗细不同或深浅不一现象；唇膏是否涂得对称，有无涂出唇线外，胭脂是否左右均匀一致；粉底和胭脂的颜色是否协调等，面部化妆必须重视整体效果，防止脸型交界处有明显的分层或化妆不自然的情况出现，还要检查服饰和发型是否搭配得当，全身颜色是否和谐。

（7）职业妆的要求是在保持女性原有风韵的同时，突出职业女性的典雅、娴静、大方。眉型是重点，不能太弯太柔；眼影的颜色可选棕色、咖啡色、橙色等，不能太浓；唇膏可选偏深一些的。

6.4 服饰与形象美

一个人的着装可以透视出她的品性、爱好、生活追求、职业特性等情况。服装就像一面镜子映射出穿着者的内在特征，它是人交给社会的第一张名片。美国作家马格丽特·米切尔的小说《飘》里有一段对主人公郝思嘉为参加晚宴而筹划穿衣的长篇描述。

什么衣裳最能够使她觉得动人？什么衣裳最能够吸引希礼？从八点起，她就把所有的衣服试穿起来，穿一件，丢一件，觉得没有一件能满意。现在她已觉心灰意冷，只穿着一件布紧身上衣和一条镶花边的小裙子，呆呆地站在那里发恼。那些被弃的衣服丢满在地板上、床上、椅子上，五光十色地乱作许多堆。

有一件黑色羽缎的，膨袖子，花边领，跟她那种白皮肤倒非常相称，可是穿起来要觉得老成一点儿。还有一件条纹纱布的，四角都有阔花边，穿起来倒也美丽，却又跟她的身段怎么也不能相配。若叫她穿，那就像一个女学生了。

冗长的描绘无法在此全部转引，但作者细腻地描写了一个少女要在众人面前塑造自己形象的踌躇和烦恼，她希望通过服装向人们传递关于自己的信息。其实，人类对服装要求的精微与复杂是难以言传的。

巴尔扎克在他的著作《夏娃的女儿》(Daughter of Eve)里精辟地说，服装是"一种内心思想的持续表现、一种语言、一种象征"。社会学家更加明确地表示：服装是一种符号的语言，一种非言辞系统的沟通形式。

6.4.1 服饰得体的基本要求

服装是人类生存及日常生活不可缺少的物质资料之一。在它给人们带来的多种作用中，应该说实用是人们的第一物质满足；人们的精神需要则是服装的第二作用；它的第三作用是适应人们的遮羞心理；第四是服装所起的标识作用。因此，每一件服装应具有一装多能等优点。

得体的服装具有美化人的形象的作用。特别是现代服装，它的价值已远远超出了御寒隔热、护体遮羞的实际作用。这不仅反映了社会的发展、时代的进步，而且从侧面反映了人民生活水平、审美意识和文化素养的不断提高。因此，无论是进行服装造型还是选择服装，都应从服装的造型样式、色彩搭配、图案纹样等加以综合考虑。另外，着装的客观条件也是不可忽视的。得体美观，给人以美的精神享受，这是服装美化人体艺术的第一个功能；修饰人体体型，通过服装造型来调节、弥补体型不足和某些缺憾，可以说是服装造型的第二个功能。总之，成功的组合搭配是使服装达到美化功能的捷径。

1. 着装原则与方法

着装是指服装的穿着。数千年来，服饰已经脱离了其遮羞避寒的原始意义，而具有了丰富多彩的文化意义，其中，礼仪的意义是相当突出的。但从礼仪的角度看，着装不能简单地等同于穿衣。服饰还带有很明显的社会符号、历史符号、情感符号以及个性符号。它是穿着者基于自身的阅历修养、审美情趣、身材特点，根据不同的时间、场合、目的，力所能及地对所穿的服装进行精心的选择、搭配和组合。在各种正式场合，注重个人着装的人能体现仪表美，增加交际魅力，给人留下良好的印象，使人愿意与其深入交往。因此，服饰穿着的失误和缺陷，往往也就会被认为是失礼或缺乏教养的表现。同时，注意着装也是每个事业成功者的基本素养。

服装是一种无声的语言，如何着装可从一个侧面真实地传递出一个人的修养、性格、气质、爱好与追求。要使着装后的个人形象富有神韵和魅力,应遵循以下原则。

1) 整体性原则

着装的整体美是由服饰的内在美与外在美构成的。外在美指人的形体及服饰的外在表现;内在美指人的内在精神、气质、修养及服装本身所具有的"气韵"。服饰的整体美构成因素是多方面的,包括人的形体和内在气质、服装饰物的款式、色彩、质地、加工技巧乃至着装的环境,等等。正确的着装能使形体、容貌等形成一个和谐的整体美,所以着装时一定要注意整体性。

2) 个性原则

着装的个性原则不单指通常意义上的个人的性格,还包括一个人的年龄、身材、气质、爱好、职业等因素在外表上的反映所构成的个人的特点。每个人都希望自己以一个独立的个体被社会接纳与承认,在服饰的选择方面也应注重个性化。服装选择要符合个人的气质,透过服饰展现自己个性化的风采。不要盲目地追赶时髦,最时髦的往往也是最没有生命力的,服装要穿出自己的个性。

3) 4W 原则

4W 原则是国际上流行的穿衣打扮的方法之一。4W 即是由何人穿(who)、何地穿(where)、何时穿(when)、为何穿(why)这 4 个英文单词的词头组成。

(1) 何人穿。服装的美依赖于人的存在,由人的穿着来体现。俗话说:"量体裁衣。"这里的"体"就其广义而言,包含了穿着者的个性、爱好、职业、体型、年龄等因素。不同的"体",着装时表现了不同的美感。一件构思成熟、做工精湛、色彩和谐的服装必须与穿着者的外在条件和内在因素相协调。

(2) 何地穿。地点的差异对着装要求影响很大。如在出席会议、参加庆典、应聘、出国、婚宴等比较正式的场合,着装风格就不能以不变应万变。在色彩、款式、搭配上,自始至终应根据地点的不同而有所变化。

(3) 何时穿。在生活中,着装的时间性表现很明显。早上起床穿的睡衣,决不能混同于晚上出席会议的西装。夏季穿的汗衫背心,在冬季露面也会显得唐突。

我们把正在流行的服装冠名为"时装"。时装不同于服装,时装包含时间、周期的内在因素。今天是流行的时装,明天可能成为过时的服装。因此,时间被视为"时装"的灵魂。

(4) 为何穿。不同的服装穿着,表现了不同的穿着目的。工作服体现了安全、舒适的性能;运动衣适应锻炼身体之用;西装革履是正规场合的理想穿着……宾馆接待服、法官服、白大褂等职业装则是更多地融入了穿着的目的,使之服务于工作特征和性质。根据不同的目的,挑选合适的款式,既能体现出自身的修养,同时也是对他人的尊敬。

4) TOP 原则

TOP 是英文 Time、Object 和 Place 三个单词的缩写,是国际通行的着装原则。所谓 TOP 原则是指人们在择装时,应兼顾时间、地点和穿着目的三个要素。

时间原则一般包含三个含义:一是指一天中时间的变化;二是指一年四季的不同;三是指时代间的差异。

穿着目的是指服装要与穿着场合的气氛相和谐,更和欲达到的目的相一致。如参加签字仪式或重要典礼等重大活动,要想让自己显得庄重、大方,表现出诚意或教养,着一套便装或打扮得过于花枝招展都不适宜,不能达到预期目的;只有穿着合体,质地、款式都庄重大方的套装才合适。

地点原则即指环境原则。不同的环境需要与之相协调的服饰,以获得视觉与心理上的和谐感。

人们的社会生活是多方面、多层次的,在不同的社会场合,扮演不同的社会角色。在社会活动中,人们的仪表、言行必须符合他的身份、地位、社会角色等,才能被人理解,被人接受。

2. 服装选择与搭配技巧

西蔓色彩告诉我们:"找对色彩就美丽,找准款式就漂亮。"个性形象设计从改变着装开始。着装是一门艺术,莎士比亚曾说过:"服装往往可以表现一个人的人格。"就服装本身而言,没有不美的服装,只有不美的搭配。会穿衣的人,几块简洁的布料搭配适宜的式样和造型,就能穿出自己的风格和品味;而不懂服装搭配的人,哪怕披金戴银,满身珠光宝气,也只会令人感到俗不可耐。因此,服装选择与搭配时应着重考虑以下几种因素。

1) 色彩因素

着装首先要注意色彩的协调。一位世界知名的时装设计师曾经说过:"也许在取得衣着成功方面,色彩是最有帮助的要素,颜色可以是您最好的朋友,也可以是您最凶恶的敌人。它可以使您显得年轻,也可以使您显得衰老;可以使您显得肥胖,也可以使您显得瘦削;可以使您邋遢,也可以使您潇洒。色彩不仅可以完全改变一个女人的外表,而且可以完全改变她的气质,不管她是雇员还是家庭主妇。"总之,人的肤色与服装色彩在搭配上应当相互衬托、相互补充,以形成个体形象与服装的和谐之美。

2) 体型因素

人的体型千差万别,往往难以十全十美。差别和缺陷,都要求人们在着装时特别注意服装色彩、款式和体型的协调,如果这方面协调好了,体型好的锦上添花,体型差一些的也可以扬长避短、隐丑显美,避免体型的不足,装扮出优美的体型。其基本原理是通过着装给人造成一种错觉,掩饰不足,突出长处。下面针对六种体型介绍一些基本方法。

(1) 高个子。高个子一般属比较好的体型,如果胖瘦也适中,便成了服装模特的身材。如果过于高大或高且瘦,就要作些修正:选择线条流畅的服装,但不宜用垂直线条;也不宜用高卷的发型或高帽子,避免窄小、紧身的衣服;避免使用黑色、暗色等,只有用鲜艳或淡色调做点缀时才考虑使用黑色;要从腰间将颜色组配打破,用明色或对比色的腰带切开。

(2) 矮个子。这种体型一般都算不上匀称,尤其是特别矮的人。此时要不断地用垂直线条增加身高,避免使用水平线条,否则会使人显得更矮;要避免宽折边和方正的肩线等;选择合体的服装,避免大或粗笨、宽松悬垂的款式;选用单色组合,最好选择从鞋、袜到裤、裙为同一颜色。穿靴子时,裙摆要盖过靴口,裤脚亦可盖过鞋口;避免使用对比色的腰带和衣裤(裙)来分割身体的高度。

(3) 瘦型。其修正方法如:选择质地较粗硬的面料,设计上加以多层次技术处理,增加宽度;不用垂直线条,而在颈线、腰线等处加水平线;尽量用刚好合体的衣服,不要太窄太紧,相反,太宽大的衣服也最好不穿;避免暗色,较浅的颜色可以使身影增宽;不要穿衣领宽大的上衣,那样就会使锁骨暴露出来。

(4) 方型。其修正方法如:选择剪裁流畅、柔和、带有流线型线条的衣服;避免使用任何不完整的直线条或是水平线条;不要选择贴身或宽大的服装;选择素淡不艳的颜色;焦点要提到面部附近,把注意力引离腰部和臀部,可以运用对比色;腰带用暗色、狭窄的,有马鞍形、有波状轮廓的腰带要特别避免。

(5) 窄肩、宽臀型(或溜肩、细腰)。其修正方法如:上部的服装可以选用水平的横条纹,下部则可以选择带竖条纹的面料和款式;腰部以上部分需要多层次,使胸部和肩部显得丰满而与宽臀比例得当;使用围巾、首饰和设计细节等造成腰线以上的色彩焦点;穿不太紧身、剪裁宽松的衣服效果比较好;下部宜选择颜色比较暗的色彩;可以在颈部附近用鲜艳的色彩和补充色造成一个色彩焦点。

(6) 宽肩、窄臀型。其修正方法如:选择垂直的线条和装饰;对腰部以下进行设计装饰,增加丰满度;腰部以上避免使用夸张的设计,以免增加鼓胀之感;焦点应该放在臀部或腿部;上衣宜选择比较暗的颜色。

3) 脸型因素

脸型在服装的选择与搭配中也是至关重要的因素之一。不同的脸型决定着人们在选择服装的领型上也应有的差别。因为衣领好比衣服的眼睛,人们打量对方时,总是习惯于自上而下地观看,而衣领处于衣服的最上端,是人们视线较集中的部位,因而对服装美影响较大。

按照形体美学的观点和人们对服装较为普遍的审美情调,衣领除应与服装整体相协调外,还必须和着装者的脸型相配。因为衣领处在脸部下端,二者具有直接的相互衬托及对比的作用。领型适当,可以衬托脸型的匀称,使面部轮廓清晰;如果领型与脸型失调,会影响面部的协调与美感。

圆脸型的人,不宜选择小圆领的衣服,否则会使脸显得更圆;反之长脸型的人,如果配上长型领,则会夸张脖颈的长度,将脸型拉得更长;方脸型配小圆角领或双翻领较为合适,这样可以淡化脸型的棱角感,使面部轮廓的线条变得柔和;瓜子脸、鹅蛋脸等尖脸型的人选配衣领的范围较广,配以大翻领,会使面部变得生动,而通过小圆领、加宽领等形式,则可弥补脸颊窄削的不足。

总之,服装的选择与搭配,及按照脸型选择服装的领型是十分重要的。

4) 年龄因素

人们对于服装样式、质地、颜色等方面的好恶,会随着年龄的增长在不知不觉中发生变化。这里既包括人们随着阅历的不断丰富而导致的审美情趣的改变,同时也是人们心理审美需求趋于不断成熟的一个标志。

年轻人永远都在追赶时尚,所以青年人的时装变化速度是最快的。年轻人的服饰搭配崇尚个性化,无论是面料的选择、颜色的搭配,还是式样的变化,都有无限延伸的空间。但无论怎样变化,服装选择与搭配的原则都应始终遵循最大限度地表现女孩的清纯与男孩的朝气。

中老年服饰,尤其是中老年女性的服饰,要能体现出雍容、高雅、华丽、冷静的气度。在色彩上,可以选择亮度低一些的色彩,如暖色中的土红、砖红、驼色、红棕色;冷色中的湖蓝、海蓝、墨绿等；其他一些亮度高的色彩，如蛋清、银灰、米色、乳白色等，也能表现中老年的特殊气质。在款式的选择上，应体现简洁、明快、合体、大方、雅致的风格特点，不宜有太多点缀，线条也不要太过复杂。所以不宜选择紧身式，服装宜宽松，但也不要过于肥大。

5）活动场合因素

服装与活动场合是否协调，直接地影响交际的效果，也就是说，穿着是否漂亮，尚属个人的事情，而穿着是否与活动场合协调，则是一个影响到他人的问题。所以，着装应该比较严格地和所要活动的场所协调，不能不分场合地乱穿。如旅游应选择宽松的服装；而参加庆典活动、仪式，以及较正式的宴会、接见重要人物等则力求服装的庄重，所以这类活动一般选择较正规的礼服；喜庆场合为烘托气氛，就尽量选择色彩鲜艳的服装；而肃穆场合则应一律素色着装，以白色或黑色为主。

6.4.2 正式场合的着装礼仪

1. 男士着装礼仪

（1）西装。西装是目前全世界男士在正式场合最流行的服装之一。一般来说，一套西装配上不同的衬衫、领带，差不多就可以每天穿着并应付多种交际场合的需要。很久以来，西装作为许多国家男士的正统服装，已经形成了一定的穿着规范，故有"西装七分在做，三分在穿"之说。主流的西装文化给人一种有教养、有绅士风度、有权威感的印象。

西装的穿着规范如下。

① 西装有单排扣和双排扣之分。双排扣西装，穿着时一定要全部扣上，单排扣的在正规场合需扣上一个，两粒扣的应扣上不扣下，三粒扣的应扣中间一粒。单排扣西装可以全部不扣，显得潇洒，若全部扣上，会显得土气。但旅游从业人员在工作场合都应扣上一粒纽扣。

② 穿西装要配衬衣。衬衣下摆要均匀地塞在裤内，要系好衣领及袖子的纽扣。

③ 与内衣要配套。在我国，最多加一件V字领羊毛衣，以一件为宜，否则会显得臃肿，破坏西服的线条美。衬衫内一般不要穿棉毛衫，如果穿着，应注意不宜把领圈和袖口露出外面。

④ 为保证西装不变形，衣袋、裤袋不要放东西。上衣袋只作为装饰，下袋盖应保持放在外边。真正装东西的是上衣内侧衣袋，如装票夹、名片盒等。裤子后兜可装手帕、零用钱等。

⑤ 无论衣袖还是裤边，皆不可卷起。

⑥ 穿西服一定要穿皮鞋，不能穿旅游鞋、布鞋等其他鞋，也不能穿白色袜子和色彩鲜艳的花袜子。男子穿黑色皮鞋、深色袜子，显得庄重大方。皮鞋要上油擦亮，袜子要经常洗换。

⑦ 领带。领带在男士的装饰中占有重要的位置，被称为西装的"灵魂"，正式场合中，穿着西装必须系领带，而且不宜松开领带，而假日休闲时则不必打领带。

领带的选择也是很有讲究的，应根据个人情况选择合适的领带，质地要好，选丝质类为最佳。一般来说接待服务人员应选用与自己制服颜色相称、光泽柔和、典雅朴素的领带为宜,最好不要选用那些过于显眼花哨的领带。

领带的长度以到皮带扣处为宜,宽窄与衬衫领子相和谐。

(2) 中山装。中山装是我国的民族服装,也是我国男士的传统礼服。其前门襟有五粒扣子;带风纪扣的封闭式领口;上下左右共有四个贴袋,袋盖外翻并有盖扣。着中山装要保持整洁,熨烫要平整,衣领里可稍许露出一道白衬衫领。衣兜不要装得鼓鼓囊囊,内衣不要穿得太厚,以免显得臃肿。无论什么社交场合,都要扣好扣子和领钩。成年男子穿上一套合身的上下同质同色的毛料中山装,配上黑色皮鞋,会显得庄重、神气、稳健、大方,富有中国男子气派。着中山装可以出席各种外交、社交场合。在国外,当主人要求正式礼服时,我们穿着黑色中山装赴会,别人都会表示尊重和接受。在国内,我国规定,夏天炎热季节,正式场合也可穿硬领短袖衬衫系领带或质地较好的短袖敞领衫。不过受外来文化的影响,目前着中山装的男士普遍减少。

2. 女士着装规范

女士的着装相比较男士来说要丰富多彩、新颖别致得多,所以选择的余地更大,如西装套裙、连衣裙、民族服装等都可以在正式场合穿着。但是可以肯定,女士在服饰方面比男士要讲究得多。而且,她们除了衣服以外,还要从头到脚进行协调搭配,包括帽子、披肩、手提包、皮鞋、袜子等也都要与衣服相配。她们不仅要借服饰来显示自己美好的体态,还要以此来表现自己的修养和风格。但是按西方传统礼仪要求,在正式的交际场合,女子一般应穿礼服。

1) 礼服

礼服是较正式场合所穿的服装,常见的礼服有晚礼服、小礼服和常礼服,这三种礼服均系西方女式传统礼服,它们都有各自适宜着装的场合。

(1) 晚礼服。晚礼服即西式大礼服,是一种最正式的礼服,主要适用于晚间举行的各种正式活动,如官方举行的大型宴会、交际舞会、庆典活动等。这类礼服大多是下摆及地的长裙,比较多地显露颈、胸、背和手臂部位,充分体现女性美。穿大礼服时,必须戴上与其色彩相同的帽子或面纱,配礼服长手套,耳环、项链等饰品也不可少。

(2) 小礼服。西式小礼服主要适用于参加晚上 6 点以后举行的各种宴会、音乐会或观看歌剧等场合穿着。小礼服为长及脚面的露背式连衣裙,衣袖可长可短,配手套。为方便交谈,女性着小礼服时可不戴帽子或面纱。

(3) 常礼服。常礼服也叫西式晨礼服。常礼服为质地、色泽一致的衣裙组合或单件连衣裙,裙长过膝。常礼服主要在白天穿着,适于出席白天举行的庆典、茶会、游园会和婚礼等,配帽子、薄纱短手套及小巧的手袋等。

2) 旗袍

中国女性常以旗袍作为正式礼服。一般采用紧扣的高领,衣长至脚面,两侧开叉在膝盖以上、大腿中部以下为宜,斜式开襟,袖口至手腕或无袖均可。面料多为单色的高级呢绒、绸缎等。穿无袖式旗袍,可配披肩。

现在多数西方国家对女子的穿着要求并不十分严格,同质、同色的西式套裙也可以作为礼服穿着,但要注意质地精良,款式简洁大方;连衣裙也可作为日间社交活动的礼服,但要注意选用单色、图案简洁、面料高档、质地厚实且裙长及膝的款式。

3）职业女装

职业女装是指职业女性上班时穿着的服装，一般就是指西装套裙。套裙裙式服装最能体现女性的魅力，恰到好处的裙子能充分显示女性美感与飘逸的风采。作为职业女性，其工作场所的着装有别于其他场合的着装，尤其代表着一个企业、一个组织形象时，更要追求大方、简洁、纯净、素雅的风格。套裙以其严整的形式、多变却不杂乱的颜色、新颖却不怪异的款式，成为职业女性最规范的工作装。

女式西装套裙都是由一件西装上衣和一条半截裙所构成的两件套女装，大致上可以分为两种，一种是用西装上衣与随便一条裙子自由搭配与组合；另一种则是指西装上衣与裙子是成套设计、制作的。正式的西装套裙指的是后者。经典的女式西装套裙用比较高档的素色面料精工制作而成，上衣与裙子同质、同色。造型简洁大方，讲究挺括合身。上衣的肩部垫得非常平整，裙子以窄裙为主，裙长及膝，切忌在办公室穿超短裙。一般冷色调服装可以体现着装者的端庄与稳重，是最适合办公装的颜色。但穿着西装套裙时，应注意以下几点。

（1）女性服装可以露但不可以透。透即色情，被视为极端的不端庄、不礼貌。

（2）大小要合适。西装套裙的上衣最短处可以齐腰，裙子最长可至小腿中部，松紧适度。

（3）衣扣要扣好。在正式场合，西装套裙的上衣扣子应按规矩系好，再忙、再热，也不要敞怀不扣，更不宜随便当着别人的面脱下来。

（4）内衣不外显。穿丝、麻、棉等薄型面料或浅色面料的西装套裙，一定要内穿衬裙。衬裙的长度不应长于外面的裙子，颜色也应与之相近。衬衫不宜过于透明。

（5）搭配要合适。西装上衣不可以与牛仔裤、健美裤、裙裤搭配穿着，黑色皮裙更不宜作为正式服装。

（6）鞋袜相配。穿西装套裙应当着黑色高跟或半高跟浅口皮鞋，配肉色丝袜。不可穿布鞋、凉鞋、旅游鞋或拖鞋，丝袜不可有挑丝或破损，袜口不能露在裙子外面。对鞋袜要像对衣服一样重视，不能衣服漂亮而鞋袜污脏。有人说，"三分衣服七分鞋"，可见鞋（袜）在仪表中的重要性。

总之，职业女性的穿着除了要因地制宜、符合身份、清洁舒适外，还须记住以不妨害工作效率为原则，在工作中不要把自己打扮得花枝招展或太过性感，不要让自己的衣着喧宾夺主，影响工作。因此，尽管女性的办公装也可以适度反映时尚，但决不应损及专业形象。对流行服饰要有所取舍，以"时尚中略带保守"为度，现今流行的凉鞋、脚链、内衣外穿、透明衣饰或太薄、太轻的衣料都不适合做办公装。

我国从事旅游服务工作的女性在涉外活动中，一般场合可以穿西装套装、连衣裙、中式上衣配长裙或长裤，或其他民族服装。在比较正式的场合，可以穿着西装套裙、连衣裙或旗袍作为礼服。

6.4.3 制服穿着的注意事项

（1）整齐。制服必须合身，不挽袖卷裤；不漏扣、不掉扣；领带、领结与衬衫领口的吻合要紧凑且不系歪;工号或标志牌要佩戴在左胸的正上方;有的岗位还要戴好手套与帽子。

(2) 清洁。做到衣裤无油渍、污垢、异味,领口与袖口尤其要保持干净。

(3) 挺括。衣裤不起皱,穿前烫平,穿后挂好,做到上衣平整、裤线笔挺、线条自然流畅。

另外,铭牌(表示员工的姓名和职别)应佩戴在规定位置,一般为左胸上方,也可以是挂在胸前的铭牌。还要注意佩戴在一条直线上,不能歪斜。

6.4.4 饰品佩戴的基本要求

装饰物也和服装一样,有许多种。广义来说,可以分为两大类:一类是首饰;另一类是配饰。前者如发夹、耳环、戒指、项链、胸花等,后者如领带、领结、围巾、手袋、皮夹等。首饰是仪容仪表的必需品,也是服装的关系密切的"伙伴",服装和首饰如果不能和谐统一,就不可能达到各自的效果。一般情况下,身上同时佩戴的首饰不应超过三件,以起到画龙点睛的作用。男士一般宜选择纯金银质地的首饰,要突出男性特征,显示出阳刚之气。对于一些旅游接待人员而言,在岗位上一般是不允许佩戴装饰物的。

1. 饰物佩戴应遵循的原则

(1) 选择具有对比色的装饰物,能组成动人的、个性化的着装。以女性喜欢的胸花为例,一般来说,衣服是淡色的,胸花宜选用鲜艳的颜色;如果衣服是深色的,胸花宜选用浅淡的颜色。春秋两季,女青年大多喜欢穿漂亮的羊毛衫,若穿一件玫瑰红色的羊毛衫,别一朵银白色的胸花,就能给人以活泼俏丽、艳而不俗的美感。

(2) 装饰物与服装的式样、色调、风格要统一。点到为止,恰到好处。装饰物的佩戴不要太多,美加美并不一定等于美。浑身上下珠光宝气,挂满饰物,除了让别人感觉你的炫耀和庸俗外,没有丝毫美感。试想:穿着一身笔挺的西装,却趿拉着一双拖鞋;身着一件高贵的翻毛裘皮大衣,却戴了一顶绿军帽;穿着朴素的学生装,却挎上一个珍珠包……类似的打扮多么不协调! 倘若穿西装时换上皮鞋,穿裘皮衣时配顶与之协调的裘皮帽,穿学生装背上活泼的书包……那么,整体效果就好多了。

(3) 装饰物要有利于弥补自己生理上的某些不足。扬长避短,藏拙显优。装饰物是起点缀作用的,要通过佩戴饰物突出自己的优点,掩盖缺点。比如,双腿较短的人,服装与袜子、鞋最好选用同一种颜色,能给人以修长之感。脸大的人,最好不要戴太小的帽子,那样显得脸大头小。身材瘦小的戴一顶过大的帽子,也会给人头重脚轻之感。脖子较短的人,宜选用细长的项链;脖子细长的人,宜佩戴多层次或较短的项链。

(4) 佩戴装饰物要因时、因地、因人制宜。因时就是根据季节变换服饰。不合时宜的服饰,不仅不符合人们的审美习惯,而且对身体健康不利。如女性在严冬仍穿着短裙和单鞋,就毫无美感可言。在国外,一些庄重华丽的服装和闪光的饰物,是专为晚间活动时使用的,如果在白天穿戴就很不合适。

因地就是指佩戴服饰品要考虑不同场合。在晚会上或娱乐休息场所,可以打扮得漂亮一些;而在课堂上,就要讲究朴素整洁,不宜把自己打扮得珠光宝气。

因人就是指佩戴饰品要突出自己的个性,不盲目模仿,不要别人戴什么,也跟着戴什么,别人戴着好看的东西,不一定适合自己。如西方女性嘴大鼻子高眼窝深,戴一副大耳环显得漂亮;而东方女性就适合戴小耳环,以突出含蓄、温文尔雅之美。

此外,还要考虑性别因素。服饰品是服装美不可缺少的点缀,正确而有效地利用服饰品,才能为你的着装锦上添花。

2. 几种常用首饰的佩戴礼仪

在社交活动中,人们除了要注意服装的选择外,还要根据不同场合的要求佩戴戒指、耳环、项链、胸针等饰品。

1) 戒指

按照中国传统风尚,姑娘有了婆家之后可带一枚戒指,凡是待字闺中的女子均不可戴戒指。在近代中国,当一个女子接受了男方馈赠的戒指之后,就说明她有了归属。

如今,戒指已经渐渐扩大了原来的含义,而成为世界各国的一种装饰品。它之所以能为世人特别是广大妇女喜爱,是由于它象征着友谊、爱情和幸福。同时,戒指的佩戴是表达一种无声的语言,往往暗示佩戴者的婚姻和择偶状况。戒指一般只戴在左手,而且最好仅戴一枚,至多戴两枚,戴两枚戒指时,可戴在左手两个相连的手指上,也可戴在两只手对应的手指上。国际上戒指戴在哪个手指上有不同的含义:戴在食指上,表示求偶;戴在中指上,表示正在恋爱之中;戴在无名指上,表示已订婚或结婚;戴在小指上,则表示自己是一个独身主义者。在西方国家,未婚少女将戒指戴在右手无名指上,表示"把爱献给了上帝",是修女戴戒指的习惯。有的人手上戴了好几个戒指,炫耀财富,这是不可取的。

2) 耳环

耳环是女性的主要首饰,其使用率仅次于戒指。戴耳环要注意场合。在晚会或其他娱乐活动中,可以戴比较花哨些的耳环,而会议、谈判等场合则不宜如此。同时,戴耳环还要考虑自己的脸型、发型及服装是否与其相协调。在现代生活中,耳环由于诸多的不便,已经不为众多的妇女所青睐。

3) 项链

项链也是受到女性青睐的主要饰品之一,是一种理想的颈饰。它的种类很多,大致可分为金属项链和珠宝项链两大系列。项链佩戴得体,不仅可以增添魅力,还可以修正或掩饰人体的某些缺陷。佩戴时要注意以下几点。

(1) 应和自己的年龄及体型协调。脖子细长的佩戴方丝链可显得玲珑娇美;脖子短的应佩戴颗粒小而长的项链,以增加脖子的长度;年龄较大的要选质地好的,不能选粗制滥造、做工粗糙的;年轻人只要注意款式新颖即可。

(2) 应和服装相呼应。身着柔软、飘逸的丝绸衣裙时,宜佩戴精致、细巧的项链,显得妩媚动人;穿单色或素色服装时,宜佩戴色泽鲜艳的项链。这样,在首饰的点缀下,服装色彩可显得活泼、丰富。

4) 手镯、手链

手镯、手链的材质与款式都比较丰富。严格说来,如果在左臂或左右两臂同时佩戴,则表明佩戴者已经结婚;仅在右臂佩戴,则表示佩戴者是自由而不受约束的。公务交往场合,一般只戴一只手镯(手链),且不宜再戴手表,否则会显得有些累赘。男士佩戴的手链应粗犷大方,但在公务场合一般不戴。

5) 胸花

胸花一般用在西服翻领或其他适宜的领子上,有装饰作用。女子更多使用胸花,因为她们的西装不扎领带、不系丝巾,就有些单调,胸花恰可补此不足。胸花的结构造型及色彩搭配灵活多样,又用在比较显眼的部位,所以有较强的装饰作用,也可用于比较严肃的社交场合。

6) 帽子

在讲究服饰配套的今天,帽子也是女性不可忽视的重要饰物之一。当你穿着一身入时的服装,再戴上一顶造型生动、色彩协调的帽子时,会给人以豪放中带几分妩媚,素雅中平添几分艳丽的感觉,从而显示出穿着者的风采、情趣和审美能力。但选择和佩戴帽子时要注意以下两点。

(1) 帽子的色彩应与服装的色彩相协调。如与服装的主色调接近,则给人以清新高雅之感;如与服装色彩形成对比,则令人感到活泼矫健。

(2) 帽子的风格、外形应与服饰相配套。帽子与服装、围巾、手套、首饰等应浑然一体、相互配合,给人以协调统一、珠联璧合之美。

不同色彩、造型的帽子给人以不同的视觉效果。因此,在选择帽子时应根据自己的外形,扬长避短,选择一顶最适合自己的帽子。

6.5 发型与形象美

头发是人的第二张脸,色泽亮丽、柔顺而富有弹性的头发,能显示出一个人的健康形象。美发是展示良好形象的前提,一个造型美观大方、新颖别致、符合个性的具有时代气息的发型在塑造人的形象美中起着不可忽视的作用。大方合适的发型不仅能衬托美丽的容貌,显示个性气质,而且能掩盖脸部的缺陷。

6.5.1 头发的保养与美化

在正常情况下,人们观察一个人往往是"从头开始"的。从可操作的角度来讲,美发主要分为护发与作发两部分。前者主要与头发的护理有关,后者则是重点关注头发的修饰问题。护发的基本要求是:头发必须经常地保持健康、秀美、干净、清爽、卫生、整齐的状态。第一,要重视头发的洗涤。洗涤头发,天气热时最好是每日一次,一般情况两三天必须要清洗了,同时还要注意水温的选择(宜用 40℃ 左右的温水)。洗头之后,最好令其自然晾干。第二,重视头发的梳理。梳头时用力要适度,不宜过重过猛。第三,要重视头发的养护。洗发时要用指腹按摩头发,然后彻底漂洗干净。

6.5.2 发型设计的基本要求

发型设计的目的是塑造整体和谐美。发型的美与不美不是孤立存在的,而是与脸型、体型、服饰、年龄、气质、职业、季节等有着密切的关系。因此，在介绍脸型与发型之前，先谈谈发式造型的基本要求。

(1) 美观大方，发式持久。在日常梳理中能保持原来的式样。经过一晚上就变样的，日常梳理又不方便的发式不值得提倡。

(2) 适应个人特征，与生理条件相符合。在发式设计时不仅必须考虑个人的头形、脸型，同时还要考虑年龄、体型和季节等因素。理想的发型必须将考虑以上诸因素，这样才有利于弥补缺陷，达到扬美掩丑的目的。

(3) 适合职业要求，便于工作劳动。发型不能单纯地考虑美观，更不能成为工作的累赘。女士头发不宜过肩部，必要时应盘发、束发；男士不宜留鬓角、发帘，头发的长度最好不要长于7厘米，即大致不触及衬衫领口。而剃光头，则男女都不合适。

6.5.3 发型的选择技巧

发型即头发的整体造型。美发是展示良好形象的前提，修饰仪容应当"从头做起"。选择发型，除个人偏好可适当兼顾外，最重要的是要考虑个人条件（包括发质、脸型、身高、胖瘦、年纪、着装、配饰、性格等）和所处的场所。

1. 发型与脸型

(1) 方脸型。发型处理上注意对下额两侧锐挺的线条进行柔化处理，使发型切角成圆，发式的外轮廓应圆套方，用下垂的头发挡住两侧起角的额廓。顶发应蓬松高耸，额前两鬓角用刘海遮盖，线条要明朗，使脸显长。腮处以圆弧形发式紧贴，有削弱下颚方正的显圆作用。头发侧分，不宜太偏。两侧发型必须收紧，呈弧形紧贴两腮，使头发遮挡耳轮廓的上半部渐向后鬓，呈椭圆形。这种脸型适于烫发，波浪要大，避免头发平直，以用圆润的线条减弱对脸部方正直线条的视觉印象。发型要求上边放松，下边收紧，头发稍短，显出颈部较长。剪短发的女士也可梳理出挡住额廓的款式，头顶部分比较厚，后部则薄，看起来好像是一顶小帽子。后部的头发斜向前，包裹住额部。

(2) 大脸型。要让头发包覆脸廓，使脸庞看起来集中、紧凑。发型要有流畅感。剪短发的要把两侧头发压低，留长发的应把头发收拢向后。

(3) 小巧的脸型。在发型设计上要使脸与整个头部、颈部连接起来，而不是让人单单看到一张脸。脸融汇在头颅中，无形中就有了整体的感觉。有了整体的和谐，就无所谓脸的大小了。要收拢头发，除去刘海，紧缩成形，在脑后下垂，以扩大脸部开面，使头颅成球形，小巧而结实。加上小巧精致的辫发，脸就取得得体的印象。

(4) 长脸形。发型应当顶部低，适当遮额，两侧松而圆，线条柔和，使脸形开阔，以优雅活泼的发式来缓解因长脸而形成的严肃感。长脸形的女性宜选择短而宽的发型，如童花式、翻翘式短发或娃娃头均适宜。这种脸型的人不宜留直线型的长发，避免头发往后梳，使发型与脸型脱节，更显露出长脸的特征。

(5) 圆脸型。发式宜长不宜宽，可蓄直线形长发，留至齐肩或下巴的平等线上。额前不要梳浓刘海，顶部头发应梳得松散高耸，两侧头发避免隆起，收紧服帖，波浪不宜过平，带斜波纹为好，不宜剪短发，因头发剪短，易使两侧头发鼓起，脸型会显得更圆。若烫发，可利用波浪式,波浪深些、宽些,修剪成椭圆形轮廓,层次参差,使脸型呈漂亮的鹅蛋形,也可把头发拢到后边挽成珠形,能增添线条美,很适合圆脸大眼睛的女子。

(6) 三角脸型。头顶部分的头发宜具有蓬松感,而两侧的头发则要紧贴着脸部,线条柔和,能改变三角形的感觉。可烫成花瓣式发型,顶部由花瓣形纹样组成,较为蓬松,可以弥补头部较尖的缺陷。若是上宽下尖的倒三角形脸,发型应该顶部紧,两侧蓬松。这种脸型,适宜留双花式等长发。由于脸颊至下巴成一斜线,因此,必须注意头发的长度。若发长及耳,应强调脸颊的倾斜感。这种脸型的人不要留短发与发髻。

(7) 菱形脸型。设计发型要注意增加前额的宽度和饱满度,使整体造型呈椭圆形。它以烫成丝丝卷发最为美观,前额有几缕花丝轻垂,耳后卷发与顶部发式块面相互呼应,菱形脸的缺陷就可以弥补。如果梳理直发,前发自顶部开始剪成刘海,将前额盖住,耳后束发,有婷婷之姿。或者将刘海侧吹,亮出额角,整体发势向下垂直,显得娟秀潇洒。

2. 发型与年龄

年轻人的发型应体现青春活力,避免老气呆板。发型的选择余地较大,短、中、长均可。中年人则宜选择整洁简单、大方文雅、线条柔和的发型。女性不宜披长发,因为披肩长发的活跃感与成熟稳重的气质不相称,一般宜留短发、卷发或盘髻;男性可选三七分头式和短平头。分头显得俊秀,短平头显得自信、刚健。

3. 发型与体型

身材细高的人,宜选择头发轮廓为圆形的发型;身材较矮的人,宜短发、中长发,顶部头发可略为高耸,尽可能使头发重心上移;身材较胖的人,一般不宜留长发,最好选略长的短发式样,两鬓要服帖,后发际修剪得略尖;身材高大的人,女性不宜留短发,以中长发或长发为好。

另外,还要注意发型要与场合、周围的环境相和谐。

工作场合,选择的发型要自然明快、简洁大方。野外作业和体力劳动的男性,发型尽量简短平直;出入商界的男士宜选优雅大方、较为保守的发型,给人沉着谨慎、办事可靠的印象。女性不梳披肩发、长发应扎起来或盘成发髻。隆重的社交场合,发型要高贵雅致,绮丽气派。

6.5.4 发型对特殊脸型的修饰

有些人脸部有些缺陷,除了运用化妆的手段来掩饰外,还可以通过适当的发型来掩饰。

(1) 短下巴的人,在发型设计时,下巴的头发尽量柔和卷曲,发型简单,头发中分,能让注意力分散到整个脸部(图 6-15)。

(2) 凸下巴或宽下巴的人,在发型设计时应注意以下巴线为起点,发型尽量简单清爽,前额的头发要留些花样以减轻对下巴的注意力。不要往后梳,否则凸下巴更暴露出来了(图 6-16)。

　　图　6-15

　　图　6-16

（3）鼻子过高或突出的人，在发型设计时应将前额头发往后梳，两颊头发带微微的波浪较为适宜，两边的头发尽量靠脸部，头发不要中分（图 6-17）。如果留刘海，要多留一些，这样也可以掩饰鼻子过高或突出的缺陷（图 6-18）。

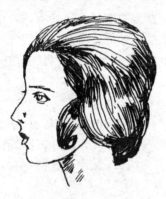
　　图　6-17

　　图　6-18

（4）额头过低的人，在发型设计时前额不要有头发或刘海，发型的线条力求简单，长发和短发都可以（图 6-19）。

（5）额头过高的人，刘海是一种最有效的发式。在发型设计时，可把头发剪成中长，并往后梳，使对头发的注意由前额分散到整个头部（图 6-20）。把头发梳成大波浪，尾端卷曲，也是一种掩饰缺陷的方法。在颈后及两腮旁留些头发，刘海斜覆额前效果较好。

　　图　6-19

　　图　6-20

6.5.5 特殊发质的护理

1. 柔软纤细头发的保养

柔软的头发不但纤细，而且无弹性，不易蓬松，发型也不容易持久。如不经常加以修饰，头发会变干、发红、易受损伤。因此，必须经常使用护发油，以防止外来的刺激损伤头发。平时，可擦些化妆水来防止头发干燥，从而避免梳拢时产生静电摩擦，吹风时要控制好吹风机的温度。头发柔软的人，在梳理发型时，向头发上喷洒些烫发液，会使头发富有弹性和强度，能使发型持久，同时还可增加头发的蓬松感。烫发时，发根处不要卷得太紧，前部发型要做得蓬松。

2. 粗、硬头发的保养

粗、硬的头发比柔软纤细的头发健康，但缺乏柔性，难以修饰。粗、硬的头发在吹风成型时要不断地喷洒药用化妆水，平时最好经常擦些头油以保持发型。

3. 易断易分叉头发的保养

要保护好头发，首先要防止外部刺激，应在头发表面涂一层薄薄的油膜，这样可以起到保护头发的作用。给头发涂油膜，必须洗发后进行。洗发时不要将头发揉搓在一起，以免损伤。其次要经常修剪，也可避免头发分叉。用刷子梳拢时，不要马上从头发根部开始，应先将发梢散乱的部分梳开后，再从根部开始拢，梳拢或吹风时，使用些药用化妆水以保护头发。

4. 卷发的修整

卷曲的头发容易互相交错纠缠，梳拢时应先从发梢开始一点点的梳向发根，整修发型时，也应先从发梢开始涂烫发液再吹风，经过这样的修饰，就可以使卷发头发充满生机和活力。

5. 头发较稀薄的女性

头发较稀薄的女性可以剪个齐发脚的短发，这样看上去会感到头发浓密。长发会使稀薄的头发显得更稀少，削发也会使头发薄，所以一定要齐着发脚剪。另外，经常洗头，使头发上的多余油脂减少，头发会显得蓬松和浓密。

思考与练习

1. 个人色彩诊断的步骤有哪些？
2. 西装、职业女装、制服各有什么穿着的规范要求？
3. 在选择与搭配服装时应考虑哪些因素？
4. 装饰物的佩戴有什么原则？
5. 化妆的基本步骤有哪些？
6. 发型的设计有哪些基本要求？
7. 如何根据自己的脸型来选择合适的发型？

第 7 章
旅游服务形体语言

学习目标

通过本章的学习,认识到形体语言在旅游服务和社会交往中的重要性;了解站、坐、行、表情、手势等的基本要求;掌握各种姿态在旅游服务中的正确应用,并懂得如何纠正不良身体姿态,使学生的服务动作更加规范和优美。

7.1 旅游服务形体语言概述

7.1.1 各岗位站姿

站立是人最基本的姿势,优美、典雅的站姿是一种静态美,它是形成人不同质感动态美的起点和基础,同时也是一个人良好气质和风度的展现。旅游服务中站立服务是一种最基本的服务姿态。

1. 站姿基本要求

总的要求是自然挺拔。从正面看,其身形应该正直,头颈、身躯和双腿应当与地面垂直,两肩平,两臂和手在身体两侧自然下垂,两眼平视,嘴微闭,面带笑容。从侧面看,其下颌应微收,双眼平视前方,胸部向上挺,小腹收拢,臀大肌收紧,双腿向内侧夹紧,收缩股四头肌,使两腿间难以插入手掌,臀部的两外侧肌肉要呈凹进状态。整个形体显得庄重、平稳挺拔。正确的站立不仅能给人美感,还能帮助自己呼吸和改善血液循环,减轻身体疲劳。

站姿口诀:左右相中,前后相夹。

2. 旅游从业人员常用站姿

在旅游服务工作中,大部分的岗位都需要站立服务。在为客人服务时,站姿一定要标准、规范。

(1) 第一位——垂手式。

要求:双手垂直于体侧,女士两脚并拢,男士双脚开立(不超过肩宽),目光平视前方。

适用范围:较适合男士,或者一些隆重、正规的场合(图 7-1)。

(2) 第二位——握手式。

要求：双手体前相握，右手握左手，身体稍微向右转 15°左右，两脚成左或右丁字步。

适用范围：较适合女士，且在任何场合都适用。此种站姿能充分体现东方女性的含蓄、典雅之美(图 7-2)。

(3) 第三位——背手式。

要求：双手背后相握，右手握左手，双脚成小八字步站立。

适用范围：较适合男士，或女士着西装套裙时也可采用(图 7-3)。

图 7-1　　　　　图 7-2　　　　　图 7-3

(4) 第四位——单臂下垂式。

要求：此位站姿可分为四种。①右手自然体前屈，左手自然下垂，右丁字步站立，身体稍微向右侧；②右手背后，左手自然下垂，右丁字步站立，身体稍微向右侧；③左手自然体前屈，右手自然下垂，左丁字步站立，身体稍微向左侧；④左手自然背后，右手自然下垂，左丁字步站立，身体稍微向左侧。

适用范围：主要用于工作场合，如门童、餐厅引领员、导游员、会展讲解员等。另外，在工作场合如果一种站姿站久了累的话可作为调节用(图 7-4～图 7-7)。

图 7-4　　　　图 7-5　　　　图 7-6　　　　图 7-7

3. 旅游从业人员在工作中容易出现的错误姿态

(1) 弯腰驼背，躯体肌肉紧张度不够。

(2) 耸肩、探头或缩头。

(3) 眼看下方，面无表情。
(4) 手臂摆放位置与双腿不协调。

4. 站姿注意事项

在为客人服务时，服务员应正面对着客人。这一条原则同样适用于后面要讲的坐姿。背对客人是不礼貌的。

(1) 忌无精打采，身体东倒西歪或倚靠物件。
(2) 忌双手叉腰、抱在胸前或手插入口袋，更不要做小动作，如摆弄打火机、香烟盒、衣角、笔等。
(3) 忌弯腰驼背，两肩一高一低，两脚过于分开。

7.1.2 各岗位坐姿

坐姿是一种静态造型，也是人们日常学习、生活、工作中最常见的一种举止。端庄优美的坐姿不但会给人以文雅、稳重、自然大方的美感，同时也能体现个人的文化修养。

1. 基本要求

在站姿的基础上落座。入座前，走到座位前一步远，然后转身，右脚向后撤一小步，保持头正目平，双手拢一下衣裙，然后轻稳地坐下，身体自然挺直；最后收回右腿，与左腿平行放好，两手自然地放在腿上，保持自然优美的身体姿态。一般情况到座椅面的三分之二外，比较软的沙发则座椅面的三分之一，交谈时间比较长可坐满椅面，背靠椅背。女子落座双腿并拢，男子则可分开，但双脚距离与肩宽大至相等。起立时，右脚后撤半步，站稳后再离开。注意入座时不要回头找椅子，入座要轻、稳、紧。

2. 旅游从业人员常用坐姿

(1) 垂直式。

要求：双脚垂直于地面，女子两脚并拢，男子两脚分开同肩宽，双手自然放于两腿上。

适用范围：较适合于男士，或一些正规场合(图 7-8)。

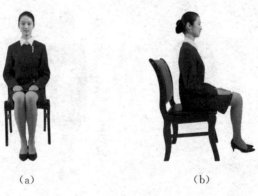

(a)　　　　(b)

图 7-8

(2) 前伸式。

要求：双脚自然向前伸出，双手放于两腿上。女子两腿并拢，男子两脚分开同肩宽。

适用范围：较适合于高个子、腿长者(图 7-9)。

(3) 后点式。

要求：双脚后撤，前脚掌着地，脚跟抬起，双手放于两腿上。女子两腿并拢，男子两脚分开同肩宽。

适用范围：较适合于矮个子，或坐高凳子时（图 7-10）。

(4) 前后式。

要求：一脚前伸，一脚后点。女子两脚尽量在一条线上，男子两脚可分开同肩宽。双脚可调换，双手可自然相握放于腿上。

适用范围：此位坐姿比较随意，任何场合、任何人都可采用（图 7-11）。

图 7-9　　　　　　图 7-10　　　　　　图 7-11

(5) 前交叉式（又名开膝合手式）。

要求：双脚前交叉，右脚在上。双手相握，右手握左手。

适用范围：适用于一些较随意的场合，正规场合不太合适。尤其是女性，在异性面前最好不要采用这种坐姿（图 7-12）。

(6) 转体式。

要求：上体与双腿同时转向一侧（转体不超过 45°），面向对方形成优美的 S 型坐姿，一只手可搭在扶手上。

适用范围：与旁边的人交谈时须采用转体式坐姿（图 7-13）。

(7) 重叠式。

要求：双腿重叠摆放，右脚搁在左脚上，脚尖朝下。双手自然相握于腿上。

适用范围：比较随意的场合或熟悉的朋友面前可采用，初次见面或长辈、上级面前不可采用（图 7-14）。

图 7-12　　　　　　图 7-13　　　　　　图 7-14

3. 坐姿注意事项

(1) 入座时不可前俯后仰、东倒西歪,要轻稳地入座,不应"扑通"猛地坐下,以免发出响声或被沙发弹簧颠起来,这样不雅。

(2) 忌摇腿跷脚或两膝分得太开,东南亚一些国家忌讳坐着跷二郎腿。裙子要理好,有的女孩不太注意,坐下时裙子没理好,裙子散开或起皱,这样很不雅观。天热时,切忌以裙代扇取凉。

(3) 不瘫坐椅内或过于放松。

(4) 忌脚尖朝天或对着他人。脚尖朝天或对着他人的跷脚坐姿,在泰国被认为是有意将别人踩在脚下,是一种侮辱性的举止。马来西亚人对于坐姿有更多的规矩,因此应注意保持优雅的坐姿。

(5) 不可抖脚。在社交过程中,腿部一些不自觉的动作,如小幅度地抖动腿部、频繁交换架腿的姿势、用脚尖或脚跟拍打地面、脚踝紧紧交叠等,都是人紧张不安、焦躁、不耐烦情绪的反映。

(6) 双手自然放好。双手可自然放于大腿上或轻搭在沙发扶手上,手心应向下。手不要随意到处乱摸。不可边说话边挠痒。

7.1.3 走姿

走姿也称为步态,是人体运动中的形体动作,属于动态美。走姿是最能体现一个人精神面貌的姿态,一个人的欢乐、悲伤、进取、失意等状态都可以通过走姿表现出来。正确的步态应当是轻松、有力且有弹性的。"行如风"是人们对矫健走姿的赞美,意为行走时的姿态像风一样轻盈自然。

1. 基本行走姿势

在站立姿态的基础上,走姿总的要求是:女子自然轻盈;男子自然稳健。那么,如何才能形成呢?主要有以下六个要素(图 7-15)。

(1) 步位(即走什么步)。女子走柳叶步。行走时脚跟在一条线上,脚尖稍外展,形成像柳树一样的形状。而男子则走平行步,即行走时双脚的脚后跟踩在两条平行线上,形成平行步。

(2) 步度(步幅)。步度即跨步时前脚脚后跟与后脚脚尖之间的距离,一般为本人一脚到一脚半长(女子短些,男子则长些)。

(3) 步速(即每分钟走几步)。一般每分钟女子为 120 步左右,男子为 115 步左右。

(4) 手臂的摆动。以肩关节为轴带动整个手臂前后自然摆动,摆幅为 30°左右,向前不超过衣襟,后摆不甩手腕,两手自然半握拳,拳眼朝前。

(5) 重心。重心要稍稍前移,行走时脚后跟先着地,重心迅速前移落在脚掌上,双肩保持水平。

(6) 表情。表情要自然,面带微笑,目光平视前方。

图 7-15

走姿口诀：以胸领动肩轴摆，提髋提膝小腿迈。跟落掌接趾推送，双眼平视肩放松。

2. 交叉步行走姿势

交叉步行走一般用于引领时。要求在基本行走姿态的基础上，身体转45°侧向客人，两腿交叉向前行走，两脚尖向斜前方，两臂前后微摆，眼视斜前方，余光注意前方和身后的客人（图7-16）。

3. 上楼和下楼的姿势

上楼步动作要求：以走式踏步上楼，速度比地面行走稍快些，上楼时，前摆腿屈膝上抬，后蹬腿微屈支撑，两脚交替踏上。全脚掌着地，两臂前后自然摆动，摆动幅度略小于地面行走，上体稍前倾，头正，眼视前方，用余光注意脚下（图7-17）。

下楼步动作要求：前摆腿脚踏楼梯，微屈膝缓冲，脚趾略偏外侧，两眼视前下方，其他动作要领同上楼步（图7-18）。

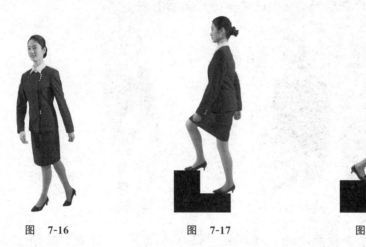

图 7-16　　　　　　图 7-17　　　　　　图 7-18

上楼梯时应让年长者、女士、地位高者先上，年轻者、男士、地位低者在后；下楼梯时则相反。

4. 行走注意事项

（1）服务操作中行走线路靠右，行进时如遇到宾客，应自然注视对方，主动点头致意或问好，并自动放慢速度以示礼让，不与宾客抢道而行。

（2）遇到十分紧迫的事，可加快步伐，但不可慌张奔跑。

（3）上下楼梯时手不要扶楼梯栏杆，把有扶手的一边让给客人。

（4）行进中不可摇头晃脑或左顾右盼，更不能弯腰驼背，含胸挺腹，控制好身体重心，不拖步。

（5）行走时脚尖始终朝前，忌"内八字"或"外八字"，女子步幅不宜过大，更不得扭腰。

（6）不要将双手插在衣裤口袋里，或背手，或抱在胸前。

（7）行走时，不要吸烟、吃东西、吹口哨、整理衣服等。多人一起行走时，不要勾肩搭背，也不要排成横队，以免影响他人通行。

7.1.4 蹲姿

在日常生活或公众场合,人们有时难免会需要捡起掉在地上的东西,或取放在低处的物品。下面介绍两种常用的蹲姿。

1. 高低式蹲姿

下蹲时左脚在前,全脚着地,右脚稍后,脚掌着地,脚跟提起。右膝低于左膝,臀部向下,身体基本上由右腿支撑,从后背看基本在一个平面上。女士下蹲时两腿要靠紧,男士两腿间可保持适当距离(图7-19)。

2. 交叉式蹲姿

下蹲时左脚置步于右脚的右前侧,使左腿从前面与右腿交叉,左小腿垂直于地面,左脚全脚着地。右膝从左腿后面向左侧伸出,右脚脚跟抬起,脚掌着地,两腿前后靠近,合力支撑身体;臀步向下,上身稍前倾。此蹲姿女士较适用(图7-20)。

图 7-19   图 7-20

在旅游接待服务工作中,给客人送茶水、饮品时,如是低矮的茶几,应适用优美典雅的蹲姿。

7.1.5 手势

手势是一种非常富有表现力的"体态语言",它不仅对口头语言起加强、说明、解释等辅助作用,而且能表达有些口头语言所无法表达的内容和情绪。在旅游接待服务工作中,规范、适度的手势,有助于增强人们表情达意的效果,并给人一种优雅、含蓄、礼貌、有教养的感觉。因此,作为旅游从业人员不仅要掌握规范的手势,还应了解不同国家、不同地区、不同民族的手语习惯,以避免误解与不快。

1. 基本要求

做手势时,应用右手或双手,四指并拢、大拇指自然向里靠,掌心不能向上,手掌与前臂成一条直线,肘关节自然弯曲,同时记住"欲扬先抑、欲上先下、欲左先右"的原则。还要注意与面部表情、礼貌语言和身体其他部位的配合,这样才能体现出对宾客的尊重和礼貌。

在社交场合,手势大小应适度。手势的上界一般不应超过对方的视线,下界在自己的胸区,左右摆动的范围不要太宽,应在人的胸前活动。

在服务工作中要避免以下不良手势:与人交谈时,讲到自己时不要用手指着自己的鼻子,或手掌按在自己的胸口上;谈到别人时,不可用手指着别人,更忌讳背后指指点点等不礼貌的手势;初见陌生人时,避免抓头发、玩饰物、掏鼻孔、抬手腕看表等不礼貌的动作。

2. 常用的几种手势

(1)"请"的手势。这一手势在旅游接待服务工作中用得最多,是其他手势的基础。如"请进""这边请""里边请""请跳舞"等语义。要求右手从横膈膜处向身体的右斜前方打开,与地面成45°,身体前倾15°左右,目光注视对方,面带微笑,并加上礼貌用语(图7-21)。

(2)"请随我来"的手势。当为来宾引领或引向某处时,需要采用这种手势。要求是:在来宾斜前方,边招呼,边做手势,后退二、三步,把来宾引向目的地。其他要求同"请"的手势(图7-22)。

(3)曲臂式"请"。若一只手拿着东西或扶着门,而另一只手不便做"请"的手势时,可采用曲臂式"请"的手势。要求在"请"的手势的基础上,手臂由体侧向体前摆动,与身体相距10厘米左右,掌心向上,身体稍前倾,头略转向手势所指方向,面向客人,面带微笑(图7-23)。

图 7-21　　　　　　　　　图 7-22　　　　　　　　　图 7-23

(4)双臂侧摆式"请"。如果面对较多的来宾,又是站在来宾的侧面,此时可将两只手臂向一侧摆动,做"请"的手势。一只手从体侧抬起,稍曲臂,略低于肩部,掌心向上;而另一只手从体前曲臂抬起,掌心朝上,距身体10厘米左右(图7-24)。

(5)双臂横摆式"请"。如果面对较多的来宾做自我介绍,或为了引起大家注意时,可采用双臂横摆式。即双手稍向体侧前方抬起,微曲臂,略低于肩部,掌心向上(图7-25(a))面对宗教人士做自我介绍时可把右手放在左胸上方的手势进行介绍(图7-25(b))。

(6)直臂式"请"。当为来宾指路、指示方向或指向某物时,可以采用直臂式。要求是:指近处物时,手臂上抬略高于肩的位置,再指向被指处;指远处物时,手臂伸直上抬高于肩的位置,再指向被指处。同时,上体前倾,面带微笑,眼睛看着所指目标方向,并兼顾客人是否看清或意会到目标(图7-26(a)和图7-26(b))。

图 7-24　　　　　　　　　图 7-25

（7）斜下式"请"。当请客人入座时，可以采用斜下式。要求是：直臂斜向下，掌心向内侧，身体前倾，目光从客人很快转向椅面，并礼貌地说"请坐"（图7-27）。

图 7-26　　　　　　　　　图 7-27

7.1.6　握手

握手是日常交往的一般礼节，多用于见面时的问候与致意和告别时的致谢与祝愿，这是世界最通行、最普遍的礼节。它起源于中世纪的欧洲。据说，当时为了生存，人们常手拿武器，当无利害冲突、无意彼此侵犯的两个陌生人相遇时，就主动放下手中的武器，让对方摸摸手心，这种习惯逐渐演变成今天见面和告别的握手礼。

1. 握手的方法

在行礼时，应起立，距离受礼对象约一步，两脚立正，上身略向前倾，伸出右手，四指并拢，拇指张开与对方相握。握手时用力适度，微摇三四下后即松开。同时要面带微笑，目视对方，寒暄致意，表现出热情、关注和友好之意（图7-28）。

图 7-28

2. 握手的次序

在正式场合,握手时伸手的先后次序主要取决于职位、身份。在社交、休闲场合,则主要取决于年纪、性别等。握手的次序应遵循"尊者决定"的原则,根据实际情况可以分为以下几种。

(1) 职位、身份高者与职位低者握手,应由职位、身份高者首先伸出手来。
(2) 女士与男士握手,应由女士首先伸出手来。
(3) 已婚者与未婚者握手,应由已婚者首先伸出手来。
(4) 年长者与年幼者握手,应由年长者首先伸出手来。
(5) 长辈与晚辈握手,应由长辈首先伸出手来。
(6) 社交场合的先至者与后至者握手,应由先至者首先伸出手来。
(7) 与主人告辞时,应由主人首先伸出手来。

3. 握手的禁忌

握手礼看似寻常,但作为一种广泛采用的礼节形式,是大有规矩和讲究的。因此,要认真遵守握手的规范。

(1) 不要用左手同他人握手(左撇子也不能用左手)。
(2) 不要在握手时争先恐后,以免造成交叉握手。
(3) 不要戴着手套(女士带晚礼服手套除外)和墨镜与他人握手。
(4) 不要隔着门槛握手,或一人在门里,另一人在门外相握。
(5) 握手时另一只手不可插在衣袋里,或东张西望、心不在焉、有气无力。
(6) 不能用脏手与人握手,更不能握手后马上去揩拭。
(7) 一般情况下不要拒绝与人握手。

一个简单的握手礼能透视出一个人基本的礼仪修养。在社交活动中,熟悉和遵守握手的规矩,方能做到应付自如,彬彬有礼,建立和保持和谐、融洽的人际关系。如运用不当就会失礼。

7.1.7 鞠躬礼

鞠躬礼源自中国。在先秦时代,两人相见,以弯曲身体待之,表示个人谦逊恭谨的姿态,但还未形成一种礼仪。而在西方所谓的骑士时代,鞠躬则象征了对敌手的屈膝投降。在今天,鞠躬已成为一种交际的礼仪,在下级对上级,服务员对宾客,或同级之间,初见的朋友之间为表示对对方由衷的尊敬或表达深深的感谢时都可行之。

1. 鞠躬的方法

身体立正,双手自然垂于体侧或相握在体前;目光平视,面带微笑;以腰部为轴,腰、背、颈、头呈一直线,身体前倾,视线也随之自然下垂;身体前倾停留一两秒后再还原。礼毕抬起身时,双眼应有礼貌地注视着对方,若视线移向别处,会让人感到行礼不是诚心诚意的。在行鞠躬礼的同时,还应面带微笑地说表示欢迎、问候、祝愿的话或感谢与告别的话,等等。

2. 鞠躬的幅度

鞠躬的深度取决于对问候人的尊敬程度或场合。一般问候、打招呼,施15°左右的鞠躬礼,迎客与送客分别行30°与45°的鞠躬礼。鞠躬的幅度越大表示越尊敬。但90°的大礼一般不常用,多用于悔过、谢罪等特殊的情况。而三鞠躬必须用90°鞠躬礼,一般用在婚礼、悼念等特殊场合(图7-29~图7-31)。

图 7-29　　　　　　图 7-30　　　　　　图 7-31

3. 鞠躬的其他要求

鞠躬时,必须脱帽,用右手握住帽檐,将帽取下,左手下垂行礼。女性戴无檐帽时可以不摘。如果在行进中向对方行鞠躬礼,礼毕后应向右跨出一步,给对方让路。

受礼者若是平辈应还礼,上级、长辈等欠身点头即算还礼。

行鞠躬礼时应站立。边走边鞠躬、随意点头弯身或做其他不雅的小动作,都是不礼貌的。

7.1.8　递接名片

在社交活动中,很多人用名片代替自我介绍,也有用名片作为简单的礼节性通信往来,表示祝贺、感谢、慰问、吊唁等。这都是很常见的礼节。

1. 索要名片

在使用名片时,首先应该知道如何索要名片。下面介绍几种索要名片的方法。

(1) 交易法。将欲取之,必先予之。先把自己的名片递给对方,对方就会自然而然地递名片给你,除非他没有。

(2) 激将法。如果对方地位身份比你高,你把名片递过去他最多说一声谢谢就没有下文了,遇到这类人你可以用激将法。

(3) 谦恭法。对地位高、名气大的名流要用谦恭法。如:"张总,刚才听您提起您的创业史我非常钦佩,不知道以后还有没有机会继续请教?"言下之意就是今后怎么才能联系到您。

2. 交换名片

一般来说,名片都应该放在衬衫的左侧口袋或西装的内侧口袋,最好不要放在裤子口袋里。平时要养成检查名片夹的习惯,以免在需要交换名片时找不到名片而变得尴尬;上司在场时不要先递交名片,要等上司递上名片后才能递上自己的名片。

名片的递交方法是,手指并拢,将名片正面正朝对方,用食指和大拇指持握名片上端两角,面带笑容,注视对方,身体先向前微躬。

接名片的拿取方法是,面带微笑,用双手食指和大拇指接住名片下方的两角,并仔细地阅读名片的单位、姓名和职务,如果有不认识的字应虚心询问。注意接名片时如果是坐着的,应该起身接受对方递来的名片。接名片时要说"谢谢"。如果自己没有名片,应向对方表示歉意(图7-32)。

不要无意识地玩弄对方名片,也不要当场在对方名片上写备忘的事情。一般不要伸手向别人讨要名片,必须如此时,应以请求的口气,说"您方便的话,请给我一张名片,以便日后联系"等类似的话。

在交换名片时,尤其要注意以下几点。

(1) 一般是地位低的人首先把名片递给地位高的人。

(2) 如果要给多人递名片,一般要是先女后男,先长后幼,按照地位由高而低。如果不方便,可以由远而近。如果在圆桌上面,可以按照顺时针方向一一递送。在递出名片时,要说"请您多指教""希望保持联络"等话。

图 7-32

(3) 在双方交换名片时,最好是双手递,双手接。除非是对有"左手忌"的国家。如印度、缅甸、泰国、马来西亚、阿拉伯各国及印度尼西亚的许多地区,他们认为左手是肮脏的。

7.1.9 奉茶礼仪

奉茶是最基本的接待礼仪。下面介绍两种奉茶礼仪。

1. 餐厅服务

在餐桌上,客人入座后,服务人员要送上毛巾和茶水。先送毛巾,后端茶,都要用托盘端送,递送时要礼貌地招呼客人,以便引起客人的注意,顺序是从主宾开始由右向左依次进行。递茶时切忌手指触茶杯杯口,动作要缓慢。使用玻璃水杯时,要尽量套上杯托,以免宾客烫伤。倒茶时一般是倒八分满。倒时茶壶不能触到杯口,以免把杯子碰坏或将杯碰翻,但也不要端得太高,过高水易溅出,一般距离杯口1~2厘米,端茶应拿茶杯下端1/3处,以便客人从上部接拿。

2. 会议服务

在会议服务中,客人入座后,为客人上茶,按照先宾后主、先上级后下级的顺序上茶,必须使用托盘,并从客人右边上茶,先放杯垫,再放茶杯,杯把朝向客人的右边,微朝向客人,上茶时要说"请"并用手势。以后一般要求每隔10~15分钟续水一次,续水时应左手拿开水瓶,从客人右侧,微侧身用右手小指和无名指夹起杯盖,用拇指、食指、中指握住杯把,在客人身后加水,再轻轻地将茶杯放在桌上,盖上杯盖,杯把朝向客人的右边。注意续水时不要倒得太满(八分为宜)。如是矿泉水,要随时注意客人饮用情况,及时更换。

不论是就餐中还是会议服务中,要眼观六路、耳听八方,随时迅速应答宾客的招呼。

7.1.10 介绍礼仪

介绍是人际交往中与他人沟通、增进了解、建立联系的一种最基本、最常规的方式。它是经过自己主动沟通或者通过第三者沟通,使交往双方互相认识、建立联系的一种社交礼仪。也可以说,介绍是人与人之间沟通的出发点。通过介绍,可以缩短人们之间的距离;可以帮助人们扩大社交圈,结识新朋友;也有助于工作的顺利开展。

1. 介绍的姿态及手势

介绍时,一般都应站立,特殊情况时,年长者和女士可以除外;在宴会或会谈桌上可以不起立,被介绍者只需要微笑点头示意即可。在介绍时,语气和语调必须表露出个人的真诚和热情。语言应简洁、清楚、明确,不可含糊其辞,拖泥带水,以免使人产生误会。在被介绍后,通常行握手礼。两人目光相视时,表情自然、柔和,仪态大方,可同时寒暄几句。

介绍他人的手势应是掌心向上,四指伸直并拢,拇指自然张开,手臂从体侧上抬,臂微屈,手掌与肩同高,指向被介绍的一方,面带微笑,目视被介绍一方,同时兼顾客人。

介绍自己的手势是右手五指并拢,用手掌轻按自己的左胸。介绍时,应目视对方和大家,表情要亲切自然。

介绍时,切忌用食指指点别人,或用大拇指指自己。这被认为是傲慢、教训他人的不礼貌行为。

2. 自我介绍

自我介绍就是在必要的社交场合,由自己担任介绍的主角,将自己介绍给其他人,使对方认识自己。在社交场合,自我介绍是常用的介绍方式。成功的自我介绍会给人留下难忘的印象,为今后进一步交往制造一个良好的开端。

自我介绍时必须充满自信,面带微笑,表情亲切、举止端庄。首先要说清自己的姓名,尤其是姓,以便对方称呼;如对方也有与自己相识的愿望,并且非常热情,则可作进一步介绍,如自己的身份、单位、兴趣等。而职务一般不介绍,以免被人误解为炫耀。自我介绍只有运用恰当,才能收到理想的效果。

1)自我介绍的时机

自我介绍的时机:求职应聘、求学应试时;在社交场合,与不相识者相处,或有不相识者表现出对自己感兴趣、要求自己作自我介绍时;在公共聚会上,与身边的陌生人组成交际圈或打算介入陌生人组成的交际圈时;交往对象因为健忘而记不清自己,或担心这种情况可能出现时;有求于人,而对方对自己不甚了解,或一无所知时;拜访熟人遇到不相识者阻拦,或是对方不在,而需要请不相识者代为转告时;前往陌生单位,进行工作或学习等方面的事务联系时;在路上、旅行途中,与他人不期而遇,并且有必要与之建立临时接触时;因工作、学习需要,在公共场合进行业务推广、自我推荐、自我宣传时。

2)自我介绍的方式

自我介绍根据其适用的场合,可分为以下几种方式。

（1）应酬式。应酬式适用于某些公共场合和一般性的社交场合，这种自我介绍最为简洁，往往只要报出自己的姓名就可以了。

（2）礼仪式。礼仪式适用于讲座、报告、演出、庆典、仪式等一些正规而隆重的场合。礼仪式是一种表示对交往者友好、敬意的自我介绍，内容包括姓名、单位、职务等，同时还应加入一些适当的谦辞、敬语，以表示自己礼待交往对象。

（3）工作式。工作式适用于工作场合，包括本人姓名、所在单位的名称及其部门、担任的职务或从事的具体工作等。

（4）交流式。交流式适用于社交活动中，希望与交往对象进一步交流与沟通，也叫沟通式自我介绍。介绍姓名、工作、籍贯、学历、兴趣以及交往对象的某些熟人的关系。不一定面面俱到，但应依具体情况而定。

（5）问答式。问答式适用于应试、应聘和公务交往。问答式的自我介绍，应该是有问必答，别人问什么就答什么。

要抓住时机，在适当的场合进行自我介绍。最好在对方有空闲、情绪较好又有兴趣时，这样既不会打扰别人又会给对方留下深刻印象。

3. 为他人作介绍

为他人作介绍，通常是介绍不相识的人相互认识，或者把一个人引见给其他人。

（1）先应了解相见双方是否有结识的愿望，介绍人对被介绍双方情况都比较了解。

（2）在介绍两人相识时，应站立、微笑、使用规范的手势动作。介绍时不要厚此薄彼，详细介绍一方，而粗略介绍另一方。语言要清晰、准确，实事求是。作为被介绍者，一般也应起立，面向对方，并做出礼貌的反应。

（3）在介绍两个人互相认识时，应遵循"尊者享有优先了解权"的原则进行。先把男士、下级、地位低者、未婚者、客人等介绍给女士、上级、地位高者、已婚者、主人。在介绍过程中，先提到某个人的名字是对此人的尊敬。例如：张教授，这位是新教师刘小红。

（4）在为他人作介绍时，由于场合、身份和需要的不同，介绍的内容和形式也会不同。既可以有在正式场合，正规、标准式的介绍，也可以有在社交中不拘一格的简要介绍，还可以有引见、推荐式的介绍，等等。

4. 他人介绍

他人介绍是指在社交场合由他人将你介绍给别人。由他人做介绍，自己处于当事人位置，如果你是身份高者，听他人介绍后，应立即与对方握手，表示很高兴认识对方；如果你是身份低者，则应根据对方的反应来做出回应。如对方主动与你握手，你要立即伸出手与对方相握，对方有意交谈，你应表示高兴交谈。

如果你很想认识某一个人，但又不便直接去做自我介绍时，可以找一个既认识自己又认识对方的人做介绍，这是最好的方式。

5. 集体介绍

集体介绍是他人介绍的一种特殊形式，是指介绍者在为他人介绍时，被介绍者其中一方或者双方不止一个人。

集体介绍大体可以分两种情况：为一人和多人做介绍；为多人和多人做介绍。

在做集体介绍时,应根据实际情况,坚持以下原则。

(1) 将一人介绍给大家。这种方法适合于在重大的活动中对身份高者、年长者和特邀嘉宾的介绍。

(2) 将大家介绍给一人。其顺序可以是按座次顺序进行介绍,也可以是按身份的高低顺序进行介绍。如在酒店进餐时,大堂经理去给客人敬酒,作为餐厅服务员就必须把客人一一介绍给大堂经理。

(3) 人数较多的双方介绍。被介绍双方均为多数人时,应先介绍地位低的一方,后介绍地位高的一方;或先介绍主方,后介绍客方。

(4) 人数较多的多方介绍。当被介绍者不止双方,而是多方时,应根据符合礼仪的顺序,确定各方的尊卑,由尊而卑,按顺序介绍各方。

7.1.11 迎送礼仪

对客人的抵离表示迎送,是礼仪服务过程中的第一个环节和最后一个环节。

在通常的理解中,迎宾就是例行性地说"您好,欢迎光临"。其实服务接待中,说"欢迎光临"时要求服务人员融入情感,眼神要流露出欣喜。此外,迎宾的服务礼仪还有"五步目迎、三步问候"等要求。目迎就是当客人走近迎宾人员约五步时行注目礼,用眼神表达关注和欢迎,在距离三步时就要问候"您好,欢迎光临"等。

1. 恭候迎宾

(1) 宾客光临,热情问候。无论什么样的宾客,都要一视同仁,主动上前彬彬有礼地亲切问候,表示热情的欢迎。问候客人要面带微笑,热情地说:"您好,欢迎光临!"并躬身30°致礼。对熟悉的客人切勿忘记称呼他的姓氏,如"高先生""李小姐"等。微笑、点头、问好要同时协调进行。

为了使每个宾客都能听到问候语,应不厌其烦连续多次重复,做到每人一问。接待团体宾客时,应连续向宾客点头致意,躬身施礼。如遇到客人先致意,要及时鞠躬还礼。

使用问候语,对外宾用外语,对内宾说普通话。问候时语言清晰,目视宾客,不得东张西望或注意力不集中。

迎宾人员在迎接客人的时候要始终面带微笑,表现出礼貌、亲切、含蓄、大方、真诚。但是,笑容要适度,切忌不合时宜地大笑,否则会让客人感到莫名其妙,从而产生排斥感。

(2) 迎接宾客时,体贴关怀。对于老、弱、病、残、幼的宾客,拉开车门应先问候,征得同意再搀扶,以示关心。对不愿搀扶的宾客,不必勉强,但要多加注意,随时准备采取应急措施。遇到下雨天要主动为宾客撑伞,以免客人被雨淋湿。

2. 开门迎客

如非自动门或旋转门,迎宾员要为客人开门,将客人迎进大厅。迎宾员站的位置离门1~1.5米,拉门时向前跨一步,身体微前倾,伸手拉门,退回原处,眼睛注视来客,微笑着向客人打招呼,并做一个"请"的手势。

3. 引导

引导是指迎宾人员在接待来宾时,为其亲自带路,或是陪同对方前往目的地。

(1) 在宾主双方并排行进时,引导者应主动在外侧行走,而请来宾行走于内侧。若需三人并行,通常中间的位次最高,内侧的位次居次,外侧的位次最低。宾主之位此时可酌情而定。

(2) 在单行行进时,引导者应行走在客人前面一步左右,使用交叉步行走。

(3) 在出入房门时,引导者须主动替来宾开门或关门。此刻,引导者可先行一步,打开房门,待来宾先行通过,再轻掩房门,赶上来宾。

(4) 出入无人服务的电梯时,引导者须先入后出,以操纵电梯。出入有人服务的电梯时,引导者则应后入先出,以表示对来宾的礼貌。

(5) 出入轿车。如果引导者与来宾出行,宾主不同车时,一般应引导者坐的车在前,来宾坐的车居后;宾主同车时,则要求引导者后登车、先下车,来宾先登车,后下车。还要注意引导者应主动为来宾开关车门。

在引导来宾时,要注意安全,切勿沉溺于高谈阔论,以免来宾走神。

4. 送客

客人需要乘坐出租车时,送宾者应帮助联系。当出租车司机不懂外语时,应尽量帮助翻译。如暂时没有车,应先安慰客人,再设法联系。尽量当着客人的面打电话联系,这样办事客人会感到真实可信。

对重点客人的车辆抵达或离开要先行安排,重点照顾。车辆即将开启时,迎宾站在车的斜前方 1 米远的位置,上身前倾 15°,双眼注视客人,举手致意,微笑道别,可说"再见""一路平安""一路顺风""谢谢您的光临,欢迎您再来""祝您旅途愉快"等。

7.2 旅游服务中不良身体姿态矫正方法

人在发育成长过程中,会因为各种原因发生变化,如疾病、意外事故、不良的用眼习惯导致近视眼、不良的站立习惯和坐姿导致脊柱异形而弓背,等等。不良的行为习惯不仅影响形体美和日常生活、工作,还对人体的机能有害。所以,养成良好的行为动作习惯对人体健康、健美都有极其重要的意义。

先天性重度骨畸形不是本书所述的矫形对象,重度骨畸形需要通过专业医院的手术治疗才能得到有效矫正。这里主要是有针对性地防止不良体型的形成,矫正那些由于长期站、坐、走的姿势不正确、后天习惯性动作所引起的各种轻度的局部生理器官畸形,如后天习惯性脊柱的弯曲、O 型腿或 X 型腿等。

7.2.1 弯腰驼背的矫正

骨骼是人体的支架,脊柱是中轴,由 30 多节椎骨按规律重叠连接而成。正常情况下,它有 4 个生理弯曲。颈段凸向前,胸段凸向后,腰段凸向前,骶尾段凸向后。不良姿态表现为各种各样的脊柱弯曲。脊柱的弯曲基本都是前后方向的,通常称为弯腰驼背。腰弯一般都是向前弯,其根本原因在骨盆,因为骨盆是向前倾斜的。所以要从根本上矫正腰的弯度，就得矫正骨盆的前倾。

人体重心位于骨盆位置，重心前移和骨盆前倾同步。相对于脚的位置来说，脊柱挺拔者的重心位于脚跟部位，弯腰驼背者的重心在前脚。大家如果仔细观察，就会发现这个规律。所以，要想让脊柱变直，只要把重心移到脚跟即可，这是根本。

脊柱弯曲的形成多数是因为经常处于低头、含胸的不良姿势所造成的。这不仅对形体美造成很大的破坏，而且会影响乳房及心肺的正常发育，进一步成为产生某些腰背疾病的潜在因素。因此，必须要纠正这些不正确的姿势，可通过睡硬板床、不垫过高的枕头，并结合科学体育锻炼进行矫正。只要持之以恒就一定会收到效果。下面介绍几种简便的方法。

1. 利用物体进行矫正

（1）利用墙壁或肋木进行矫正。

动作方法：面对墙或肋木，两臂前上举，两手掌撑扶墙壁或肋木，两脚并立或开立，离开墙一个上体的距离。挺胸、抬头，用胸去靠墙或肋木，臀部翘起，塌腰。保持3～5秒，还原。练习10～15次为宜。

动作要求：胸尽量靠近墙或肋木；手臂尽量全部贴在墙上或肋木上。

（2）利用门框或类似门框的物体进行矫正。

动作方法：两脚并拢，两臂侧举，把手挡在门框上。重心前移，胸向前顶，伸至最大限度，保持3～5秒，还原。练习10～15次为宜。

动作要求：要适当控制动作的速度和力度，不要用力过猛。

（3）贴墙站立法。

动作方法：两脚跟靠拢并齐，两膝夹紧，稍用力后挺，臀部肌肉收紧，小腹微收，自然挺胸，两肩要平并稍向后张，两臂自然下垂轻贴身体两侧，脖颈挺直紧贴衣领，下颌微收，头向上顶。

练习时使两脚跟、小腿肚、臀部、两肩及头部后侧均紧贴墙壁。每日可贴墙站1～2次，每次不少于30分钟。

动作要求：肩要打开，肌肉紧张，紧贴墙壁。

（4）单杠悬吊法。

动作方法：立于高约2.5米的单杠下，两手与肩同宽抓住杠体使身体自然伸直悬空吊起，而后小幅度上下振摆。每次1～2分钟为宜。

动作要求：要适当控制动作的速度和力度，振摆幅度不要过大，量力而行。

（5）反撑倒立法（蝎子倒爬墙法）。

动作方法：先距墙1米左右面墙而立，然后两手与肩同宽在离墙30～50厘米处着地，并将两腿伸直向后翻于墙上，两脚在上，头在下成反弓形。每次坚持1～2分钟为宜。

动作要求：收腹挺胸，身体靠近墙体，手臂用力支撑。

2. 利用自身条件进行矫正

（1）半蹲挺胸。

动作方法：直立，两手叉腰。膝微屈，两肘后展，挺胸抬头至最大限度，控制2秒，还原。练习 25~30 次为宜。

动作要求：胸部尽最大幅度向前顶，收腹。

(2) 体前屈挺胸。

动作方法：直立，两臂后摆，上体稍前屈，挺胸抬头至最大限度，控制 3~4 秒，还原。练习 10~15 次为宜。

动作要求：体前屈的速度不要太快，两臂后摆不要用力过猛。

(3) 坐立挺胸。

动作方法：并腿坐，两手体后直臂撑地。尽量挺胸、抬头，两臂用力伸直撑地，胸挺至最大限度后保持 3~5 秒，还原。练习 10~15 次为宜。

动作要求：挺胸要充分。

(4) 站立挺胸。

动作方法：直立，两臂放于体后，两手互握。两手用力向下伸，使肩下沉，两肩尽量后展，保持 3~5 秒后，两臂尽量抬高，挺胸抬头。练习 10~15 次为宜。

动作要求：挺胸要充分。

(5) 后振扩胸。

① 练习一。

动作方法：直立，两臂胸前平屈，后振扩胸。练习 20~25 次为宜。

动作要求：两臂尽量向后，展胸。

② 练习二。

动作方法：直立，两臂前举交叉。向两侧打开，后振扩胸。练习 20~25 次为宜。

动作要求：两臂尽量向后，展胸。

(6) 俯卧撑法。

动作方法：两手两脚同时触地，将头、颈和身体撑起。练习 15~30 次为宜。

动作要求：练习时曲肘推臂，身体挺直上下运动而不着地。

总之，在矫形时，不能忽略准备活动和放松活动；不要一开始就用力过猛，要根据自身情况来控制用力的程度和幅度、动作停顿的时间和重复的次数。一般来说，应逐渐加大用力程度和动作幅度；控制的时间可慢慢延长。

7.2.2 O 型腿与 X 型腿的矫正

O 型腿与 X 型腿畸形非常明显的人并不多见，但有轻度症状的人还是不少的。除遗传因素外，婴儿期的护理不得法和成长过程中日常行为习惯不良，也是造成此类畸形的重要原因。这两种畸形，不但在外观上不美，在日常活动中也会产生不同程度的不便利。所以对其逆行矫正很有必要。

1. O 型腿的矫正

O 型腿的判断：正步站立，两脚和脚踝能并在一起，而两膝却不能接触，并且相距在 1.5~2 厘米的，称为 O 型腿。

矫正 O 型腿，力求缩小两膝之间的空隙，用力做与变形方向相反的运动。

1) 向内扣膝

（1）双膝同时内扣。

动作方法：两脚开立，双臂自然下垂。两腿屈膝下蹲，膝关节内扣，脚内八字，两手扶膝盖外侧，并用力向内侧推压膝关节，使两膝并拢，控制 4～5 秒，还原。练习 15～20 次为宜。

动作要求：下蹲时掌握好重心；两手的推压动作用力要适度，不要太突然；双膝要靠紧。

（2）单膝内扣。

动作方法：两脚开立，两手叉腰。左腿伸直，右腿屈膝内扣，膝盖朝向左侧，身体向左转，控制 4～5 秒，还原。左右腿交替进行。练习 10～15 次为宜。

动作要求：膝盖内扣时，两脚尽量不动。

（3）单膝内扣，脚向外侧踢（模仿踢毽子）。

动作方法：两腿并拢站立，两手叉腰。右脚向外侧用力上踢，小腿尽量踢平，膝盖用力内扣下压，左右交替进行。练习 10～15 次为宜。

动作要求：踢腿同时膝盖要内扣，小腿要踢平。

2) 跪姿降臀

动作方法：两膝并拢，两小腿分开跪立，两手叉腰。臀部缓缓向下压、降臀，用上体的重量压迫两腿，慢慢地向下扣膝至跪坐，控制 3～4 秒，还原。练习 15～20 次为宜。

动作要求：臀部尽自己的能力下降；降臀时要缓慢，不要用力过猛；并膝跪坐的时间可逐渐加长。

3) 利用松紧带进行纠正

（1）下蹲、起立。

动作方法：双脚并拢站立，用松紧带将双膝关节捆绑在一起（松紧度根据个人的承受能力而定），两手叉腰。连续地完成屈膝下蹲动作。练习 20～25 次为宜。

动作要求：膝关节的屈伸动作要充分到位。

（2）向上并腿跳。

动作方法：双脚并拢站立，用松紧带将双膝关节捆绑在一起（松紧根据个人的承受能力为宜），两臂屈肘置于腰侧。两腿稍屈后蹬地向上跳起，同时两臂向前上方摆起，带动身体向上跳；落地时前脚掌先着地至两腿屈膝下蹲，两臂后摆控制身体平衡。练习 20～30 次为宜。

动作要求：跳起后要掌握好平衡，落地要站稳；身体不要放松，腹部要收紧，两腿夹紧；每次落地都要屈膝缓冲，切不可直膝落地，防止运动损伤；动作的速度可逐渐加快。

4) 两膝夹物练习

（1）夹物下蹲。

动作方法：站立，将软物放在两膝之间，两膝把物体夹紧，体前屈，两手扶膝关节。屈膝下蹲，两手在膝外侧适当用力向内挤压，使所夹物体不掉落，控制 2～4 秒后起立。练习 12～20 次为宜。

动作要求：两膝尽力内夹，两腿内侧肌肉收紧。

(2) 坐姿夹物。

动作方法：坐在椅子或凳子上，两腿屈膝，将软物放在两膝之间，两膝把物体夹紧。两腿屈膝向上提，靠近胸部，两膝尽力把物体夹紧，同时两脚向两侧摆，尽量分开，两手用力握撑住椅子，帮助两腿上提，还原。练习20～25次为宜。

动作要求：所夹物体可先厚再薄，两膝用力夹紧物体，两脚尽力向外侧摆。

2．X型腿的矫正

X型腿的判断：正步站立，两膝能并在一起，而两脚并不拢，两踝间的距离超过3厘米的为X型腿。形成这种畸形的主要原因是遗传因素，后天的行为习惯也有一定的影响。

1) 双膝同时外展

(1) 坐姿双膝外展。

动作方法：坐姿，两腿屈膝，两脚掌相对，两膝外展，两手分别放在同侧的膝关节内侧。上体稍前倾，同时两手掌用力向下压膝关节内侧，至最大限度后停2秒左右，然后放开还原。练习20～25次为宜。

动作要求：下压膝关节时，要使大腿外侧尽量靠近地面；两手用力要均匀；不可太快、太猛。

(2) 跪撑双膝外展。

动作方法：两腿屈膝分开成跪撑，两脚靠近，绷脚尖。身体适当用力下压，尽量使两膝慢慢分开，臀部下降并适当后坐，随着臀部的下降，上体也随着下降，屈肘成两前臂撑地，两膝分开至最大限度，控制3～4秒，还原。也可请他人帮忙，在髋后部适当用力下压，助其两膝尽量分开。练习15～20次为宜。

动作要求：不能用力过猛，下压动作要缓慢，两膝分开的程度要量力而行。他人助力也要视练习者的素质情况量力而行。

(3) 下蹲双膝外展。

动作做法：小八字步站立，上体前屈，两手扶膝。屈膝下蹲，两膝外展，两手用力将两膝分开至最大限度，控制4～5秒，还原。练习20～25次为宜。

动作要求：两膝尽量外展。

(4) 俯卧双膝外展。

动作做法：俯卧，两腿屈膝，两脚踝用松紧带捆住，稍松一些，两臂弯曲，用前臂在体前撑地。两脚掌贴紧，两脚用力向下压，使两膝尽量分开，两脚尽量贴近地面，至最大限度后，停止2秒，还原成预备姿势。练习10～15次为宜。

动作要求：两脚掌尽量贴紧，两膝尽量分开。

2) 单膝外展

(1) 模仿踢毽子。

预备姿势：直立，两手叉腰。

动作做法：右脚内侧用力向上踢，膝盖用力外展（向外侧下压），并随即还原，模仿踢毽子动作。换左腿做。

重复次数：20～25次为宜。

动作要求：脚内侧尽量踢高，膝盖尽量向外侧下压。

(2) 踢毽子。

预备姿势：直立，右手持毽子。

动作做法：用脚的内侧连续踢毽子，或交替踢毽子。

重复次数：20～25次为宜。

动作要求：脚向上踢起时，膝盖用力向外侧下压。重复的次数根据水平的提高而增加。

(3) 按压膝盖。

预备姿势：坐在椅子或凳子上，右腿屈膝把小腿放在左大腿上，左手扶住右脚踝处，右手放在右膝盖上。

动作做法：右手用力将右膝向下按压，压至最大限度，控制3～5秒，然后慢慢两手放松还原。另一侧相同。

重复次数：15～20次为宜。

动作要求：按压时用力不要过猛，先轻后重；按压的速度要缓慢；控制的时间根据锻炼的水平逐渐增加。

3) 用脚夹物

预备姿势：坐在椅子的前部，两腿屈膝，两脚踝夹紧软物。

动作做法：用足带动腿尽量前伸，控制4～5秒还原。

重复次数：8～10次为宜。

动作要求：两脚尽量夹紧，所夹物体可先厚再薄。

4) 利用松紧带进行矫正

预备姿势：坐在椅子的后部，两腿屈膝，两脚踝用松紧带捆住（松紧根据个人的承受能力而定）。

动作做法：两膝提起。控制4～5秒后，慢慢向前伸直膝关节，绷脚尖，还原。

重复次数：8～10次为宜。

动作要求：提膝和伸膝时，两脚踝尽力夹紧。

7.2.3 "八字脚"的矫正

八字脚分内八字脚和外八字脚两种。外八字脚就是在行走时两只脚尖向外分开，内八字脚则相反。八字脚的形成有遗传因素和后天不良的走姿等多方面因素造成的。它不仅影响身体姿态美，而且在一定程度上也影响了跑跳能力。因此要及时纠正。

1. 有意识进行矫正

在日常生活中，坐和站都要有意识地做到两腿、两脚并拢，脚尖和膝盖朝前。

2. 走、跑练习

(1) 踩直线走、跑练习。方法：沿着直线进行练习时，两脚要踩在直线上走或跑，注意膝盖和脚尖都要朝着正前方，使每一个脚步都踩准在直线上。

(2) 检查脚印。方法：在沙土、松土和湿地上走或跑过后，检查自己的脚印，脚尖是否都朝前,可边走边纠正,边跑边纠正。

(3) 踢毽子(纠正内、外八字)。两脚交换用脚内侧连续向上踢毽子或用脚外侧向上踢毽子。向内踢毽子可纠正外八字,向外踢毽子可纠正内八字。

(4) 脚尖外展(纠正内八字)。

① 练习一:两脚并拢站立,脚跟对齐。脚尖向外展开再收回,反复进行。

② 练习二:利用芭蕾舞二位脚来纠正。方法:手扶椅子或其他支撑物站立,两脚分开约一脚距离,脚尖尽力向两侧分开,最好能够达到二位芭蕾舞脚,控制4~5秒。水平提高后控制时间慢慢增加。

③ 练习三:利用芭蕾舞一位脚来纠正。方法:手扶椅子或其他支撑物站立,两脚并拢。脚跟对齐一脚尖尽力向外分开,最好能够达到一位芭蕾舞脚,控制4~5秒。控制时间慢慢增加。

(5) 脚跟外展(纠正外八字)。站立两脚并拢,脚尖对齐,脚跟向外展开再收回。反复进行。

总之,矫正不良姿势需要长期坚持,初练时可减少练习的次数和动作的幅度,随着练习的深入可逐渐增加练习的量和难度;只要持之以恒,一定会收到满意的效果。

7.2.4 斜肩的矫正

斜肩即两肩高低不一,是因为经常用一侧的肩膀挎书包、背包,或肩扛、手提重物,使一侧肩关节周围的软组织长时间地处于紧张状态,久而久之,使肩部下肌群紧缩,上臂肌群拉长而成斜肩,从而导致两肩高低不一。矫正的练习有以下几种。

(1) 面向镜子,两脚开立,与肩同宽,上体直立。两手持哑铃下垂体侧。然后吸气,同时两臂做侧平举,观察两肩是否在平行地面的一条直线上,然后呼吸放下还原,重复10~12次,反复练习4组。

(2) 两脚开立,与肩同宽,上体正直。两手斜下举,低肩的一侧做提肩练习10次,另侧手自然下垂,然后双肩做提肩、沉肩练习10次,反复练习4组。

(3) 背向肋木,双手正握杠悬垂,女性做屈膝收腹举腿到大腿水平,男性举直腿至水平,控制15~20秒,反复练习4组。

(4) 双杠双臂支撑,在帮助下做上下屈伸练习。要求:身体保持正直,防止前后、左右摆动屈伸,每组动作做10~15次,反复练习4组。

(5) 在帮助下对墙倒立,要求身体正直,两手用力均匀,每次停留30~60秒,共练习5次。

(6) 两脚开立,与肩同宽,上体直立,低肩侧手持哑铃或重物做单臂侧平举,另一侧手叉腰。重复15~20次,反复练习4组。

(7) 在自由行进中,挺胸收腹,有意识地提低侧肩,每天要求做10次提低侧肩练习,一次持续时间为5分钟。

(8) 两臂侧平举向内,向外交替绕环。开始时向外绕小环,然后绕大环。这项练习可增加双肩,双臀肌肉群的力量。

7.2.5 溜肩的矫正

溜肩又叫垂肩,是指肩部与颈部的角度较大,正常男士颈部与肩部的角度在 95°~110°,女士在 100°~120°,如果男士或女士肩部与颈部的角度大于上述角度,就属于溜肩,造成溜肩的主要原因是,肩部的锁骨和肩胛骨周围附着的各肌肉群(如三角肌、胸大肌、背阔肌、斜方肌等)不发达、无力,使锁骨和肩胛骨远端下垂。矫正溜肩的方法有以下几种。

(1) 侧平举。两脚开立,与肩同宽,两手拳眼向前持哑铃或重物下垂于体侧。随即吸气,持哑铃向两侧举起,手臂与肩齐时稍停 3~4 秒,再呼气。持哑铃慢慢放下,还原至体侧,每组练习 10~12 次,重复练习 4 组。

(2) 屈臂提肘练习。两脚开立,两手于体侧提重物或哑铃,当吸气时,两手持哑铃屈臂提肘上拉到上臂与地面平行,稍停 2~3 秒,然后再呼气,持哑铃慢慢贴身放下还原,每组练习 8~10 次,重复练习 4 组。

(3) 屈肘俯卧撑,即俯卧撑时两肘与肩在一水平线上,每组练习 10~15 次,重复练习 4 组。

(4) 在帮助下,体操架上倒立屈伸练习,帮助者两手扶练习者两腿外侧,根据练习者的手臂力量大小,决定所给帮助力的大小,最后帮助其完成屈伸动作。每组练习 7~10 次,重复练习 4 组。

(5) 坐姿颈前推举。坐立,两手宽握距持哑铃置于胸上,上体保持挺胸、收腹、紧腰的姿势,随即吸气,持哑铃垂直向上推起,到两臂完全伸直为止,控制 2~3 秒;再呼气,慢慢放下还原,每组练习 10~12 次,重复练习 4 组。

(6) 两人一组的推板车练习,帮助者双手抱紧练习者两腿于体侧。练习者两手支撑向前爬行,要求不塌腰,臀部不左右摇摆,爬行时手臂伸直支撑。练习直到爬不动为止,重复练习 4 组。

(7) 侧向拉拉条。两腿前后站立,双手于体侧拉拉条的两端(拉条从肋木中穿过,系在肋木上)。上体保持挺胸、收腹、紧腰的姿势,随即吸气,两手从体后水平拉拉条至胸前平举。控制 2~3 秒,再呼气,手臂还原。每组练习 10~20 次,重复练习 4 组。

7.2.6 扁平足的矫正

扁平足是指足弓低平或消失,患足外翻,站立、行走的时候足弓塌陷。足弓是足底的弓形结构,扁平足的人不能久立和远足。四个动作可以改善扁平足。

(1) 足抓硬币。大脚趾趾跟下放一枚硬币,做抓取动作,收缩点略停顿再放松。

(2) 小腿拉伸。双腿或单腿站在台阶边缘,脚踝放松,脚跟下踩,充分拉伸小腿数秒。

(3) 脚跟上提。双腿或单腿站在台阶边缘,脚踝放松下踩后用脚趾发力将脚跟抬到最高点,略停顿再循环。

(4) 脚趾瑜伽。脚趾放松,用力做石头、剪刀、布的动作。

训练计划是:(脚跟上提 15~20 次+小腿拉伸 30 秒)×4 组,足抓硬币 10~15 次×4

组,脚趾瑜伽 10～15 次×4 组。2～3 次/周,六周会有明显改善。

7.2.7 扁平臀的矫正

平时生活中很少运用到臀部深层肌肉,使得臀部扁平或下垂。改变臀部形态是提升整体美感的重要因素。以下三个动作可以有效矫正扁平臀。

(1) 深蹲。抬头挺胸,后背正直,双脚左右开立与肩同宽。弯曲膝盖方向与脚尖一致外展 30°,下蹲到最低点为臀部略低于膝盖,膝盖映射点在脚尖前后 3 厘米以内。下蹲节奏要慢,注意力集中在臀部用力上,动作可以不断加大负重量。

(2) 弹力绳半蹲侧移。可将弹力绳置于膝盖上方,下蹲至髋略高于膝盖,膝盖不超过脚尖,左右跨步移动。保持臀部后顶和紧张,动作可以不断加大负重量。

(3) 半蹲单腿跳。上体前倾,单腿下蹲至膝盖 135°左右,膝盖与脚尖同方向且不超过脚尖。用力摆臂起跳和落地缓冲。动作可以不断加大负重量。

训练计划是:深蹲 10～15 次×4 组,半蹲侧移 10～15 次×4 组,半蹲单腿跳 10～15 次×4 组。2～3 次/周,四周有明显改善。

7.2.8 站姿的控制练习

1. 不优雅的八种站姿

(1) 昂头,下巴高高抬起,表示高人一等。
(2) 把头侧向一方,表示轻视。
(3) 不断移动左右脚,表示内心恐惧。
(4) 双手抱胸,表示拒绝与人接近。
(5) 倚着墙或桌,重心不稳,表示没有信心。
(6) 双手叉腰,表示挑战。
(7) 站立时不断摇晃身体,表示浮躁不踏实。
(8) 双手忙于拉衣角、理头发、摸耳朵,表示心不在焉。

2. 站姿的训练

旅游服务工作者必须经过严格训练,长期坚持,养成习惯,才能在站立服务中做到持久地保持优美、典雅的服务姿态。

(1) 头部负重练习。练习初期,可采用头部负重的方法进行训练。书本是最好、最方便的选择。练习时每人拿一本书(500 克左右)放于自己头部,保持书本不掉下来。

此方法可使学生找到站立时"头顶上悬"的感觉。负重练习和不负重练习交替进行,体会两种不同方法的身体感觉,为渐渐过渡到不负重练习做好准备。

(2) 靠墙练习。身体背着墙站好,使自己的肩、臀部及足跟接触到墙壁,形成三点一线。

(3) 分腿立。两腿分开与肩同宽,两脚成小八字站立,双手叉腰,双肘微向前扣,收腹、挺胸、立腰、立背,双肩后张下沉。此练习主要训练臀、腹及上体的正确感觉。

(4) 单腿立。在正确的站姿基础上,一腿支撑,另一腿屈膝上抬绷脚尖、贴于支撑腿、双手叉腰,上体微微向侧转。此练习主要训练腿的挺直和控制力。

(5) 起踵站立练习。小八字步站立,两脚跟离地、前脚掌着地,两腿并拢夹紧、提臀立腰,以离地高为好。但要注意保持整个姿态的挺拔,不晃动。

在练习过程中可根据个人特点调整练习的时间,刚开始时间可稍短些(比如,1×8拍起踵站立,2×8拍标准站立,如此反复循环),随着训练时间的增多而加强。另外,也可双手叉腰练习。

(6) 双人背靠背练习。为了加强训练的趣味性,双人一起练习也是不错的方法。两人双手后背相互环绕,尽量把自己的头、肩、后脚跟和对方相靠。

练习时要注意,两人同时用力一起往上提,不要你靠我我靠你。

(7) 移重心练习。在身体与地面保持垂直,重心随支撑腿移动的基础上,进行前、旁、后移重心的训练。

在快移重心的过程中可加强腿部的支撑能力和上体形态的控制能力。刚开始练习时可放慢速度,待有一定的基础后再进行快移重心的练习。

此练习主要训练在移动时腿的控制能力和身体的正确姿势。

7.2.9 坐姿的控制练习

1. 不雅的坐姿

首先表现为出入座过急,很不稳重;落座后有的耷拉肩膀或含胸驼背,有的两腿伸得很直,双手叉于其中,或是大分腿,臀部坐在边缘,或是斜身躺在沙发里,懒懒散散;也有的把头仰到沙发后背,送髋、送肚,显得特别放肆和随意;甚至有的半躺半坐,再跷上二郎腿,不停地抖动、摇晃,这些都会显得很没有修养。

2. 坐姿控制练习

(1) 盘腿坐(地面)。重心落在臀部上,挺胸收腹,立腰提气,肋骨上提,头颈向上伸,微收下颌,两腿弯曲,两脚弯曲,两脚脚心相对盘于腹前,双肘放松,手搭于膝上,也可双手背于身后。

(2) 正步坐。上体姿势同盘腿坐,两脚并拢,脚尖正对前方,两膝稍稍分开,两臂自然弯曲,两手自然扶于大腿处,上体正直,微向前倾,肩放松下沉,立腰,头、肩、臀应在一条线上。

(3) 侧坐。上体姿势同盘腿坐,上体微向侧转,两臂自然放松,扶于腿处。两腿弯曲并拢,双膝稍移向一边,靠外侧的脚略放在前面,这样臀部和大腿看起来比较苗条,给人以美的感觉。

7.2.10 步态控制练习

1. 不良步态

在人们的日常生活中,仔细观察人的行走姿态,就会发现千姿百态的步态,常见的不良步态有以下几种。

(1) 两腿迈步不平均,一步大,一步小,重心不稳;也有的一步重,一步轻,上下跳动。

(2) 走路时,两肩前后摆动,一肩高,一肩低;或上体左右晃动;或臀部扭动幅度较大,给人一种轻浮的感觉,不稳重。

(3) 走路时,出现较大的外八字或内八字。

(4) 因为穿高跟鞋,踝关节力量不足,造成走路时上体前倾,重心(臀部)后移。

2. 步态控制练习

(1) 坐在椅子上,用脚趾夹起地上的小卵石或笔,抛向远处。

(2) 站立提踵练习。膝关节伸直,尽量提起脚跟至最大限度,然后脚跟下落还原。可连续做,或提踵后稍停顿再继续做,做25～30次后放松。

(3) 足尖、足跟、足外侧交替走。

(4) 平衡感的训练。练习平衡感是为了在走路时让背部挺直,使上半身不动摇。练习时,在头顶放一个小布垫,眼睛看前方。

(5) 送胯训练。女子要想形成轻盈婀娜的姿态就要学会送胯,在往前迈步时,迈左脚就送左胯,迈右脚就送右胯。但是幅度不能太大,同时要避免左右扭胯。

(6) 修正线条训练。进行修正线条训练时,可用一条5厘米宽的长带放在地上,首先踏出一步,注意此时只有脚跟内侧才可以碰到带子,接着让大脚趾像踩在带子上一样着地。另外一脚也以同样的方法踏出,必须记住只能踏到带子边缘,使双脚呈倒八字形,以脚掌内侧接触带子。此外,还须避免翘着臀部走路。

(7) 综合练习。头顶一本书,以标准走姿行走,视线落在前方4米处,转弯时应平稳。此练习是为了训练脊背和脖颈的挺直。

思考与练习

1. 旅游从业人员的仪态举止应如何体现?
2. 握手、介绍的顺序是怎样的?
3. 结合旅游企业不同岗位的要求,自编自演(要求:3～5人一组,每人所表演的形体动作不少于三个,场景设计时间3～4分钟)。
4. 如何对身体的不良姿态进行矫正?请结合实际进行训练。

第 8 章
体能训练

学习目标

体能是人体机能的基本运动能力,是进行工作、运作示范的基础。体能水平是由机体身体形态、身体机能、运动素质发展状况等因素决定的。体能训练贯穿于基本功训练中,是改善人们身体形态、提高身体机能水平、提高身体素质、增进身体健康的有效手段。

8.1 前庭耐力训练

8.1.1 什么是前庭耐力

前庭耐力是指空乘人员在飞行中对连续颠簸、摇晃等运动的耐受能力。前庭耐力与人的平衡机能的稳定性有直接关系,前庭耐力差的人在飞行中容易出现头晕、头疼、恶心、呕吐、面色苍白等晕机症状而影响工作任务的完成。晕机主要是前庭分析器受到过强的刺激,超过了它的耐受限度而引起的。

8.1.2 前庭器官的构造

人体空间定向机能系统(即能感知人体在空间的体位变化和维持人体的平衡的系统)是多种分析器协同作用的结果,包括视觉分析器、前庭分析器、本体感受器、听觉分析器和触觉分析器等。其中前庭分析器起着重要作用。

前庭分析器的外围部分位于内耳,由三半规管、前庭(椭圆囊和球状囊)和耳蜗共同组成。由于内耳管道曲折复杂,状如迷宫,所以叫迷路。

三半规管由三个半月形的弯曲小膜管组成,位于内耳迷路的后上方。各小管的位置互相垂直,分别叫上垂直半规管、后垂直半规管、水平半规管,管内充满液体称为内淋巴液,三个半规管都开于椭圆囊内,每个规管有一个膨大体称壶腹,壶腹内有一个隆起叫壶腹脊,壶腹脊是一个感觉装置,主要感受旋转变速的刺激。

前庭发生的神经冲动与支配眼肌的神经相联系,可以反射地引起眼肌有规律地收缩,产生眼震,与支配颈部,四肢和躯干部位的运动神经相联系,可以反射地引起四肢躯干肌张力正常关系失调,上体向旋转一方倾倒,不能沿直线行走,定向能力下降或遭到破坏,与植物神经相联系,会产生一系列植物神经反应,如头晕、恶心、呕吐、出冷汗、面色苍白、脉搏血压改变等。

飞机的起落中,加速度是引起空晕病(亦是晕机病)和产生空间定向错觉的直接原因。体弱、疲劳过度、大脑皮层功能不良对前庭器官的控制能力也会减弱,长期停飞造成的适应性减退、胃肠功能不良、心血管功能障碍、缺氧等都能使前庭功能反应增高,容易产生晕机症状。

晕机症能通过一些有效的措施来加以预防。通过采取药物防治和反复的飞行训练可以提高空乘人员的前庭耐力。但药物(如内服镇静剂)副作用明显,并且效果也是暂时性的。空乘人员通过飞行实践逐渐提高前庭耐力从理论上讲是可行的,但是不宜作为提高空乘人员前庭耐力的专门方法。实践证明,通过系统、特定的地面体育训练才是提高空乘人员前庭耐力最有效的方法。

8.1.3 前庭耐力训练方法

1. 主动锻炼法

(1) 转头操(又称对称地面平衡操)。转头操是一种简便易行,不受时间、场地、条件限制的锻炼方法。依次可做左右摇头,左右摆头,前俯后仰,向左旋转360°,向右旋转360°等动作。头动频率可控制为每秒1~2次,每种动作50秒。每做25秒休息5秒,5分钟做一遍。早晚各做一次,每次做两遍。坚持3~6天就会有成效。练习过程中的头动频率和练习时间因人而异,循序渐进。

(2) 地转。练习者可以成体操队形,一臂间隔,或在田径场内练习,一排一排单独进行训练。练习者靠右手抱左手肩关节处,两腿并齐站立、屈体,左臂垂直食指指向地面,做原地360°连续旋转,按照教练口令或要求进行练习。要结合训练的进展逐步提高质量,左右臂结合练习。

(3) 仰转。仰转与地转动作要求基本相似,将头部上仰进行左右旋转练习,一般不超过1分30秒。

(4) 立转。做立转练习时两臂平行展开,双腿平行站,两眼平视前方,做向左、右旋转练习。逐步增加难度,提高质量。

(5) 对转。两人相对站立,相互握对方的双手,身体略向后仰。做向左或右原地旋转。

(6) 前滚翻。蹲撑开始,低头含胸,双脚斜后方蹬地的同时双手撑地,身体团起。膝关节靠近胸部,身体呈球形,头、肩、背、腰、臀、脚一次地向前滚动。

(7) 后滚翻。撑蹲开始,低头含胸,双脚斜前方蹬地,身体团起,膝关节靠近胸部,身体呈球形,臀、腰、肩、背、头依次着地向后滚动,当肩部着地的同时双手撑地,身体还原成蹲姿。

2. 被动锻炼法

被动锻炼法是用各种加速旋转的器械使人体接受被动的旋转训练。如做固定滚轮的旋转训练时被动捆住由另一个人带动旋转。考虑到视觉对晕机的影响,在做训练时应睁眼与闭眼相结合,交替进行。被动锻炼的旋转速度、练习时间可以随意控制,便于掌握运动量,效果明显。

8.1.4 前庭耐力训练应该遵循的原则

1. 全面发展,突出重点

人体各器官的循环系统是在中枢神经系统调节下的有机统一整体,有机的各个组成部分都是互相联系、互相影响的。只有加强身体素质的全面训练,在身体协调平衡发展的基础上才能更好地增强前庭耐力锻炼的效果。

2. 贵在坚持

前庭耐力锻炼积累 50 个小时即可见到成效。但是下降和消退也比较快,一般停止锻炼 5~7 天就会出现消退现象。经过系统锻炼最多可以保持 4 个月。所以要持之以恒,养成好的锻炼习惯。

3. 循序渐进

前庭耐力锻炼必须遵循由大到小、由易到难的原则,练习的次数、时间、强度应逐渐增强,不能操之过急。每次锻炼要有头晕和全身发热的感觉,但不要达到恶心的程度。一般应根据每人能耐受刺激量的一半作为开始刺激量,防止刺激量过大而造成前庭器官永久性损伤。

4. 练习方法要灵活

经常交换练习方法可以提高前庭耐力锻炼的效果。旋转练习时应该睁眼与闭眼交替进行,快速与慢速交替进行。锻炼应根据每个空乘人员身体素质情况因人而异,有所侧重,科学灵活地掌握训练方法。

5. 前庭耐力的测试与评价

(1) 测试方法:抗眩晕操测试。

(2) 测试场地:地板,草地或平整、质地较软的场地,画一条 10 米长白线。

(3) 测试方法:受测试者严格按照动作规范和节奏要求,在规定的时间内依此连续完成双腿连续纵跳,坐撑左右侧屈,圆前背后滚,仰卧左右侧后滚,抱膝螺旋滚。完成后立即站起并在无任何帮助的条件下,沿直线走 10 米。测试员测量以受测者左右脚印的最外侧缘为准,测量其两脚印的左右最大偏离度。

(4) 评价标准。

① 0 度:能顺利直行 10 米,无不良反应。

② 1 度:能行走 10 米,但不能完全沿直线行进。

③ 2 度:有头晕、恶心、发热、颜面苍白、额部可见细微的冷汗珠、打战、呕吐等反应。

④ 3 度:有明显头晕、头痛、恶心、呕吐、颜面苍白、大量冷汗,肢体震颤和精神抑郁等反应。

2度或3度反应者为前庭自主神经反应敏感。

8.2 有氧耐力训练

8.2.1 有氧耐力训练方法

1. 有氧健身操

1）项目介绍

有氧健身操是一项深受广大群众喜爱的健身运动，主要采用各种体操和舞蹈动作，配合节奏明快的音乐创编而成，练习者在不断变化的音乐节奏下变换练习的动作，通过不断增强兴奋度锻炼身体的协调性、灵活性，同时减缓练习者的疲劳与紧张。另外，节奏性运动对于呼吸、循环系统都有良好帮助作用，能有效提高有氧工作能力。

2）运动目的

（1）有氧健身操可以全面、均衡地活动全身各部位的关节、肌肉，增强机体的供氧功能，防止肌肉、骨骼的废用型退化。

（2）练习者在音乐伴奏下配合全身的肌肉来活动，调理情绪、舒展精神，促进心理健康。

（3）练习有氧健身操可以健美形体，锻炼心血管机能，提高有氧能力，增强体质。

（4）练习有氧健身操可以增强身体的协调性、平衡性，防止神经功能减退。

3）运动的形式与方法

运动强度、时间、频度：练习者应根据自身的体质和承受能力控制和安排锻炼的速度、力度、重复次数、组数、间歇时间等。初练者每次锻炼后，应以冬天有少量出汗，略有疲惫感，心率为130~150次/分为宜，总的练习时间不超过40分钟。有了一定锻炼基础后，可以适当增加运动负荷。随着锻炼水平的提高和体质的增强，负荷强度和负荷量可适当增加，心率最高不超过150次/分。每周练习3~5次。8周健身运动处方见表8-1。

表 8-1

周	时间（分钟）	最高心率（次/分钟）	每周次数（次）
1	15	110~120	3
2	21	110~120	3
3	21	120~130	3
4	27	120~130	3
5	27	130~140	3
6	36	130~140	3
7	36	140~150	3
8	40	140~150	3

2. 游泳

1) 项目介绍

游泳是在阳光、空气、水三者良好结合的自然环境中进行的运动。游泳时身体在水中呈漂移状态,为了维持身体的平衡,全身肌肉都要参与工作。由于在水中没有固定的支撑点,所以动作柔和,肌肉收缩也比较缓慢,能够长时间地发挥肌肉的力量,一般不会受伤,比较适合成年人的生理特点;而且,人在水中全身都承受水的压力,这对于体重较大、行动不便的人来说,没有陆地上锻炼时支撑体重的负担,是一项很好的健身运动。

游泳对全身皮肤、肌肉是一个刺激,可以增强体温调节能力和对环境的适应能力。水对于人体的压力,每下潜1米,就增加0.1个气压,能促使呼吸加强、加深。

游泳的环境对人体的呼吸、皮肤、肌肉等的刺激,以及身体呈水平运动的姿势等都有利于血液回心,能促进心血管系统机能的改善;同时,流体静水压力能促进静脉外周血管收缩,能改善下肢静脉血管功能不足。水对人体的力学作用与水的密度大于空气的密度有关,在快速运动时为了克服水的阻力,就要求身体增加做功,因而对心血管系统功能的改善有明显效果。由于锻炼者心血管调节能力提高,对寒冷刺激能迅速产生适应性,增强了机体对环境的适应能力。所以,游泳是一项适合成年人的健康运动。

2) 运动目的

(1) 提高人体体温调节能力,增强抗寒、耐热等身体适应环境变化的能力。

(2) 提高心血管系统的功能,增进全身的耐力。

(3) 改善呼吸系统机能,提高机体免疫力。

(4) 消除多余脂肪,促进形体匀称健美。

3) 游泳的练习方法

游泳运动分竞技游泳(蝶泳、仰泳、蛙泳)和实用性游泳(爬泳、蛙泳、潜泳、踩水)。练习游蛙泳时身体姿势比较平稳,水的支撑面积大,练习起来省力、呼吸方便、视野宽、易持久练习,适用于长时间、远距离游泳。

(1) 熟悉水性。熟悉水性是学习游泳的重要环节,对于初学者来说是一个不可逾越的重要阶段。熟悉水性的目的是使初学者了解和体验水的特性,克服怕水的心理,掌握水感、如浮力感、压力感、阻力感等;习惯游泳时身体姿势的改变,培养对游泳的兴趣;掌握一些水中活动的基本技能,即水中的移动、呼吸、浮力和滑行;逐步适应水的环境,为进一步学习和掌握各种泳姿技术打好基础。

(2) 水中移动。身体侧对池壁,单手扶池边向前、向后迈步行走;也可以面向池壁,双手扶池边向左、向右迈步行走。手扶池壁或5~6人手握手向前、后、左、右走动。与同伴手拉手成圆圈地走、跑或互相推水、戏水。

(3) 练习呼吸。

① 手扶池边或手握同伴的手做深呼吸后闭起,然后慢慢下蹲把头部全部浸入水中,停留片刻,鼻、嘴在水中慢慢吐出,直到吐净,然后站起,在水面上吸气后再重复练习。水中的呼吸要按照"快吸,稍闭,蛮呼,猛吐"这一特殊的节律进行。

② 同上练习。吸气后头浸入水中,稍闭气即在水中用嘴和鼻同时吐气、抬头,在嘴将露出水面时用力把气吐净,随即张嘴迅速吸气,然后将头再次快速浸入水中。如此反复练

习,做到吸、闭、吐气有节奏地进行。

(4) 浮体与站立。

① 抱膝浮体站立练习。原地站立深吸气后下蹲,低头抱膝,双膝尽量靠近胸部,前脚掌蹬离池底成抱膝低头姿势,自然放于体两侧。

② 展体浮体练习。吸足气后身体前倒入水,闭气、抱膝、团身低头。等背部浮出水面后伸直臂和腿,成俯卧姿势漂浮于水中。站立时收腹、收腿同时两臂向下压水。抬头时两腿伸直,两脚触池底站立。

(5) 滑行练习。蹬池底滑行练习:两脚前后开立,两臂前上举。深吸气后上体前倒并屈膝,当头、肩浸入水中时前脚掌用力蹬池底,随后两脚并拢,使身体成流线型向前滑行。

3. 蛙泳技术

1) 蛙泳的换气动作

(1) 水中憋气。手扶池边、同伴或教练的手蹲下,使头没入水中练习憋气,若干时间后站起,进而不需要保护自行练习。憋气时间越长越好。若头部感到不适,即应终止练习。

(2) 水中吐气。手扶池壁或同伴的手蹲下,将头没入水中,徐徐地以口或鼻吐气,一段时间后缓缓站起。在水中吐气时间越长越好。注意,不可断断续续地间歇吐气,容易呛水。

(3) 韵律呼吸。韵律呼吸就是"有规律、有节奏地呼吸"。基本上与前面的水中吐气相似:在水中用口或鼻吐气,出水面时嘴喊"啪",然后张嘴吸气。除了注意节奏外,还可以配合双手压水的动作来进行。

2) 蛙泳转身动作技术(以往左转身为例)

(1) 触壁。在最后一次蹬腿结束时不减速地游近池壁,两臂前伸,在正前方高于身体重心的地方,右手在上、左手在下,两手相距 15 厘米左右,手指朝斜上方触壁。

(2) 转身。触壁后,全手掌压池壁,随着惯性屈肘、屈膝团身,同时身体沿纵轴向左侧转动,并抬头吸气,左手离开池壁在水中随着身体向左侧转动并逐渐向左前伸。当身体转至侧对池壁时,向前进方向甩头并低头入水。右臂推离池壁,从空中摆臂,同时提臀使两脚触壁,两手前伸,两腿弯曲准备蹬壁。

(3) 蹬壁。两脚掌贴在水面下约 40 厘米处,两臂向前伸直,头夹在两臂之间,然后用力蹬离池壁。

(4) 滑行和一次潜泳动作。蹬壁后,身体成流线型滑行;当速度减慢至正常游泳速度时,两手开始长划臂至大腿两侧稍停。滑行速度稍慢时,开始收腿;两手贴近腹,胸前伸;当两臂伸直夹头时,蹬腿滑行,双臂开始第二次划水时头露出水面。

3) 蛙泳臂部动作

(1) 开始动作。两臂绷紧自然地向前伸直,与水面平行,身体成一直线。

(2) 抓水。手臂前伸,肩关节略内旋,两手掌心略转向斜下方,稍勾手腕,两手分开向斜下方压水。

(3) 划水。两臂分成 40°～45°时手腕开始弯曲,双臂向侧、下、后方屈臂划水。在划水中,屈臂的角度是不断变化的,一般优秀运动员在划水阶段都能屈臂成接近 90°,因为这个角度能很好地利用胸背部的大肌肉群,以发挥最大的力量。一般练习者划臂时,手臂划至两臂夹角约成120°时,即应连续向里过渡做收手动作。划水和收手时,手的路线不应到肩的下后方,应在肩的前下方。

为了充分利用一切前进力量来提高速度,在进入划水动作时,练习者应用力划水,以获得前进时的最大速度。因此,运动员在划水时身体位置会上升,是合理现象。

(4) 收手。收手过程也能产生较大的前进力和上升力。收手过程将手臂向里,向上收到头前下放;臂与肘几乎同时以更快速度划水,这时不应强调两肘向里夹的动作,因为这样会削减划水力量,同时也应避免划水路线过大。

当手收至头前下方时,翻转双手掌心成向内、向上,这时大臂不应超过两肩延长线。在整个收手过程中,手的动作应快速完成。收手结束时,肘关节低于手,大小臂成锐角。

(5) 伸臂。伸臂动作是由伸直肘关节、肩关节来完成的。伸臂过程中掌心由朝上逐渐转向下翻转,向前伸出。

快速伸臂动作是现代蛙泳技术的特点之一,它紧密配合腿的动作,因此在伸臂的同时,肩要向前;头也几乎同时向前有"压"的动作,注意向前伸臂动作中不能有停顿现象。

整个臂部动作的划动路线,无论是俯视或是仰视都是椭圆形的。蛙泳的手臂划水动作是一个完整的动作,划水轨迹是依次由侧向下、后、内、前方向移动。划水力量由小逐渐加大,划水速度是由慢到快。

4) 身体在水中蛙泳划行时要注意几个方面

(1) 掌握正确的呼吸方法。在进行蛙泳完整配套练习前,必须熟练掌握正确的呼吸方法,才能在短暂的时间内完成吸气过程。其方法是:呼气要由小到大,逐渐加大呼气量(口鼻同时呼气),口部一露出水面,立刻用力把气吐完,并用口快而深地吸气,呼与吸之间无停顿。

(2) 掌握合理的腿部动作是推动身体前进的主要动力。由于两腿在蹬夹水并拢时腿有向下压的动作,此动作既能使身体上升又有利于滑行,能使身体在水中处于较合理的位置,因而可以直接影响呼吸过程完成的好坏。需要注意以下几点:①收腿时,脚踵向臀部靠拢;②收腿时,脚掌外翻,与小腿垂直,加大对水面积;③蹬夹水的速度要快,一定要蹬到位,即两腿、两脚靠拢。

(3) 调整身体在水中的位置。利用两次至多次腿部动作结合一次手臂动作、一次呼吸的配合练习。主要是利用两次或多次腿部动作来解决蹬夹水后身体在水中位置偏低的问题,使初学者尽快掌握呼吸方法,而后再进行一次呼吸,一次手臂及一次腿部动作的正确配合练习。

(4) 闭起滑行、吐尽吸满。在进行完整呼吸配合练习时,要求练习者闭气滑行,滑下时开始吐气,并逐渐加大呼气量。口部一露出水面,即可用力把气吐完,并快而深地用口吸满气。练习中不强调用早吸或是晚吸的方法,而是强调"吐尽、吸满"。

4. 健身跑

2500年前的希腊埃拉斯多山崖上刻着:"如果你想强壮,跑步吧!如果你想聪明,跑步吧!如果你想健美,跑步吧!"可见那时的人们就认识到跑步锻炼能使人身体健壮、形体健美、头脑聪明。

从生理学角度讲，健身跑适合各种年龄和不同身体状况的人。健身跑可以调节人体的生理机能和各器官的协调功能，使心血活动加强，促进全身血液循环，及时供给组织细胞能量和氧气，及时排出汗液和二氧化碳。健身跑还可使大脑获得充足的氧气供应，增强大脑对兴奋和抑制过程的调节能力，坚持健身跑不仅能使人思维敏捷、手脚灵活，而且可以延年益寿、强身健体。从心理健康方面讲，健身跑还可以缓解抑郁症。

1) 运动目的

(1) 锻炼心肺功能，提高有氧能力，增强体质。

(2) 调节神经系统功能，尤其是调节植物性神经系统功能。

(3) 促进新陈代谢，改善消化系统功能。

(4) 促进脂肪代谢，控制体重，减肥健美。

(5) 防治高血压、高血脂、动脉硬化等心血管疾病及其他与运动不足有关的疾病。

2) 练习形式与方法

健身跑的方法有很多，如走跑交替法、匀速跑、间歇跑、变速跑和重复跑等。开始进行健身跑时，最重要的是循序渐进、持之以恒。最好采用走跑交替和匀速跑的形式。

(1) 走跑交替法。走跑交替法适合于体弱或缺乏锻炼的人。其方法是先走 100～200 米，然后慢跑 300～500 米，重复数次。初次参加锻炼的人一般是走 1 分钟跑 1 分钟，交替进行，因个人的具体体质情况而定。经过一段时间锻炼后，就可以缩短走的时间，直到慢跑 5～8 分钟。以后每隔 1～2 周逐渐增加跑步时间和距离，每周跑 3～5 次。表 8-2 为走跑交替运动方案。

表 8-2

周 次	每周跑 2～4 次	总时间（分钟）
1	跑 1 分钟＋走 1 分钟，重复 3 次，再跑 1 分钟	7
2	跑 1 分钟＋走 1 分钟，重复 5 次	10
3	跑 2 分钟＋走 1 分钟，重复 4 次，再跑 2 分钟	14
4	跑 3 分钟＋走 1 分钟，重复 4 次	16
5	跑 4 分钟＋走 1 分钟，重复 4 次	20
6	跑 5 分钟＋走 1 分钟，重复 3 次，再跑 2 分钟	20
7	跑 6 分钟＋走 1 分钟，重复 3 次	21
8	跑 8 分钟＋走 1 分钟，重复 2 次，再跑 3 分钟	21
9	跑 10 分钟＋走 1 分钟，重复 2 次	22
10	跑 20 分钟（要求不休息的连续跑）	20

(2) 匀速跑。匀速跑是在跑的过程中均匀地分配体力。对中年人来说，匀速跑是比较适合的锻炼方式，跑的过程比较省力，心率也容易控制。匀速跑方法灵活多样（如定时间或定距离的匀速跑），可自行掌握。

(3) 间歇跑。间歇跑是慢跑和行走交替的一种过渡性练习。一般从跑 30 秒行走 30～60 秒开始，逐渐增加跑步时间以提高心脏负荷。反复进行 10～20 次，控制总时间在 12～30 分钟，以后每两周根据体力提高情况再逐渐增加负荷，可每日或隔日进行一次。表 8-3 为常用间歇跑运动方案。

表 8-3

周次	慢跑(秒)	行走(秒)	重复次数	总时间(分钟)	总距离(米)
1	30	30	开始8次,以后每天加1次,至12次	8～12	500～800
2	60	30	开始6次,以后每天加1次,至10次	9～15	1200～2400
3	120	30	开始6次,以后每天加1次,至10次	15～25	2400～4000
4	240	60	开始4次,以后每天加16次	20～30	3200～4800

(4)变速跑。变速跑是采用快跑和慢跑交替进行的跑步方式。变速跑的形式很多,如等距、不等距、不均匀的快跑和慢跑等。

对于身体健康且经常锻炼者,在锻炼初期每次运动时间可适当减少,待身体适应后再逐渐增加运动时间,直至达到要求的极限。

运动的频度可以根据个人对运动的反应和适应程度,采用每周3次或隔日1次为宜,每周运动总时间不低于80分钟。

锻炼时间因人而异,中青年人可以根据自己的生活习惯选择方便的时间,不过每次锻炼的时间应尽量相对固定。

8.2.2 有氧耐力的测试与评价

耐力是绝大多数体育运动项目的基本素质,反映了人体在较大时间内保持一定负荷强度或动作质量的能力。我们选用了以下测试指标来测定锻炼者的耐力素质。

1. 9分钟跑

受试对象:男、女。

动作规格:自然、适度的耐久跑。

测试场地:可丈量的平整地面。

测试方法:统一发令后,受试者开始跑步,至9分钟时,发出停止信号,测试员计算所跑距离并记录。

测试单位:米/9分钟(精确到米)。

测试器材:发令枪(或发令哨)、秒表、判断距离的标志物、号码布。

9分钟跑的耐力素质测试指标如表8-4所示。

表 8-4

性别	年龄	1分钟	2分钟	3分钟	4分钟	5分钟
男	20～24	1401～1680	1401～1680	1681～1890	1891～2070	2071以上
	25～29	1150～1310	1311～1600	1601～1800	1801～2010	2011以上
	30～34	1100～1250	1250～1520	1521～1710	1711～1970	1971以上
	35～39	1040～1180	1181～1490	1491～1640	1641～1910	1911以上
女	20～24	850～1040	1040～1260	1261～1570	1570～1750	1751以上
	25～29	830～1020	1021～1230	1231～1510	1511～1710	1711以上
	30～34	810～990	991～1200	1201～1440	1441～1660	1661以上
	35～39	790～970	970～1150	1151～1390	1391～1610	1611以上

专家点评：9 分钟跑是一项衡量人体持续运动能力的有氧运动项目。由于人体在较长时间的运动后大量血液会淤积在下肢，如果突然停止运动有可能诱发体位性低血压而导致头晕甚至晕厥，因此受试者在测试前可在原地做慢跑或踏步的准备活动。经常从事 9 分钟跑锻炼能够提高锻炼者对长时间工作的心理耐受能力、运动器官的持续工作能力，还可直接提高肺活量及增强心脏功能，全面改善健康状况。

2. 5 分钟上下楼梯

受试对象：男、女。

动作规格：一步一台阶地登楼梯，采用上几阶再下几阶的方式（9～14 阶的楼梯为宜）。

测试场地：室内外的楼梯均可，楼梯不可太光滑，楼梯每阶高度为 14～15 厘米。

测试方法：听到口令后受试者开始往返上、下楼梯，测试员记录 5 分钟内的数值（上下台阶的总数），测试员可中途报时，受试者控制运动负荷，有各种关节损伤和疾病的人不宜采用。要注意掌握上下楼梯的节奏，特别是下楼梯时不可过快以免跌倒受伤，最好选择视野开阔、阳光充足的室外楼梯。各种耐力素质指标证明，5 分钟上下楼梯对延缓下肢肌肉力量的下降更为有效。

5 分钟上下楼梯（阶）耐力素质测试指标如表 8-5 所示。

表 8-5

性别	年龄	1 分钟	2 分钟	3 分钟	4 分钟	5 分钟
男	20～24	440～585	586～825	821～1115	1116～1345	1346 以上
	25～29	450～570	571～800	801～1070	1071～1250	1251 以上
	30～34	440～555	556～770	771～1020	1021～1190	1191 以上
	35～39	430～535	536～730	731～990	991～1160	1161 以上
女	20～24	350～480	481～660	661～860	861～1070	1171 以上
	25～29	335～460	461～640	641～840	841～1035	1036 以上
	30～34	320～435	436～605	606～820	821～1000	1001 以上
	35～39	300～415	416～570	571～805	806～975	976 以上

3. 3 分钟台阶测试

受测对象：男、女。

动作规格：测试时，上下台阶先用右脚再用左脚，即"右上、左上、右下、左下"为一次登台阶动作。按节拍器的节奏来规定脚上下的顺序，每分钟做 30 次，即每 2 秒完成上、下四个节拍（即一次登台阶）。

测试场地：室内室外均可。

测试方法：在三分钟之内完成 90 次登台阶动作后，受试者即可坐在长凳上安静地坐 3 分钟。在这一恢复期间，要按如下程序定时测出桡动脉的脉率。

（1）恢复 1 分钟后，测 30 秒脉搏；

（2）恢复 2 分钟后，测 30 秒脉搏；

（3）恢复 3 分钟后，最后一次测 30 秒脉搏。

记下三次脉搏数，填写表 8-6。

表 8-6

姓名_____ 性别_____ 年龄_____ 日期_____

测试1：3分钟台阶试验

心率

定时记录	脉搏次数
1～1.5分钟运动后	
2～2.5分钟运动后	
3～3.5分钟运动后	
三次脉搏数之和	

3分钟台阶试验评分百分制得分（由表8-7查得）

测试单位：次/30秒。

测试器材：一条长凳、重椅子或高50厘米平台、节拍器。

3分钟台阶测试得分表如表8-7所示。

表 8-7

男		得分	女	
17～25岁	26～50岁		17～25岁	26～50岁
优　秀				
121	123	90	134	1377
128	130	85	140	143
134	136	80	146	149
141	142	75	153	155
147	149	70	158	161
154	155	65	165	167
160	162	60	170	173
167	168	55	177	179
一　般				
173	174	50	183	185
180	181	45	189	191
186	187	40	195	197
193	193	35	212	213
199	200	30	217	219
206	206	25	224	225
212	213	20	229	231
219	219	15	236	237
225	225	10	242	243
232	232	5	249	249
238	238	0	256	256

4. 12分钟跑测验

受测对象：男、女。

测试规格：做充分的准备活动后尽力跑12分钟。在规定时间内使尽全身力气，以准确预测有氧运动能力（为达到这一效果，可在限制时间内尽可能快跑2～3次）。

测试场地：室外400米跑道或有100米距离标记的室内跑道。

测试方法：在给出指令开始跑后，要计算所跑圈数。在12分钟末，根据跑的圈数算出所跑距离。计算最大耗氧量（单位：毫升/kg/分），得分查阅表8-8。

表 8-8 单位：毫升/kg/分

男						得分	女					
17～19岁	20～29岁	30～39岁	40～49岁	50～59岁	60～65岁		17～19岁	20～29岁	30～39岁	40～49岁	50～59岁	60～65岁
67.9	63.1	54.0	47.4	43.8	40.0	100	46.2	44.5	41.6	38.7	36.3	32.1
60.8	56.2	48.7	42.9	39.2	35.6	95	42.7	40.5	37.7	34.5	31.2	27.8
59.4	54.9	47.6	42.0	38.3	34.7	90	42.0	39.7	37.7	34.5	31.2	27.8
57.7	53.2	46.3	40.9	37.2	33.6	85	41.1	38.7	36.0	32.6	28.9	27.0
56.6	52.2	45.5	40.3	36.5	32.9	80	40.6	38.1	35.5	32.0	28.2	25.9
55.7	51.4	44.8	39.7	35.9	32.3	75	40.2	37.7	35.0	31.5	27.6	25.3
54.9	50.6	44.3	39.2	35.4	31.8	70	39.8	37.2	34.5	31.0	27.0	24.3
54.3	50.0	43.2	38.8	35.0	31.4	65	39.4	36.8	34.2	30.6	26.5	23.9
53.5	49.3	43.2	38.3	34.5	30.9	60	39.0	36.4	33.8	30.2	26.0	23.4
52.2	48.0	42.2	37.5	33.6	30.1	50	38.3	35.7	33.1	29.4	25.0	22.6
51.5	47.4	41.7	37.0	33.2	29.6	45	38.1	35.3	32.7	29.0	24.6	22.2
50.9	46.8	41.2	36.6	32.8	29.2	40	37.7	35.0	32.4	28.7	24.1	21.9
50.2	46.1	40.7	36.2	32.3	28.7	35	37.4	34.6	32.0	28.7	24.1	21.9
49.5	45.4	40.2	35.8	31.9	28.3	30	37.0	34.2	31.6	27.8	23.1	21.0
48.7	44.7	39.6	35.3	31.4	27.8	25	36.6	33.8	31.2	27.4	22.5	20.5
46.7	42.8	38.1	34.0	30.1	26.6	15	35.7	32.7	30.1	26.2	21.1	19.4
45.0	41.1	36.8	32.9	29.0	25.4	10	34.8	31.7	29.1	25.2	19.9	18.3
43.6	39.8	35.8	32.0	28.1	24.5	5	34.1	30.9	28.4	24.2	18.9	17.5
36.5	33.0	29.4	27.5	23.5	20.0	0	30.6	27.0	24.5	20.2	13.8	13.2

测试单位：米/12分钟。

测试器材：发令枪（发令哨）、秒表、号码布。

12分钟跑测试得分表如表8-9所示。

表 8-9

姓名_____ 性别_____ 年龄_____ 日期_____

测试2：12分钟跑测试
跑的全长＝跑1圈长（米）×跑的圈数＋最后一圈跑距＝_____米
跑的均速＝跑的全长（米）÷12分钟＝_____米/分
预计最大耗氧＝33.3毫升O_2/千克/毫米是以超过150米/分的速度消耗跑时耗氧量。
12分钟跑测试分（查表8-8）＝_____

参考文献

[1] 王璐. 减肥课堂[M]. 北京：作家出版社, 2007.
[2] 应舟. 减肥不吃药[M]. 北京：金盾出版社, 2006.
[3] 杨玺. 瘦身才健康[M]. 北京：人民军医出版社, 2007.
[4] 曾强, 钟伟来. 为你打造匀称的体形[M]. 北京：人民军医出版社, 2007.
[5] 吴玮. 形体训练[M]. 大连：东北财经大学出版社, 2001.
[6] 金正昆. 涉外礼仪教程[M]. 北京：中国人民大学出版社, 1999.
[7] 王春林. 旅游接待礼仪[M]. 上海：上海人民出版社, 2002.
[8] 田文燕, 张震浩. 服务礼仪[M]. 北京：中国经济出版社, 2005.
[9] 薛建红. 旅游服务礼仪[M]. 郑州：郑州大学出版社, 2002.
[10] 王俊人. 酒店服务礼仪[M]. 北京：中国物资出版社, 2005.
[11] 王忠林. 旅游基础知识[M]. 北京：科学技术出版社, 2003.
[12] 杨斌. 形体训练纲论[M]. 北京：北京体育大学出版社, 2002.
[13] 胡凌燕. 形体训练基础[M]. 北京：高等教育出版社, 2010.
[14] 矫林江. 瑜伽全程自学天书[M]. 海口：南海出版公司, 2009.
[15] 李方方, 李文忠. 金剪银线——服装的源流与发展[M]. 北京：中国工人出版社, 2000.
[16] 于西蔓. 女性个人色彩诊断[M]. 广州：花城出版社, 2003.
[17] 于西蔓. 男性个人色彩与着装风格诊断[M]. 广州：花城出版社, 2004.
[18] 张爱珠. 美少女服饰手册[M]. 北京：中国宇航出版社, 2005.
[19] 罗红英. 美丽策划[M]. 杭州：浙江人民出版社, 2005.
[20] 黄宽柔, 姜桂萍. 健美操 体育舞蹈[M]. 北京：高等教育出版社, 2006.
[21] 单亚萍. 形体艺术训练[M]. 杭州：浙江大学出版社, 2004.
[22] 张瑞林, 王浩, 陈向阳. 体育舞蹈[M]. 北京：高等教育出版社, 2005.